Processus identitaires et intégration

Approche psychosociale des jeunes issus de l'immigration

Altay A. Manço

Avec la collaboration de Julie Godfroid, IRFAM

Processus identitaires et intégration

Approche psychosociale des jeunes issus de l'immigration

Ce livre est une réédition revue de l'ouvrage d'A. Manço, *Intégration et identités. Stratégies et positions des jeunes issus de l'immigration*, Bruxelles, De Boeck-Université, 1999.

L'Harmattan
5-7, rue de l'École-Polytechnique ; 75005 Paris
FRANCE

L'Harmattan Hongrie
Könyvesbolt
Kossuth L. u. 14-16
1053 Budapest

Espace L'Harmattan Kinshasa
Fac..des Sc. Sociales, Pol. et Adm. ; BP243, KIN XI
Université de Kinshasa – RDC

L'Harmattan Italia
Via Degli Artisti, 15
10124 Torino
ITALIE

L'Harmattan Burkina Faso
1200 logements villa 96
12B2260
Ouagadougou 12

www.librairieharmattan.com
diffusion.harmattan@wanadoo.fr
harmattan1@wanadoo.fr

ISBN : 2-296-01647-2
EAN : 9782296016477

Dans la même collection

E. PRIEUR, E. JOVELIN et M. BLANC (coord.), *Travail social et immigration. Interculturalité et pratiques professionnelles,* Paris, Turin, Budapest, L'Harmattan, coll. *« Compétences interculturelles »*, 2006, 312 p.

A. ELIA, *Réseaux ethnocommunautaires des Foulbé en Italie. Recherche de visibilité, logiques associatives et stratégies migratoires*, Paris, Turin, Budapest, L'Harmattan, coll. *« Compétences interculturelles »*, 2006, 115 p.

S. AKGÖNÜL, *Religions de Turquie, religions des Turcs. Nouveaux acteurs dans l'Europe élargie,* Paris, Turin, Budapest, L'Harmattan, coll. *« Compétences interculturelles »*, 2005, 193 p.

L. MULLER et S. de TAPIA (éds), *Un dynamisme venu d'ailleurs : la création d'entreprises par les immigrés,* Paris, Turin, Budapest, L'Harmattan, coll. *« Compétences interculturelles »*, 2005, 311 p.

A. MANÇO et S. AMORANITIS (éds), *Reconnaissance de l'islam dans les communes d'Europe. Actions contre les discriminations religieuses*, Paris, Budapest, L'Harmattan, coll. « Compétences interculturelles », 2005, 200 p.

Ch. PARTHOENS et A. MANÇO, *De Zola à Atatürk : un « village musulman » en Wallonie. Cheratte-Visé,* Paris, Turin, Budapest, L'Harmattan, coll. *« Compétences interculturelles »*, 2005, 174 p.

J. GATUGU, S. AMORANITIS et A. MANÇO (éds), *La vie associative des migrants : quelles (re)connaissances ? Réponses européennes et canadiennes*, Paris, Turin, Budapest, L'Harmattan, coll. *« Compétences interculturelles »*, 2004, 280 p.

U. MANÇO (dir.), *Reconnaissance et discrimination : présence de l'islam en Europe occidentale et en Amérique du Nord*, Paris, Turin, Budapest, L'Harmattan, coll. *« Compétences interculturelles »*, 2004, 371 p. Traduction italienne en cours.

A. MANÇO (éd.), *Turquie : vers de nouveaux horizons migratoires ?*, Paris, Turin, Budapest, L'Harmattan, coll. *« Compétences interculturelles »*, 2004, 308 p.

M. VATZ LAAROUSSI et A. MANÇO (éds), *Jeunesses, citoyennetés, violences. Réfugiés albanais en Belgique et au Québec*, Paris, Turin, Budapest, L'Harmattan, coll. *« Compétences interculturelles »*, 2003, 312 p.

D. CRUTZEN et A. MANÇO (éds), *Compétences linguistiques et sociocognitives des enfants de migrants. Turcs et Marocains en Belgique*, Paris, Turin, Budapest, L'Harmattan, coll. *« Compétences interculturelles »*, 2003, 126 p.

A. MANÇO, *Compétences interculturelles des jeunes issus de l'immigration. Perspectives théoriques et pratiques*, Paris, Turin, Budapest, L'Harmattan, coll. *« Compétences interculturelles »*, 2002, 182 p.

« Compétences Interculturelles » est une collection destinée à présenter les travaux théoriques, empiriques et pratiques des chercheurs scientifiques et des acteurs sociaux qui ont pour but d'identifier, de modéliser et de valoriser les ressources et les compétences interculturelles des populations et des institutions confrontées à la multiplicité des référents socioculturels et aux contacts entre différentes cultures. Les compétences interculturelles se révèlent capitales, notamment dans le double effort d'intégration des personnes issues de migrations, qui doivent à tout le moins se positionner à la fois par rapport à la société d'accueil et par rapport aux milieux d'origine, eux-mêmes en constante transformation. Les travailleurs sociaux au sens large, les enseignants, d'autres intervenants, mais également les décideurs chargés des politiques d'accueil et d'intégration des migrants et des minorités culturelles sont concernés par ce type de compétences professionnelles pour mener, à destination de ces publics, des actions de développement social et pédagogique efficaces. Même si l'objectif de la présente collection est prioritairement de faire connaître les travaux de **l'Institut de Recherche, Formation et Action sur les Migrations (IRFAM)** et de ses nombreux partenaires internationaux, cet espace d'expression est ouvert aux équipes pluridisciplinaires qui souhaitent contribuer à l'approfondissement des savoirs et des savoir-faire en matière de développement interculturel. **Les publications en préparation couvrent divers domaines parmi lesquels :**

- *Transnationalités et solidarités dans les communautés d'immigration récente ;*
- *L'endomixité dans les pratiques matrimoniales des communautés immigrées ;*
- *Kazakhs, Kalmouks et Tibétains : immigrations méconnues et diasporas en devenir ;*

La collection bénéficie des apports d'un **Comité scientifique international** qui a pour rôle d'évaluer les ouvrages et les chapitres d'ouvrage proposés pour publication, ainsi que d'initier des thèmes nouveaux. Le Comité participe à l'orientation de la politique d'édition, de diffusion et de promotion de la collection. Les membres du Comité sont :

Assistance technique : Sophie Tyou, Médiactions, Floreffe

Collection « Compétences Interculturelles »

fondée et dirigée par Altay A. Manço

Du même auteur

M. POINSOT, Y. AHI-GRÜNDLER, P. COSLIN et **A. MANÇO** (éds) *Les violences exercées sur les jeunes filles dans les familles d'origine étrangère et de culture musulmane : le développement des capacités de négociation interculturelle et de la prévention (Allemagne, Belgique et France)*, Paris, Agence pour le Développement des Relations Interculturelles (A.D.R.I.), 2002, 110 p. Traduit en allemand.

A. MANÇO et S. AMORANITIS (éds) *Diversité, jeunesse et développement social. L'insertion des jeunes d'origine étrangère à l'aube du XXIè s.*, Bruxelles, Communauté Wallonie-Bruxelles, 2002, 79 p. (Epuisé).

J. GATUGU, **A. MANÇO** et S. AMORANITIS, *Valorisation et transfert des compétences : l'intégration des migrants au service du co-développement. La population africaine de Wallonie*, Paris, Turin, Budapest, L'Harmattan, coll. « Logiques sociales », 2001, 165 p.

A. MANÇO, *Sociographie de la population turque et d'origine turque : 40 ans de présence en Belgique (1960-2000). Dynamiques, problèmes, perspectives*, Bruxelles, Centre des Relations Européennes, Ed. Européennes, 2000, 230 p. Traduit en turc et en néerlandais. (Epuisé).

S. FELD et **A. MANÇO**, *L'intégration des jeunes d'origine étrangère dans une société en mutation. L'insertion scolaire, socioculturelle et professionnelle en Belgique francophone*, Paris, Montréal, L'Harmattan, coll. « Logiques sociales », 2000, 218 p.

A. MANÇO et S. AMORANITIS (éds), *Délégation par abandon*, Mons, Ed. Les Politiques Sociales, 1999, 128 p. Traduit en espagnol.

A. MANÇO, *Intégration et identités. Stratégies et positions des jeunes issus de l'immigration*, Bruxelles, Paris, De Boeck-Université, coll. « L'Homme/L'Etranger », 1999, 245 p. (Epuisé).

A. MANÇO, *Valeurs et projets des jeunes issus de l'immigration. L'exemple des Turcs en Belgique*, Paris, Montréal, L'Harmattan, coll. « Logiques sociales », 1998, 158 p.

A. MANÇO et U. MANÇO (sous la direction de), *Turcs de Belgique. Identités et trajectoires d'une minorité*, Bruxelles, Info-Türk et C.E.S.R.I.M., 1992, 288 p. (Epuisé).

A. MANÇO (en collaboration avec A.-M. THIRION, M.-H. DACOS-BURGUES et B. DELANGE), *Pauvreté et scolarisation. L'exclusion socioscolaire au niveau de l'enseignement fondamental en Belgique francophone*, Bruxelles, Ed. de la Fondation Roi Baudouin, 1992, 165 p. (Epuisé).

Sommaire

Présentation

Le *fait migratoire* implique le plus souvent une rupture plus ou moins prononcée des cadres référentiels des immigrants. Ce choc culturel est d'autant plus sensible que l'immigré est appelé à occuper une position socialement et politiquement dominée dans la société d'installation. Pour la génération née en terre d'immigration, le tableau se complique davantage : les enfants issus de migrants évoluent, en effet, dans des milieux d'« origine » et d'« accueil » peu valorisants qu'ils maîtrisent en général assez mal. La crise identitaire occasionnée par la confrontation de valeurs difficilement conciliables se double, chez ces jeunes, d'une deuxième situation critique engendrée par le *passage du statut d'adolescent à celui d'adulte.* Enfin, la *crise économique et sociale* qui impose à l'ensemble des sociétés industrialisées d'importantes modifications structurelles depuis le milieu des années '70 ne fait qu'accentuer la vulnérabilité psychosociale de certains groupes, tels que les personnes d'origine étrangère.

Dans ce triple contexte critique, quelles sont les conditions psychologiques et sociologiques qui pourraient permettre à ces jeunes un développement social positif ?

Le présent travail tente de montrer que le déploiement, par ces jeunes, de stratégies identitaires actives peut les doter d'outils nécessaires à leur intégration psychosociale. On y propose en effet un modèle théorique – appuyé par de nombreuses recherches empiriques – qui ambitionne d'éclairer les rapports complexes entre identités et intégrations.

Cette analyse se base principalement sur l'examen de la littérature francophone internationale en la matière qui présente un certain degré de spécificité – et dont le texte présent constitue une des premières synthèses publiées. De très nombreuses correspondances sont cependant prévues avec les apports des autres littératures, notamment anglo-saxonnes. Les notions d'intégration, d'identité, de réalisation de soi sont donc parfois empreintes d'occidentalité. Cependant, la variété des modèles théoriques présentés invite à dépasser cette déclinaison culturelle des différents concepts.

La vague migratoire prise en considération est essentiellement la vague classique des travailleurs immigrés et de leurs familles installées en Europe occidentale depuis la seconde guerre mondiale, à savoir la grande majorité de la population d'origine étrangère présente dans cette région, bien que soient aussi tentées certaines comparaisons avec les cas spécifiques des mouvements récents de réfugiés ou de clandestins.

Enfin, les phénomènes étudiés sont délibérément limités à une « psychologie sociale ordinaire », laissant le champ du pathologique et du déviant à des recherches spécialisées. Toutefois, certains ponts sont lancés vers une réflexion intégrant l'étude de ces cas particuliers.

Si le modèle proposé part de l'étude de migrants et de leur famille, une partie importante des constatations épinglées pourraient sans doute être généralisées à toute population. La notion de « diversité culturelle » pouvant s'étendre aux membres d'une même nation, d'une même communauté en fonction de l'âge, du genre ou des situations familiales multiples. Mais l'objectif principal de l'ouvrage est de mener une réflexion approfondie sur les réalités liées aux migrations : de telles analyses sont rares et des généralisations amènent parfois à diluer les observations et rendent difficile leur interprétation. *A contrario*, l'étude du cas particulier des conduites identitaires en situation migratoire éclaire la compréhension des phénomènes universels.

Ainsi, le concept de *« stratégies identitaires »* fait ici référence à la faculté de mobilisation de valeurs en fonction de projets jugés pertinents. *« L'intégration psychologique »* correspond à la construction d'une cohésion entre des motivations, au départ, antagoniques. Cette équilibration est le résultat d'une « négociation intime » alternant les tendances à l'individualité et les tendances à la conformité avec les normes collectives. Quant à *« l'intégration sociale »*, elle renvoie au processus de participation à la « négociation » d'un équilibre entre la diversité et l'unité des groupes qui composent la société. En conséquence, on pourrait définir *« l'intégration psychosociale »* comme l'état d'un sujet pouvant prétendre à une certaine cohésion psychologique et étant capable de participation sociale.

Trois implications majeures découlent de la thèse de la contribution des stratégies identitaires à l'intégration psychosociale des jeunes issus de l'immigration :

- Premièrement, cette thèse impose *une perception constructiviste de l'intégration sociale*. Il s'agit de concevoir l'intégration comme un *processus d'acculturation réciproque*. Cette conceptualisation est en concurrence avec une vision normative, unilatérale et déterministe de l'intégration, encore largement présente auprès de divers publics.

- Deuxièmement, la thèse proposée amène à considérer l'intentionnalité des acteurs en présence. *Le processus de personnalisation* est sans doute un des outils conceptuels les plus adéquats pour rendre compte de la manière par laquelle les acteurs sociaux s'ajustent à leur contexte, se défendent face aux pressions externes et tendent ainsi vers un *état d'intégration psychologique*.

- Enfin, troisièmement, la thèse énoncée implique une certaine opérationnalisation du phénomène identitaire. Ainsi, *l'identité psychosociale* est considérée comme une position jugée satisfaisante le long de deux axes directeurs constitués, d'une part, par le processus d'acculturation et, d'autre part, par le processus de personnalisation.

Respectant ce schéma d'implications, le *premier chapitre* du travail examinera le concept d'intégration sociale. L'objectif sera alors de montrer les différences entre les philosophies de l'intégration. Il s'agira donc de définir la position constructiviste en la matière qui ouvre vers la notion d'acculturation.

Le *deuxième chapitre* est consacré à l'étude du concept de personnalisation en tant que processus principal intervenant dans l'intégration psychologique. La complémentarité des deux types d'intégration – psychologique et sociale – sera également abordée dans le cadre de ce chapitre.

Le *troisième chapitre* propose et argumente, à travers l'examen de la bibliographie, une définition du concept d'identité. Selon cette définition, l'identité psychosociale est un sentiment déterminé par le type d'acculturation et le degré de personnalisation des individus. Le type d'acculturation est signalé par la teneur des valeurs auxquelles l'acteur s'identifie ; le degré de personnalisation est, quant à lui, défini par la nature et la densité de ses projets et visions d'avenir. La combinaison des identifications et des projections permet la construction de stratégies identitaires qui sont une des expressions actives de l'identité. Une dernière section dans ce chapitre est consacrée à la synthèse des recherches qui tentent d'analyser les relations entre stratégies identitaires et intégration.

Dès les années '80, des thèses proches de celle énoncée ici ont en effet été avancées par les fondateurs de la *psychologie (sociale) intercuturelle* tant anglo-saxonne (Berry, ...) que francophone (Camilleri, Malewska-Peyre, ...). Ces approches, dont certaines se sont focalisées sur les psychopathologies et les phénomènes de déviance sociale observés en situation migratoire, furent cependant développées en ordre dispersé et donnèrent lieu à des vérifications partielles. L'examen critique développé dans ce corpus permet, en revanche, de proposer des hypothèses et des orientations de recherches et d'actions inédites.

Publié une première fois aux Editions De Boeck (Bruxelles) en 1999, sous le titre « *Intégration et identités. Stratégies et positions des jeunes issus de l'immigration* », l'ouvrage présent simplifie, ajourne, complète et corrige certains aspects de la première publication. De nouveaux débats tant dans les sphères politiques qu'académiques ont ainsi fait ressentir, à plusieurs reprises, le besoin de rééditer ce livre épuisé, par ailleurs souvent réclamé par le public étudiant. La réédition est également encouragée par le constat de nombreuses fois répété de l'utilité du cadre théorique ici proposé pour les intervenants sociaux et éducatifs, au sens large, un cadre qui permet de situer et, le cas échéant, de réorienter les pratiques.

L'intégration sociale entre assimilation et différenciation

1 Intégration : origine, approches et applications

L'intérêt suscité dans les sciences sociales pour la question de l'intégration est évidemment immense. Cette question, à la mesure de l'importance des problèmes de recherche et d'action qu'elle soulève, a véritablement engendré un océan de littérature. Le concept d'intégration emprunté, comme beaucoup d'autres, aux sciences de la nature a été approché par les sciences sociales au moyen de différentes méthodes et s'applique à des problématiques telles que la cohésion et la participation sociales.

1.1 Aux sources d'un concept : un détournement de sens

L'intégration est un concept hérité des sciences naturelles par le canal du paradigme organiciste de la sociologie positive et de l'anthropologie classique.

En biologie et en écologie, l'intégration correspond à *l'ajustement réciproque* des éléments constitutifs d'un système vivant, permettant à ce dernier de former un tout *équilibré* (Rivière, 1977). En physiologie, également, l'action intégrative est la contribution d'organes différents à un fonctionnement global et harmonieux. En ce sens, le phénomène d'intégration est proche de celui de *symbiose* qui signifie l'association de plusieurs organismes, leur permettant de vivre avec des avantages pour chacun : la symbiose est le point d'équilibre d'une population par l'action réciproque de ses composantes (Piéron, 1979).

Les relations qui concourent à l'équilibre symbiotique sont à la fois conflictuelles et convergentes : les intérêts d'un individu ou d'un groupe essayant de survivre dans une population sont *en même temps opposés et complémentaires* aux intérêts des autres (Kesteloot, 1990). En psychologie dynamique également, l'intégration correspond à la synthèse de deux pôles opposés et complémentaires.

Mais la signification que la sociologie organiciste donnera au concept d'intégration transformera assez vite la notion de *réciprocité*, qui lui est pourtant consubstantielle, par celle de *primauté de l'Institution sociale*. Quant à la finalisation du phénomène, annoncée, en biologie, comme une *équilibration*, elle sera traduite dans les termes d'une *normalisation*. Cette bifurcation de sens chargera le concept d'une ambiguïté sémantique qui fait ressentir ses effets aujourd'hui encore : l'intégration est un de ces concepts à géométrie variable, comprise différemment d'un commentateur à l'autre mais que l'on peut difficilement abandonner.

L'ambiance scientifique du XIXe s., responsable de ce détournement de sens, est marquée, sur le plan épistémologique, par le courant scientiste qui cherche à enraciner les sciences sociales dans les savoirs physique et biologique, considérés comme premiers dans le tableau synoptique des disciplines établi par A. Comte. Sur le plan sociopolitique, le XIXe s. voit naître les idéologies nationales : la réflexion en sciences sociales est alors marquée par le souci de recréer une nouvelle cohésion dans un contexte de révolution industrielle et de changement de société (Schnapper, 1991). Les recherches historiques montrent en effet l'interconnexion entre la montée des idéologies nationales et le développement industriel. Ces idéologies proposent une vision déterministe du progrès : la modernité est appelée à remplacer les traditions. Dans cette évolution irrésistible, tout élément réfractaire au « progrès » est condamné à la marginalisation (Steffens, 1995).

Sous l'emprise de ces facteurs historiques, en confondant « symbiose » avec « phagocytose », l'étude de l'intégration s'annonce d'emblée comme l'étude de l'incorporation d'organismes « étrangers » par une institution, définie comme un système de valeurs et un mode d'organisation sociale (Vassileff, 1992). L'élément « entrant » est considéré comme un corps exotique mettant en danger l'équilibre de l'institution. La neutralisation de ses différences par rapport aux caractéristiques de l'institution et sa digestion finale constituent l'aboutissement du processus d'intégration tel qu'il est imaginé par la naissante sociologie.

Qu'elle soit due, selon la tradition durkheimienne, au rôle des institutions appelées à former l'esprit de citoyenneté *(« socialisation »)* ou qu'elle soit due, comme le décrit l'école de Chicago, à l'action des individus ou des groupes dans leurs rapports de cohésion aux normes, l'intégration sociale est comprise, à ses origines, comme la transformation du différent en semblable (Schnapper, 1991) : comme, somme toute, une intégration par conformisme, une *intégration par assimilation.*

1.2 Quatre approches principales

Les travaux scientifiques qui ont porté sur la question de l'intégration ont privilégié quatre méthodes principales (Landecker, 1951) :

- La démarche *spéculative*, la première d'entre elles, est de nature philosophique et sémantique. Elle a pour objet la définition du concept d'intégration. Assez paradoxalement – compte tenu de l'hypersensibilité de ce concept aux contextes idéologiques donnant lieu à d'étonnants mouvements de sens –, l'effort d'un examen critique n'est que rarement entrepris par les chercheurs (Piette, 1990). Le travail présent tente, par conséquent, de privilégier l'examen de diverses approches spéculatives.

- L'approche la plus courante de la notion d'intégration est sans aucun doute la démarche *descriptive*. Elle consiste à décrire empiriquement le processus d'intégration d'individus ou de groupes. Cette approche permet de définir, à travers des liens probabilistiques, un catalogue de conditions favorisant ou freinant le processus étudié. La description de l'intégration suppose, bien sûr, une définition préalable de la notion. Cette définition, quand elle est mentionnée, est souvent diffuse, elle participe d'une théorie implicite de la cohésion sociale largement sous l'emprise du sens commun dans lequel baigne le chercheur.

- L'identification des « facteurs » ou des « freins » à l'intégration a inspiré des programmes de recherches-actions ou d'actions sociales visant l'intégration de populations minoritaires, marginales ou immigrées, bref, visant des populations jugées peu ou mal intégrées dans la « Société ». C'est l'approche *active*, interventionniste de l'intégration. La question posée dans ce cadre est : « comment produire/réussir l'intégration ? ».
- L'approche *évaluative*, enfin, s'intéresse à l'examen des interventions ou politiques visant à produire l'intégration sociale, comme elle peut également concerner leurs effets directs ou indirects. Dans ce cadre, une attention particulière est portée aux conséquences d'un niveau d'intégration relativement élevé ou relativement bas. Un niveau satisfaisant d'intégration permet la participation des individus ou des groupes aux enjeux essentiels de la société et, au besoin, permet de contribuer à modifier ces enjeux. Par contre, une absence d'intégration est synonyme d'exclusion. Si l'échec de l'intégration coïncide avec l'abandon de la personnalité originelle, on parlera d'anomie, de marginalisation ou d'aliénation : une absence de maîtrise et d'autonomie personnelles.

1.3 Un concept à usages multiples

Le concept d'intégration s'applique à de nombreux thèmes et champs d'étude. Une première distinction concerne les différences entre la psychologie et la sociologie. Ainsi, *en psychologie,* l'intégration pourrait correspondre à la construction d'une cohésion entre motivations antagoniques. Cette équilibration peut être considérée comme le résultat d'une négociation interne. Quant à la notion d'intégration *en sociologie,* elle pourrait renvoyer au processus de participation à la construction d'un équilibre entre diversité et unité sociales et culturelles.

Que l'on se situe au niveau de l'étude de l'individu ou de l'étude des sociétés, le concept d'intégration s'applique à au moins trois usages différents (Landecker, 1951 ; Bauböck, 1994) :

- l'examen de la *cohésion* interne des systèmes ;
- l'examen de la *solidarisation* des sous-systèmes ;
- l'examen de la *participation* d'éléments nouveaux.

Cette multiplicité d'utilisations possibles pour un seul concept n'est pas la moindre des difficultés liées à son étude. Ceci sans compter les confusions fréquentes entre le concept d'intégration et des notions voisines telles qu'insertion, adaptation, inclusion, etc. Une difficulté terminologique supplémentaire provient du fait que chacun de ces mots désigne à la fois un processus et son résultat.

Historiquement, le concept d'intégration s'applique d'abord à l'étude de la *cohérence interne d'un système social ou culturel,* autrement dit, à l'étude de l'ajustement, les uns avec les autres, des règles particulières, des normes sociales ou des traits culturels. Les premières thèses ayant prévalu dans ce domaine soutiennent qu'un système socioculturel est censé évoluer d'un état diffus, entropique, vers un état plus concentré et ordonné. Selon B. Malinowski, par exemple, tout élément contribuant à un ensemble culturel remplit une fonction indispensable ; en vertu de cette nécessité, son intégration dans une logique d'ensemble s'avère inéluctable. Mais cette interprétation « intègre-iste » de l'intégration a été mise en cause en raison de son incapacité à rendre compte de l'existence dans une culture d'éléments déviants, dissonants et apparemment sans fonctionnalité immédiate (Lesthaeghe et Surkyn, 1996). De plus, pareille vue impose un modèle de changement culturel uniquement guidé par une logique endogène de cohésion et d'adaptation fonctionnelle, sans laisser de place aux influences exogènes.

La deuxième application du concept d'intégration en sciences sociales concerne l'étude des phénomènes de *solidarisation de groupes différents* en vue d'une complémentarité. On pourrait parler, en d'autres termes, de l'harmonie ou de l'équilibre entre les sous-systèmes d'une société. Pour E. Durkheim, par exemple, la solidarité ou la possibilité de coopérer efficacement est l'indicateur par excellence de l'intégration sociale. La psychologie sociale américaine a défini l'intégration sociale comme, d'une part, *la conformité aux normes* (intégration normative) et, d'autre part, *l'efficacité de l'interdépendance socio-économique* (intégration communicative et fonctionnelle, coordination des institutions). Selon T. Parsons, enfin, la fonction intégrative permet à une société, conçue comme un système ouvert, de conserver un équilibre autorégulatif ou homéostatique, alors que ses composantes poursuivent leur propre évolution (Rivière, 1977).

La troisième et dernière application de la notion d'intégration a trait à *la participation d'éléments nouveaux ou différents* dans un ensemble déjà constitué. Dans cette acception, la notion d'intégration renvoie à la gestion du changement, de la diversification et de la complexification sociale. Cette application de la notion d'intégration innove par rapport aux deux autres déjà évoquées. Elle permet d'envisager non plus seulement les phénomènes d'évolution mais également les processus de rencontre et de diffusion culturelles. Sont étudiées non plus uniquement les conditions déterministes de la cohésion mais aussi les conflits, les dissonances et la construction de synthèses nouvelles. L'intégration d'éléments nouveaux peut se concevoir tant à un niveau global et historique (la rencontre entre civilisations) qu'à un niveau plus spécifiquement individuel ou sociocognitif (intégration de faits inédits dans un système personnel de représentations ou de croyances, intégration par connexion). L'édification ou l'ouverture de lieux de cultes différents des institutions « normalisées » peuvent par exemple modifier les perceptions d'une population « culturellement mono-cultuelle » ; l'intégration de la mosquée, du temple hindouiste, de la synagogue ou de l'église au sein de la société vient modifier les représentations que les individus ont construites depuis des années autour de la religion dominante.

Ainsi, la question de l'intégration se pose-t-elle à propos de la présence dans une société de personnes étrangères et de leur descendance. Dans pareil cas, le processus initiateur de l'intégration est généralement appelé *acculturation.* Elle procède souvent par la flexion dialectique de valeurs et de traits culturels anciens selon des contextes et besoins nouveaux (intégration adaptative) ou par la compensation d'un trait altéré au moyen du renforcement de l'intégrité d'autres (intégration régulative). *L'acculturation correspond ainsi au processus d'équilibration des tendances à la différenciation et des tendances à l'assimilation.*

2 Les philosophies de l'intégration

Globalement, on peut identifier trois philosophies de l'intégration : *la philosophie normativiste, la philosophie conflictualiste et la philosophie constructiviste.* Il faut d'emblée admettre que cette tentative de schématisation peut paraître réductrice ou arbitraire. En effet, malgré certains écarts chronologiques, les conceptions nommées entretiennent entre elles des rapports complexes d'opposition, de succession et de superposition.

Toutefois, des travaux récents proposant une synthèse de la littérature à propos de l'intégration des populations immigrées en Grande-Bretagne (Lapeyronnie, 1993) et en Allemagne (Tosun, 1993) arrivent également à une analyse en trois étapes des conceptions de l'intégration développées dans ces pays. Ces « vagues » spéculatives (« intégration normative », « intégration pluraliste », « intégration interactive ») présentent une nomenclature et des contenus proches de ceux développés ici.

Si le travail présent n'envisage de se focaliser que sur la question de l'intégration sociale, on constatera que de nombreux auteurs (Furter, 1983 ; Van Haecht, 1991 ; Dubar, 1991, ...) ayant retracé le déploiement des champs relativement proches (l'éducation scolaire, la formation professionnelle, le développement socio-économique local) aboutissent également à la même trilogie des courants de pensée, où se succèdent et se superposent les conceptions « normatives », « conflictualistes » et « constructivistes », ces dernières, en devenir, ouvrant sur de nouvelles possibilités d'approfondissement.

Chacune des philosophies retenues dans la présente tentative de synthèse prend sa source dans un contexte sociohistorique précis et reflète une idéologie sous-jacente de l'Homme et de la Société. La proposition de classification des idées à propos de l'intégration n'a d'autre ambition que de permettre la définition relative, les unes par rapport aux autres, des recherches et des théories en l'absence de tout repère absolu. La démarche adoptée dans le présent travail procède ainsi par l'articulation de multiples points de vue dans un tableau de synthèse. Si le point de vue proposé aide le lecteur à s'orienter dans ce qui apparaît être – avec, sans doute, la question de l'identité – un des carrefours théoriques les plus centraux des sciences sociales contemporaines, ce travail aura touché son but.

On peut cependant se poser la question : pourquoi avoir investi une notion idéologiquement si chargée, alors que d'autres concepts « plus scientifiques » auraient pu être utilisés ? Il est vrai que nombre de chercheurs évitent ce terme aux nombreux inconvénients (Bauböck, 1994). « S'intégrer » ne semble pas non plus appartenir au vocabulaire habituel des personnes immigrées ou des jeunes issus de l'immigration, car ce terme leur impose, le plus souvent, un rôle déprécié. Mais peut-on pour autant faire l'économie d'un examen critique de cette notion ? N'est-elle pas courante dans le langage des observateurs, des décideurs et des intervenants sociaux ? Une clarification conceptuelle est dès lors nécessaire non seulement pour une meilleure compréhension mais également pour une gestion plus positive des réalités (Costa-Lascoux, 1996). Cette tentative doit, enfin, contribuer aussi à éclairer les rapports qu'entretient le concept d'intégration avec de nombreuses notions voisines.

2.1 La « vague normativiste » : le sens commun de l'intégration

L'examen de la littérature montre que, peu avant la Seconde Guerre mondiale, on assiste à la finalisation d'une *perspective normativiste* en matière d'intégration s'inscrivant dans la tradition sociologique durkheimienne, qui définit la notion comme étant *le degré de conformité aux normes collectives majoritaires* (Lescarret et Philip-Asdish,1995). Cette ancienne théorisation est relativement mal connue d'un large public de professionnels travaillant dans le domaine de l'intégration sociale, alors qu'elle semble constituer, encore aujoud'hui, le fondement tacite d'un certain *sens commun* de l'intégration.

2.1.1 L'universalisme de Durkheim : une source pour la philosophie normativiste

Pour bien comprendre la portée historique de la pensée durkheimienne, il faut la situer dans le contexte sociopolitique du début du XXe s. Celui-ci est notamment marqué par le sentiment que l'unité de la nation française est mise en cause par l'immigration (pourtant nécessaire au démarrage industriel et drainée par la colonisation ou les mouvements de réfugiés). L'approche sociopolitique d'E. Durkheim n'intervient que de manière indirecte dans ce débat, mais elle permet à certains d'avancer des arguments importants pour appuyer la thèse de la faisabilité de l'intégration des étrangers face à ses contradicteurs, les héritiers de certaines thèses raciologiques, qui en proclament l'impossibilité « naturelle » (Beaud et Noiriel, 1991).

La raciologie française des XVIIIe et XIXe s. opposait en effet les « généreux » (qui pensaient que les « sauvages » pourraient s'assimiler aux « civilisés ») aux « peureux » (tenants de la thèse de l'impossible transformation et donc du rejet des colonisés) et aux « véreux » (pensant que l'éducation des esclaves noirs serait contre-productive) (cf. Gossiaux, 1993 ; Amselle, 1996).

Selon Durkheim, en revanche, les valeurs françaises sont universelles, leur acquisition ne peut être que souhaitée et elles peuvent être transmises par l'éducation. Une société qui ne peut garantir sa cohésion interne est menacée par l'anomie. Le destin des immigrants est donc intimement lié à l'évolution générale de la société moderne (française). L'approfondissement de l'intégration est empiriquement observable dans le remplacement, à travers différents processus progressifs, des solidarités mécaniques (familiales, communautaires, particulières) par des solidarités organiques (institutionnelles et générales). Le moment-clé de l'intégration durkheimienne est, dès lors, la seconde génération issue de l'immigration, présentée comme une « table rase culturelle », dont l'intégration à la nation française peut s'obtenir au moyen d'un effort d'éducation et de mesures sociopolitiques *ad hoc* telles que, par exemple, l'accès à la nationalité française, la syndicalisation, etc. (Beaud et Noiriel, 1991).

Le renvoi des spécificités culturelles et religieuses des migrants (comme de celles des entités régionales ou minoritaires constituant la France) à la sphère strictement privée, au nom de l'appartenance à une nation aux aspirations universelles, produit, dans les faits, le laminage des identités originelles (Amselle, 1996). Ce renvoi ne permet pas de penser l'autonomie des groupes primaires, de déterminer leurs apports à la « culture française » ou encore de définir leurs rôles dans les processus de résistance ou de reproduction culturelles. A cette époque, on demande aux migrants d'origine italienne d'abandonner leur langue maternelle et leurs habitudes culinaires afin « d'intégrer » davantage le pays d'accueil.

La philosophie de l'intégration prônée ici est prototypique de la « vague normativiste » : elle vise le « façonnage » des populations par les institutions (scolaires, administratives, militaires, ...) en vue d'une *assimilation* sans réserve au fond des « valeurs françaises ». Celles-ci sont considérées comme étant indépendantes des groupes qui les véhiculent (Kastoryano, 1991).

2.1.2 « École de Chicago » : nouvelles approches de l'évolutionnisme social

L'entre-deux guerres voit la naissance, aux États-Unis, d'une activité intellectuelle nouvelle ayant pour objectif de rénover la manière de penser le *changement social,* alors largement dominée par l'évolutionnisme classique, mécanique et unilinéaire. Cette activité donnera lieu à des travaux sociologiques devenus célèbres, comme *Le paysan polonais* s'interrogeant sur l'évolution identitaire des groupes composant l'Amérique *(étude de l'américanisation)* mais aussi à l'émergence de travaux d'ethnologues s'intéressant aux processus d'urbanisation parmi les communautés rurales.

2.1.2.1 *« Le paysan polonais », œuvre annonciatrice de l'école de Chicago* – Issu de la collaboration de W. I. Thomas et F. Znaniecki, *The polish peasant in Europe and America* (1918-1920), étudie les migrants polonais avant, pendant et après leur départ pour les États-Unis. Les auteurs ont mis en œuvre, dans ce travail, des méthodes de recherche neuves pour l'époque, telles que l'analyse qualitative de récits oraux ou l'étude d'un matériel écrit (presse, autobiographies, courrier privé).

Cette approche particulière a permis, sans doute pour la première fois à cette échelle, d'intégrer aux données externes et objectives l'interprétation subjective que donnent les immigrants polonais de leur expérience d'adaptation sociale : il fut alors possible de concevoir certains liens entre changement social et changement des identités (Bastenier et Dassetto, 1993).

Le travail de Thomas et Znaniecki insiste sur les antagonismes déstructurants entre la société quittée, traditionnelle et rurale, et celle rejointe, moderne, urbaine et industrielle. L'étude met particulièrement en lumière l'importance, en terre d'accueil, de la vie communautaire immigrée et du rôle joué dans cette vie par les leaders d'opinion. Ce phénomène de groupe contribue, dans un premier temps, à l'isolement des communautés immigrées, sans réelle prise sur la société d'accueil.

Cette solidarité communautaire semble cependant permettre aux migrants de conserver un certain équilibre psychique dans un processus de changement de personnalité par lequel ils sont happés malgré eux. Dans ce processus, c'est le lien économique avec la société d'accueil qui joue le rôle prépondérant. Sans une transition socioculturelle qu'adoucit la solidarité communautaire, l'adoption progressive du mode de vie nord-américain (éventuellement conjugué à des survivances de la vie rurale polonaise) peut être compromise : l'immigrant risque alors de se marginaliser (Bastenier et Dassetto, 1993). De nombreuses recherches ont ainsi pu noter plus tard que la migration « en chaîne » peut favoriser l'intégration des nouveaux arrivants (Bauböck, 1994, p. 19).

Le mérite du *Paysan polonais* est d'avoir d'emblée relevé certains problèmes importants de la théorie évolutionniste de l'intégration qui se traduit dans les termes d'une inéluctable assimilation à la norme dominante. L'intuition de Thomas et Znaniecki est bien d'avoir ressenti qu'une communauté issue de l'immigration soit un groupe indissociablement « d'origine » et « d'accueil », reflétant l'expression de fragments de la « culture de là-bas » insérés dans la

« société d'ici ». Cette communauté est un espace-temps permettant, à terme, à ses membres de s'assimiler (Beaud et Noiriel, 1991).

Mais, malgré ces constats, l'œuvre ne révolutionne guère la manière de penser l'intégration de populations immigrées ou issues de l'immigration. Le pronostic de Thomas et Znaniecki est même assez pessimiste en ce qui concerne la première génération, condamnée à l'isolement. Ce n'est qu'après plusieurs générations nées dans le pays d'accueil que l'on peut parler d'une intégration qui se concrétise dans les termes d'une américanisation.

L'importance des comportements de conservation culturelle est pointée mais minimisée : ces comportements sont soit cantonnés dans une période limitée, suivant immédiatement l'immigration (la vie communautaire de la première génération), soit conçus comme des réalités peu substantielles (impuissance des communautés culturelles, « survivances » folkloriques). Si la possibilité de la transformation de la société d'accueil par les apports des immigrants est bien évoquée dans l'étude - Thomas et Znaniecki parlent de la *« réconciliation des héritages, souvenirs et histoires propres »* -, l'issue de l'évolution semble être l'assimilation à la norme (« anglo-conformité »).

2.1.2.2 *L'étude du folk-urban continuum : de la tradition à la modernité* – L'étude du changement culturel (lors des mouvements internationaux de migration) est complétée par d'autres recherches sur *la transformation du « sujet traditionnel » en « individu moderne »*. Les premières études dans ce domaine remontent à R. Redfield, anthropologue de l'Université de Chicago, qui combine les lignes directrices d'un fonctionnalisme évolutionniste avec une approche plus holistique, en les appliquant aux communautés rurales de la grande périphérie de Mexico.

Une des études de Redfield, *Tepoztlàn, a mexican village* (1930), marque le début d'un intérêt soutenu pour la *peasant society*, une communauté rurale définissable par son traditionalisme mais sur laquelle ne manque pas de peser l'influence économique et sociale de la ville. C'est ce que Redfield a appelé le *folk-urban continuum*. Il s'agit d'une tentative de modélisation du changement social sur une base linéaire et bipolaire où la ville (où vivent les *Ladinos* hispanisés et qui ont des coutumes européennes) est opposée à la campagne (où sont installés les *Indios* qui parlent une langue indigène et ont des coutumes indiennes) (D'Hertefelt, 1991).

Redfield remarque, parmi les groupes de campagnards, la prépondérance des rapports sociaux directs et personnels, des relations de parenté, de l'appartenance, des conduites rituelles, du religieux, des identités et statuts assignés, du partage codifié, du contrôle social, de la vie communautaire, de l'homogénéité culturelle, ... Mais ces petites communautés traditionnelles, à la lisière d'une grande ville en pleine expansion économique, vivent aussi une relation de dépendance par rapport à une métropole moderne, qui leur impose des modèles de comportement opposés, novateurs, concurrents, voire destructeurs : l'hétérogénéité culturelle, la prépondérance de l'individu, une communication impersonnelle et anonyme, l'importance des identités et statuts acquis, la valorisation du progrès, la sécularisation, la rupture rationalité/subjectivité, l'écrit, le marchandage des valeurs, la réciprocité des intérêts, …

Le terme *peasant society* introduit la distinction rural-urbain dans une dimension économique : les paysans ne sont pas simplement agriculteurs, personnages exotiques, gardiens de la tradition ; ce sont surtout des travailleurs qui produisent pour un marché régi par l'offre et la demande, dont les effets sur la vie quotidienne sont aussi immédiats que concrets (D'Hertefelt, 1991). Sur fond de domination économique, le changement social suit, selon Redfield, une évolution linéaire inéluctable qui tend vers la *modernisation*. L'auteur rejoint, ainsi, les conclusions d'autres ayant étudié, dans les sociétés industrielles nord-américaines, les groupes immigrés enclavés, plus ou moins marginalisés.

Toutefois, les analyses actuelles, à la différence des approches classiques comme celle présentée ici, tentent d'articuler les notions de tradition et de modernité plus qu'elles ne les opposent : il existe une continuité entre les conduites « traditionnelles » et « modernes ». Des exemples de pré-modernité dans les structures sociales actuelles et des exemples de modernité dans les institutions traditionnelles montrent le caractère complexe des relations entre ces notions. Ainsi, l'émergence contiguë d'une tendance à la construction de super-identités fédératrices (mondialisation, européanisation) et d'une tendance à l'éclatement des identités culturelles (régionales, locales, …) témoigne de la combinaison des modèles « moderne » et « traditionnel » au sein d'une société « post-moderne » (Camilleri, 1991 ; D'Hertefelt, 1991 ; Triandis, 1994 ; Güvenç, 1995).

2.1.2.3 *R. E. Park, la mobilité sociale et les paliers de l'intégration* – Le nom de R. E. Park est généralement associé à l'émergence proprement dite de ce qu'il est convenu d'appeler l'École de Chicago. On peut définir le thème principal de l'auteur de l'article intitulé *« Human migration and the marginal man »* (1928) comme l'étude de la contribution de sous-groupes diversifiés à l'unité sociale de l'ensemble. D'un point de vue opérationnel, Park s'est intéressé à la mobilité sociale des personnes (immigrants récents ou Noirs américains) issues des couches subalternes de la société ; le but de ces travaux étant la définition de politiques d'intervention afin de favoriser l'intégration (ou la cohésion) sociale et de réguler pacifiquement les « relations interraciales ».

Selon Park, la mobilité sociale ascensionnelle est un changement fonctionnel de position dans la société. Elle peut être individuelle ou collective et s'étendre sur plusieurs générations. La mobilité sociale est le véritable principe régulateur, qui permet à la société dans son ensemble (et pas seulement aux groupes immigrés ou issus de l'immigration) de tendre vers une cohésion (par le haut).

La *mobilité sociale* est un des thèmes centraux de la sociologie américaine de la première moitié du siècle. H. H. Hyman (1957) en dresse le bilan non sans y intégrer les apports des sciences voisines, telles que la psychologie sociale. Selon l'auteur, l'explication de la mobilité sociale réside dans le dépassement des pressions socio-économiques déterministes par l'effet de l'action individuelle ou groupale. La capacité à différer les satisfactions, l'endurance face à la frustration, l'importance accordée à l'éducation scolaire, la motivation pour le progrès, l'esprit d'entreprise, la valeur attribuée au travail et, enfin, la confiance en soi apparaissent comme étant les facteurs psychosociologiques susceptibles d'intervenir dans les possibilités de mobilité ascensionnelle. Aussi, les systèmes de croyances et de valeurs des classes défavorisées sont considérés comme pouvant diminuer la portée des actions volontaires pour l'amélioration des conditions de vie. Les rares cas de réussite « contre toute attente » sont ainsi expliqués par l'exploitation de niches socio-économiques spécifiques telles que le sport, la musique ou encore certains secteurs commerciaux.

Dans la conception de Park, la mobilité sociale est également rendue par l'idée de la *rupture* avec le milieu d'origine et de l'adoption des normes ayant cours dans les couches dominantes de la société. Dans les communautés immigrées, ce niveau d'assimilation est atteint à l'issue d'une évolution lente et progressive (s'étendant sur plusieurs générations) ; elle est schématisée par quatre « paliers » successifs définissant autant de types de relations entre les « races » et/ou les couches sociales (Beaud et Noiriel, 1991 ; Bastenier et Dassetto, 1993 ; Lapeyronnie, 1993) :

- Le premier palier de l'intégration des migrants (et donc le premier palier de rencontre entre « races ») est la *compétition intercommunautaire*. Celle-ci sévit sur différents marchés (logement, travail, scolarité, aide sociale, ...), contingente la vie quotidienne et détermine la distribution sociale, géographique, sectorielle, etc. des migrants.

- Le deuxième palier décrit par Park est le *conflit intercommunautaire*. Il s'agit d'une étape plus consciente : des frustrations, liées à la position défavorable des migrants sur divers marchés, peuvent naître des revendications à caractère politique. En effet, les règles de ces marchés sont fixées unilatéralement ; face à cette situation de domination, on peut assister à une ébauche d'organisation dans le groupe immigré (associations, amicales, églises, institutions de solidarité, ...).

- À l'issue du conflit, le groupe immigré traverse une période de transition qui lui permet de s'adapter à la nouvelle donne : c'est le palier de *l'accommodation*. En général, cette phase se traduit par l'annulation des différences à travers le conflit, afin de tendre vers un bénéfice social donné, ce qui ne manque pas de faire surgir d'autres conflits portant sur d'autres objets : tout se passe comme si la ressemblance avec les puissants était un préalable nécessaire au partage du pouvoir.

- Ainsi, de conflits successifs en accommodations partielles, le groupe migrant finit par s'assimiler totalement. Le palier de *l'assimilation* est l'étape ultime de l'intégration. C'est également l'étape la plus spécifiquement psychologique : elle concerne l'individu et ses fonctions identitaires (sentiments, mémoire, attitudes).

D'aucuns (Bastenier et Dassetto, 1990) ont voulu voir dans la phase parkienne de l'accommodation une sorte d'accord partiel de cohabitation, suite à l'épuisement de la force conflictuelle des acteurs en présence. Mais cette vision pluriculturaliste héritée de l'histoire des religions semble éloignée des conceptions de Park. Est-il, par ailleurs, possible de lire l'étape de l'assimilation comme une « co-inclusion », un processus d'interpénétration à travers lequel les groupes culturels acquièrent les traits culturels des autres ? Si certaines tentatives de réactualisation de la pensée de Park le suggèrent (Bastenier et Dassetto, 1990, 1994), il ne faut pas oublier que, dans un ouvrage tardif, Park (1950) envisage lui-même cet état fusionnel comme irréalisable et intolérable par les acteurs sociaux. Selon le fondateur de l'école de Chicago, la participation aux traditions de deux peuples différents engendre la marginalité. L'assimilation est l'acquisition des modes collectifs de comportement, de communication, etc. de façon à ce que l'étranger devienne « invisible » (Marger, 1994).

D'après Park, près de trois générations sont nécessaires pour atteindre un tel résultat à cause non seulement de sa complexité mais aussi de la tendance à résister des migrants (ou des personnes issues des « minorités raciales »). Mais si les options permettant de tendre vers une assimilation à plus ou moins court terme ne sont pas prises, la communauté immigrée ou une de ses composantes peuvent s'enfermer dans des attitudes d'isolement telles, par exemple, la constitution durable de ghettos : les disciples de Park ont étudié ce phénomène sous ses nombreuses facettes.

L'intégration de Park n'est certes pas une évolution linéaire ; cependant, elle mène vers une inexorable assimilation à la vie américaine avec ses leitmotivs d'individualisme, de compétition et de liberté. Sans une nécessaire rupture avec la culture traditionnelle du groupe d'origine (jugée collectiviste et contraignante), le risque est grand de tomber dans une situation de dysfonctionnement par laquelle Park explique les phénomènes de déviance ou de psychopathologie rencontrés parmi le public migrant ou minoritaire. Cette opposition tranchée entre collectivisme et individualisme qui n'est pas dénuée de fondements empiriques est annonciateur d'apports plus récents (Triandis, 1994).

Ce point de vue reste cependant teinté de darwinisme social. Il ne tient pas compte des déséquilibres socio-économiques qui affectent la vie des communautés (Kesteloot, 1990 ; Lapeyronnie, 1993). Les valeurs en présence, tant du côté du pays recevant l'immigration que du côté du groupe migrant, sont considérées comme des entités données, générales, inaltérables et surtout incompatibles les unes avec les autres. Elles sont du reste hiérarchisées : les valeurs américaines apparaissant comme les plus souhaitables. La théorie de l'intégration qu'aura inspirée Park et à sa suite l'école de Chicago, dans son ensemble, s'inscrit clairement dans le courant normativiste. L'intégration est l'intériorisation par l'individu issu d'une « minorité » des normes de la société générale. Par voie de conséquence, l'intégration nécessite la perte des traits distinctifs. La désocialisation et la resocialisation de l'individu migrant vise à aplanir ses différences par rapport à la société d'accueil (Hily, 1994) : ce point de vue semble par ailleurs participer à la mise en place, au début du XXe s., des structures capitalistes modernes de l'économie consumériste, dans une région (le nord-est des États-Unis) recevant beaucoup de travailleurs immigrés (Lavigne, 1987).

2.1.2.4 *Conclusion* – La théorie proposée par Park a le mérite d'introduire le concept du *conflit*, pressenti comme un principe régulateur (Beaud et Noiriel, 1991). De plus, par son approche de l'organisation informelle et spontanée des communautés immigrées, l'école de Chicago souligne l'importance du rôle sociopolitique de l'acteur (individuel ou collectif) (Kastoryano, 1991). Par contre, la question de l'influence des institutions d'accueil, favorisant ou freinant l'intégration, n'est que peu posée.

L'école de Chicago a su intégrer, dans son argumentation, des éléments tels que la création par les migrants d'une vie associative. Ce type d'éléments sont voués à une fonction de suspension permettant, à terme, d'épouser le point de vue dominant et de consolider ainsi la cohésion sociale générale (Lapeyronnie, 1993). Il faut reconnaître un aspect artificiel à cette interprétation. En effet, malgré le caractère novateur, pour l'époque, de l'explication qu'apporte Park aux comportements de conservation culturelle parmi les migrants, cette interprétation ne semble pas encore suffisamment tenir compte de la signification de ces attitudes aux yeux des acteurs qui les adoptent : les faits considérés pour eux-mêmes semblent arrachés à leur cadre tant global que subjectif (D'Hertefelt, 1991).

Érigée par des intellectuels philanthropes dans un cadre de croissance économique, la pensée de l'école de Chicago tente avant tout d'affirmer, contre les tenants des thèses racistes, l'assimilabilité à la vie américaine et à l'économie de marché des travailleurs noirs et migrants : l'indifférenciation de l'autre devant, à terme, atténuer les attitudes xénophobes dans le chef des membres de la classe dominante (Beaud et Noiriel, 1991).

2.1.3 L'intégration dans la seconde moitié du XXe siècle

Certains courants de la psychologie sociale et de la sociologie anglo-saxonnes des années '50-'60 ont amené des apports complémentaires par rapport aux travaux de l'école de Chicago, même si différentes approches ont pu interpréter diversement les enseignements de cette école. Lors de cette période d'après-guerre, le concept d'intégration a été davantage affiné. Ainsi, à côté de l'approche classique en termes de conformité aux normes, d'autres formes d'intégration ont été décrites et étudiées : la solidarisation des institutions, par exemple, figure parmi ces aspects. Elle est traduite en termes d'intégration fonctionnelle (apprentissage et pratique de la langue du pays d'accueil, accès au marché de l'emploi, etc.). Les méthodes scientifiques se sont également diversifiées au cours de cette période. En contraste avec la méthode qualitative et ethnologique des sociologues de Chicago, les chercheurs de New York ont innové en recourant à de larges sondages d'opinion et aux traitements statistiques (Merton).

2.1.3.1 *Parsons : l'assimilation ou l'anomie ?* – L'apport conceptuel décisif pour l'époque envisagée est dû à Parsons qui donnera à la philosophie normativiste de l'intégration sa forme finalisée. C'est que l'œuvre de Talcott Parsons permet d'entrevoir l'interaction systémique entre acteurs sociaux dans un rapport d'intégration (Rivière, 1977). Selon Parsons, dont l'œuvre s'interroge en permanence sur les rapports entre individu et groupe, la fonction intégrative permet à une société, conçue comme un système, de conserver un équilibre, alors que ses membres poursuivent leur évolution autonome. Mais il n'est pas pour autant envisagé de remettre en question la normativité de la théorie de l'intégration et de la cohésion sociales : Parsons définit l'intégration comme conformité aux normes collectives, comme *assimilation à la majorité* (Lescarret et Philip-Asdish,1995).

D'autres auteurs ont pu, dans cette même veine, approfondir l'étude *descriptive* des processus d'assimilation, même s'ils restent très extérieurs aux communautés étudiées. Gordon (1964) sera un des chercheurs les plus systématiques dans la tentative d'opérationnalisation du processus d'assimilation. Selon Gordon, l'assimilation – concept emprunté à la biologie, l'assimilation correspond à la phase finale du cycle digestif – est l'aboutissement d'une évolution progressive en sept étapes :

- La première est culturelle ; elle permet à l'individu migrant d'adopter superficiellement le mode de vie du pays d'accueil.
- La deuxième étape est l'assimilation structurelle qui s'actualise par l'insertion dans les organismes du pays d'accueil.
- La troisième étape est l'assimilation conjugale : c'est le temps des mariages « mixtes » *(« amalgamation »)*.
- La quatrième étape est identificatoire, le sujet commence à s'identifier au pays d'accueil et à ses institutions.
- La cinquième étape est pacificatrice, elle correspond à la résorption de toute hostilité, de la part de l'immigré, envers le pays d'accueil.
- La sixième étape est unificatrice : disparition de toute action de discrimination envers l'immigré.

- Enfin, la septième étape, étape ultime, est l'assimilation civique : l'individu s'insère dans la vie politique indigène et abandonne toute activité de type ethnique.

Un autre schéma d'assimilation, assez comparable au premier, est proposé par Zimmer, en 1970. Cet auteur parle d'intégration plutôt que d'assimilation. Mais la réalité désignée reste rigoureusement la même : une conception normative selon laquelle l'ancienne identité est abandonnée par l'immigrant au profit d'une nouvelle. Selon Zimmer, l'intégration des migrants passe par un certain nombre d'étapes ressemblant aux étapes de Gordon. La première des étapes de Zimmer est celle de l'abandon des indices extérieurs de différence. La participation à une vie publique non ethnique marque la deuxième étape, etc. Enfin, le processus d'intégration semble achevé par l'accession à des responsabilités conférées par la société d'accueil. Dans un tel cadre, l'analyse du fait migratoire devient l'étude d'un « entre-deux ».

Ces descriptions plus ou moins précises sont sans doute le reflet d'une modélisation générale. Mais on est en droit de se demander ce qu'elles peuvent bien valoir, confrontées à la réalité sinueuse des parcours concrets d'intégration. Par ailleurs, leur parti pris normativiste est clair. Les modalités collectives de l'intégration (rôles et apports des solidarités communautaires) sont scotomisées ; les rôles facilitateurs ou non des institutions et des réalités du pays d'accueil sont également peu développés : la responsabilité de l'intégration ou de son échec (marginalisation, autoségrégation) appartient à l'individu migrant, le cadre assimilant, la société d'accueil, ne souffrant d'aucune altération. En outre, aucune situation finale autre que l'assimilation ou la marginalisation n'est envisageable (von Zur Mühlen, 1982).

Le scénario de l'intégration par assimilation subsiste encore, notamment, à travers les recherches empiriques d'une certaine sociologie économique particulièrement active aux États-Unis (Portes, 1995). Cette école s'interroge essentiellement sur la « *new assimilation* ». Elle tente de décrire, d'évaluer et d'articuler, dans le cadre d'une théorie différenciée de l'assimilation *(segmented assimilation-americanisation)*, les rôles des réseaux ethniques *(ethnic and kinship relations)* et de l'entreprise commerciale de type communautaire *(ethnic business)* (Portes, 1995 ; Fernandez-Kelly et Schneuwffler, 1995 ; Hisrchman, 1995).

Dans un registre *actif et évaluatif*, la philosophie normativiste de l'intégration sociale a inspiré des typologies de déviance (Merton, 1965 ; Cohen, 1966). Dans ce cadre, Parsons et Merton ont défini *l'anomie* comme un défaut d'intégration. L'anomie procède d'une impossibilité de faire correspondre les procédures intégratives promulguées par les institutions aux buts choisis par la personne : de là naît une *tension interne* à l'individu, tension qui peut déboucher sur la déviance ou la pathologie. L'anomie peut aussi provenir de vices inhérents au système social dans son ensemble ; celui-ci peut en effet rendre éprouvant le respect de ses propres règles (ex. « le paradoxe raciste », cf. Bauböck, 1994). L'anomie est en somme le contraire de l'aptitude d'une société à maintenir les aspirations et les normes dans un certain équilibre. Elle correspond à ce que l'on pourra appeler « l'intégration négative » (Bauböck, 1994).

La double focalisation – à la fois psychologique (tensions internes) et sociologique (équilibre social) – de l'approche de Parsons est parmi les aspects intéressants à relever, même si cela ne manque pas de raviver les débats d'écoles entre les deux disciplines (Dubar, 1991, p. 17).

Les conceptions de Parsons qui valorisent le consensus social, contribuent aujourd'hui à la formation d'une *théorie implicite de l'intégration* partagée tant par la majeure partie de l'opinion publique des pays occidentaux, récepteurs de main-d'œuvre immigrée, que par bon nombre de décideurs et certains chercheurs : toute conduite qui ne s'élabore pas en vue de contribuer à la cohésion sociale risque de conduire à l'anomie. Les comportements « non-conformes » sont ainsi pathologisés ou, à tout le moins, jugés comme pathogènes. Cette conception conformiste entraîne d'importantes conséquences tant sociales que politiques.

2.1.3.2 *Issues politiques et pratiques* – Aux origines de ce type de préoccupations, certains responsables américains ont proposé, dès l'aube des années '60, une batterie de mesures socio-éducatives compensatoires visant à rendre effective l'adéquation précoce de l'individu présumé inadapté par rapport aux attentes des institutions sociales ou éducatives. L'objectif de ces interventions est de compenser les « manques » ou le handicap socioculturel d'une population défavorisée par un apport de type instrumental. Cette approche « technique » organise l'intervention de façon hiérarchique : la philosophie d'action qui en découle est la prévention des « risques de déviance ».

Ce type d'interventions menées depuis longtemps montre pourtant l'aspect crispant des stratégies normatives, pour les familles immigrées ou en situation de marginalité (Thirion, 1980 ; Bauböck, 1994). Les fondements ethnocentriques de la pédagogie compensatoire et des philosophies volontaristes d'assimilation socioculturelle ont été de nombreuses fois critiquées. On peut en effet se demander, avec Bernstein (1975), si les enfants issus des familles défavorisées ou immigrées souffrent vraiment d'une stimulation appauvrie (« déprivation culturelle ») ou s'il agit plutôt d'une différence de stimulation associée à une culture particulière.

Des recherches (Labov *et al.*, 1971) effectuées dans le cadre migratoire américain ont en effet montré que le milieu familial et communautaire pouvait offrir à l'enfant des acquis linguistiques et culturels assez différents de ceux auxquels s'attend l'institution scolaire. Dans un contexte normatif, la différence culturelle entre la famille et l'école met en péril les chances d'adaptation de l'enfant. Il s'ensuit une discrimination et un repli réactif de la part du groupe lésé. Il apparaît que, dans la majorité des cas, les jeunes défavorisés et leurs familles semblent être capables de se conformer aux codes linguistiques ou éducatifs normés mais qu'habituellement ils ne le font pas, car ils s'insurgent contre tout ce qui peut représenter le « Pouvoir », qui s'ingénie à violer leur intimité. Par ailleurs, les codes culturels produits par les jeunes issus de l'immigration peuvent être extrêmement élaborés mais ils sont mal connus et surtout dévalorisés, étant considérés comme handicapants par la société d'accueil.

Ces remarques ont conduit à une conception plus conflictuelle de l'échec scolaire, de l'exclusion professionnelle et des rapports d'intégration sociale. L'exclusion est alors interprétée comme un instrument de lutte entre classes sociales et groupes ethniques : cette thèse sera envisagée de manière plus approfondie dans la section 2.2.

2.1.3.3 *Quelques thèses normativistes françaises et allemandes sur l'adaptation des étrangers* – Si la presse européenne et en particulier francophone a pu traiter de la « digestion » ou de l'« absorption » des étrangers à propos des vagues migratoires Est-Ouest des années '30 (Morelli, 1988), ce n'est que vers 1960 qu'un scientifique, Alfred Sauvy, empruntera à la sociologie américaine le concept d'assimilation, comprise comme une évolution normative. Selon Sauvy, l'assimilation nécessite deux phases essentielles : *l'installation* et *l'adaptation.* L'installation est une phase transitoire et « neutre » : elle rend compte de toute présence étrangère dans un pays d'accueil, que celle-ci soit perturbatrice ou renforçante, tandis que l'adaptation nécessite une série d'efforts d'ajustement à la société d'accueil.

Descloitre (1967), proche de cette thèse, donnera à son tour une courte définition du processus : *l'assimilation* est l'aboutissement des tentatives *d'adaptation* qui permettent à l'individu de *s'insérer* dans des institutions nouvelles. Cette définition est exemplaire des liens entre les notions d'adaptation, d'insertion et d'assimilation :

- Le concept *d'adaptation* est ici compris dans un sens économique, en tant qu'accès à des conditions de vie « minimales ». Comme on peut le constater, la portée de cette définition peut être large : des stratégies de « squatting », par exemple, peuvent tendre vers une adaptation écologique. Mais tous les modes d'adaptation n'ont pas la même efficacité et ne sont, bien entendu, pas valorisés de la même manière. La reconnaissance sociale introduit la relativité synchronique et diachronique de l'adaptation. Cette nuance morale permet de définir les modes d'adaptation socialement reconnus comme étant les modalités d'insertion socio-économiquement fonctionnelles (Lebon, 1983). L'adaptation est donc la condition nécessaire mais non suffisante de l'insertion.
- *L'insertion sociale* peut ainsi être définie comme une « participation positive » aux institutions d'une société : une adaptation « normalisante », en somme, objectivée par le degré d'accès aux structures économiques et politiques valorisées (Mehrländer, 1988). La nuance entre adaptation et insertion est donc qualitative.

- Enfin, l'accumulation des situations d'insertion dans différents champs de la vie sociale est supposée permettre l'accession à l'état général *d'assimilation* (Bauböck, 1994). La nuance entre insertion et assimilation est donc quantitative.

Faut-il encore ajouter que l'adaptation est une notion subjective qui fait intervenir la *« satisfaction personnelle »*. Selon Beaud et Noiriel (1991), en effet, l'adaptation connaîtrait deux expressions distinctes mais liées : l'adaptation psychologique, de nature subjective, et l'adaptation sociale, de nature objective, leur combinaison assurant l'assimilation normative globale :

- *L'adaptation psychologique* serait le produit de la pression à la conformité avec la société d'accueil. Cette pression, irrésistible à long terme, serait due à des dispositions politiques et économiques volontaristes de la part du pays d'accueil. En outre, selon les auteurs cités, la stigmatisation en tant que « Autre » et les discriminations subies pousseraient les immigrants au conformisme. Avec le temps passé en immigration, les traits culturels d'origine seraient ainsi détruits. Les différences culturelles n'auraient aucun effet sur le processus ou la rapidité de l'adaptation subjective.
- *L'adaptation sociale* des migrants serait une conséquence de leur capacité d'adaptation psychologique. L'adaptation sociale conditionnerait à son tour le degré de participation à la vie collective dans le pays de résidence : cette participation équivalant à l'insertion dans ses variantes économique, scolaire, politique, etc.

L'intérêt des précisions de Beaud et Noiriel vient de la distinction introduite dans la nature des phénomènes d'adaptation. Les auteurs mettent en effet en évidence un premier niveau subjectif et psychologique (le changement identitaire, l'adaptation mentale) et un second, objectif et matériel (l'adaptation sociale) : la pénétration des marchés de l'emploi, de la formation, etc. par les « nouveaux venus ». *Il est supposé, dans le cadre de cette thèse normativiste, que ces deux niveaux objectif et subjectif sont fortement corrélés.* Mais les auteurs n'apportent guère de données empiriques pour étayer leurs thèses. On peut pourtant imaginer que certains individus puissent « se contenter de peu » et préserver ainsi un équilibre écologique, alors que d'autres, visant des objectifs peut-être impossibles, puissent se sentir toujours inadaptés, indépendamment de la réalité objective (Manço, 1991). En outre, il n'est nullement prouvé que les discriminations subies encouragent les étrangers à s'assimiler, comme cela semble être suggéré par Beaud et Noiriel (1991).

Les travaux d'Emmanuel Todd sur l'assimilation des immigrés en France, en Grande-Bretagne et en Allemagne méritent une attention particulière parce qu'ils sont exemplaires d'une interprétation normative de l'intégration. Selon Todd (1988), *« un enfant de travailleur italien né et élevé en France est absolument impossible à distinguer de ses homologues français. Pour les Nord-Africains, les 'immigrés de la deuxième génération'* (sic) *gardent quelques traits spécifiques. Leurs enfants, par contre, seront des Français typiques descendant des Gaulois comme les autres. »* L'intégration, l'assimilation, et pourquoi pas, l'absorption sont donc, chez cet auteur, considérées comme synonymes : *« l'intégration de la communauté nord-*

africaine implique une destruction du fond anthropologique arabe par la culture française majoritaire » (Todd, 1988).

En 1994, E. Todd publie son *Destin des immigrés*. Selon l'auteur, le devenir des migrants est inscrit au cœur du système anthropologique de la société d'accueil. Si celle-ci est dotée d'une structure familiale égalitaire (comme en France), le groupe migrant est voué à l'assimilation. Si la structure anthropologique de la société d'accueil est hiérarchique (comme en Allemagne), le groupe migrant subira une ségrégation. Le taux de mariages mixtes réalisés avec les membres de la société d'accueil est l'indicateur ultime du degré d'assimilation des étrangers. Les analyses comparatives entre différents pays occidentaux recevant de la main-d'œuvre étrangère permettent à Todd de mesurer la capacité de chacune de ces démocraties à imposer, indépendamment de la culture du groupe immigré, leur propre vision du rapport interethnique et, donc, leur propre vision de l'intégration. Todd propose ainsi l'hypothèse de *l'omnipotence de la société d'accueil et de ses institutions* dans la rencontre groupe migrant-société d'accueil.

Cette conception de l'intégration considère l'immigration comme une péripétie, contrainte un jour ou l'autre à la digestion complète par la civilisation d'accueil. Tout est dépeint comme si l'immigration n'était porteuse d'aucun apport culturel. Bien qu'il reconnaisse le caractère construit et dynamique des faits culturels, Todd semble considérer la « culture française » ou la « culture allemande » comme des ensembles cohérents, figés et hermétiques : c'est faire peu de cas des divergences, des mouvements de populations et d'idées, ainsi que des influences historiques incessantes qui « forgent » les cultures (Morelli, 1992).

L'analyse de Todd contraint à une vision simpliste du rapport interethnique parce qu'elle met en évidence seulement deux issues possibles, présentées, du reste, comme autant de *destinées inéluctables :* l'assimilation ou la ségrégation. Quant à l'hypothèse de l'omnipotence de la société d'accueil, elle semble être contredite par différentes observations dont celles de Lapeyronnie (1993) qui constate que l'évolution des groupes migrants peut prendre des figures très diversifiées quelle que soit la tradition d'accueil du pays récepteur. Il apparaît donc que, parmi d'autres approximations, les travaux de Todd n'envisagent pas suffisamment l'influence sur les processus d'intégration d'autres facteurs que les facteurs anthropologiques, à savoir les facteurs psychologiques (variabilité individuelle, ...), historiques (contentieux coloniaux, ...), géographiques (éloignement et possibilités de relations fréquentes avec la région d'origine, ...), économiques (crise de l'emploi, ...), etc.

Enfin, il convient de rester sceptique quant à la signification *uniquement* assimilationniste du principal indice d'intégration utilisé dans l'approche de Todd : à savoir, le taux de *mariages « mixtes ». A contratrio,* de récentes études montrent que le mariage endogame (des jeunes issus de l'immigration musulmane, par exemple) peut également constituer une étape dans un trajet d'assimilation (Autant, 1994 ; Gökalp, 1994 ; Petek-Salom, 1995).

Toutefois, au-delà des critiques, la focalisation proposée par Todd sur les *conséquences potentielles* et les *antécédents conscients ou inconscients* des systèmes d'accueil représente un apport appréciable.

2.1.4 La mesure de l'intégration-assimilation

Un certain nombre d'indicateurs de l'adaptation des migrants sont avancés par différents auteurs (Tribalat, 1996 p. 254). Parmi ces indicateurs, on dénombre généralement :

- l'augmentation des unions mixtes, l'effacement des pratiques matrimoniales traditionnelles et l'adaptation de la natalité aux normes locales, pour ce qui est du registre *sociodémographique* ;
- l'accroissement des connaissances linguistiques, l'usage dans la famille de la langue du pays d'accueil, l'amélioration de la scolarité des enfants, l'autonomisation des individus d'origine étrangère par rapport au contrôle social communautaire, la convergence des comportements dans les domaines idéologiques fondamentaux, le mélange des sociabilités et la sécularisation de l'identité culturelle, pour ce qui est du registre *socioculturel* ;
- l'amélioration de l'insertion socioprofessionnelle avec mobilité ascensionnelle et accès à des responsabilités, pour ce qui est du registre *socio-économique* ;
- enfin, la constitution d'un lien national et institutionnel avec le pays d'accueil (naturalisation, participation syndicale, politique, ...), pour ce qui est du registre *sociopolitique*.

Ainsi, en France, s'efforce-t-on de déterminer (Haut Conseil à l'Intégration, 1991, 1995) les dimensions de l'intégration normative dans les domaines de la nationalité, de la famille, de la promotion sociale et de la vie en société. Ces dimensions sont synthétisées en 12 critères qui, traduits en 23 indicateurs statistiques, composent une sorte de « tableau de bord » de la population d'origine étrangère... Les années 2000 verront ces approches se systématiser encore et déboucher à des décisions politiques.

Les limites de ces démarches empiriques résultent de la difficulté à choisir judicieusement les populations de référence à comparer aux groupes-cibles et de l'approche statique de cette collecte de données, qui ne donne pas la possibilité de tracer les trajectoires migratoires et d'insertion des groupes, des individus ou des familles (Feld, 1992). Cette manière de récolter l'information passe parfois sous silence des phénomènes tels que les différences de droits sociaux et politiques entre immigrés et autochtones, ainsi que les mécanismes d'exclusion scolaire et sociale (notamment, les discriminations et la segmentation du marché du travail et du logement dont sont victimes les immigrés et leurs enfants, mêmes naturalisés). De même, les récessions économiques qui peuvent entraver le potentiel d'intégration de la population issue de l'immigration ne sont pas toujours prises en compte.

Un manque de maîtrise des réalités historiques et anthropologiques qui concernent les communautés étudiées conduit parfois ce type d'études à des interprétations rapides. Ces travaux sont peu aptes à rendre compte des tendances contrastées, voire contradictoires : sociabilité communautaire *vs* expansion commerciale, capital scolaire de base *vs* manque de compétences en français, ... (Pellé-Guetta et Dogrusöz, 1995). Michèle Tribalat (1996, p. 267) ne remarque-t-elle pas que la naturalisation à la nationalité française, par exemple, coïncide dans certaines communautés issues de l'immigration avec des comportements caractérisés de repli culturel (Ribert, 2006) ?

Or, l'assimilation socio-économique n'est pas incompatible avec une certaine conservation de l'identité originelle : l'identité culturelle et sociale n'est-elle pas une formation souple, en constante rééquilibration ? Il convient donc de prendre en compte que certaines caractéristiques particulières à une communauté étrangère (comme la pratique religieuse, par ex.), même si elles perdurent longtemps après l'immigration, ne constituent pas nécessairement des symptômes de marginalisation. En revanche, l'assimilation partielle que requiert la mobilité socioprofessionnelle est une des conditions nécessaires à un apport original de valeurs, voire d'institutions de la part du groupe immigré. Malheureusement, rares sont les études qui permettent l'examen croisé des comportements culturels et de l'insertion socio-économique des groupes issus de l'immigration.

Les indicateurs statistiques utilisés notamment par Tribalat (1995 et 1996) mesurent néanmoins l'amélioration des conditions de vie des immigrés et de leurs descendants. C'est là que réside précisément leur intérêt, même s'ils constituent également les indices de disparition des identités sociales de type ethnique : car, comme le signale Tribalat (1996, p. 254), *« l'assimilation implique la résorption des spécificités migratoires et culturelles »*. L'article de F. Héran (1993) sur l'unification linguistique en France est édifiant à ce sujet. Le déclin des langues minoritaires (endogènes et exogènes) est si rapide qu'elles sont jugées « non menaçantes » pour le français.

Dans un scénario d'assimilation, ce qui est réellement mesuré, c'est l'effort fourni par la personne d'origine étrangère pour s'adapter à ce qui n'est finalement que « projet d'autrui » (Vassileff, 1992). L'utilisation courante de la forme réfléchie « s'intégrer » signale une telle préoccupation dans le chef des décideurs, des chercheurs et des travailleurs sociaux : *« ... devoir faire des efforts pour s'intégrer »*.

2.1.5 Facteurs de l'intégration normative

Pour Mehrländer (1988), la présence ou non d'une main-d'œuvre autochtone suffisante en qualité et quantité est autant une des causes de l'appel aux migrations qu'un des facteurs influençant l'assimilation des migrants. Le degré de développement économique de la région d'immigration, les processus de reconversion à la suite des crises économiques subies par cette région, la distribution de la main-d'œuvre étrangère et son sort à l'issue des phases de restructuration sont les principaux facteurs influençant l'assimilation ou, au contraire, la marginalisation des travailleurs étrangers et de leur famille.

Des mesures juridiques ou sociopolitiques peuvent, dans un tel contexte conjoncturel, rétablir un équilibre. Ainsi, les mesures favorisant l'embauche des étrangers, la lutte contre l'exploitation de travailleurs clandestins, la poursuite des actes racistes, xénophobes ou des discriminations et enfin une politique de naturalisation sont parmi les mesures pouvant être prises en faveur de l'assimilation socio-économique de la population étrangère. Selon Bauböck (1994, p. 18), il convient d'ajouter à ces mesures l'arrêt des flux migratoires nouveaux.

D'aucuns soulignent encore l'effet des attitudes des autochtones envers les étrangers, en général, et envers la jeunesse issue de l'immigration, en particulier (Born *et al.*, 1988 ; Tosun, 1993). Les *a priori* portés par la société d'accueil sur la population d'origine étrangère (la société d'accueil se sent-elle menacée ?) peuvent en effet occasionner un conservatisme réactif de la part de la communauté immigrée : Bauböck (1994) développe l'exemple de la ségrégation spatiale dont l'absence est indice d'intégration résidentielle. Selon Venske (1981), plus la « distance culturelle » est grande entre le groupe immigré et la société d'accueil, plus laborieuse sera l'intégration des migrants.

Les structures de formation et leur accessibilité socioculturelle aux familles immigrées peuvent être le tremplin d'une mobilité ascendante ou, selon les cas, d'une exclusion sociale précoce. Les imperfections du système scolaire et, en particulier, son incapacité à gérer la pluralité socioculturelle produisent un échec scolaire massif avec tous les risques de marginalisation socio-économique que cette situation comporte.

D'autres données de nature sociodémographique, comme la taille de la famille d'origine, la composition de celle-ci et le sexe du chef de ménage sont également des variables exerçant une influence sur l'intensité de l'assimilation. Le facteur temps, à travers le nombre d'années passées dans le pays d'accueil, le lieu de naissance, l'âge à l'arrivée dans le pays d'accueil, ... a aussi, semble-t-il, une influence sur ce processus de longue haleine.

La vision normative conçoit l'intégration des personnes d'origine étrangère comme l'aboutissement d'un trajet individuel d'assimilation psychosociale nourrie de tentatives d'insertion sur les marchés délimitant la vie quotidienne. Mais très curieusement, parmi les facteurs qui peuvent favoriser l'intégration, les recherches privilégient essentiellement les actions de type institutionnel, qui dépendent des *politiques générales d'immigration et d'accueil* des États récepteurs (Bauböck, 1994).

La politique d'intégration de la *France* présente un cas suffisamment illustratif pour être développé à ce stade.

Les différents rapports (1991, 1995) du *Haut Conseil français à l'Intégration* définissent les politiques d'intégration des étrangers en cours dans l'Hexagone. La doctrine française en la matière est de considérer l'intégration comme un processus permettant la *participation active à la société nationale* d'éléments variés et différents. Dans une égalité de droits et d'obligations, quelle que soit son origine, chacun a la possibilité de vivre dans la société d'accueil *dont il a accepté les règles et devient un élément constituant*. Si le concept le plus souvent utilisé dans cette littérature est celui d'intégration, la réalité sociologique que désigne ce terme correspond bien au processus *d'assimilation culturelle*.

L'assimilation républicaine, « à la française », peut se définir comme *l'insertion d'individus d'origine étrangère dans les structures socio-économiques, culturelles et politiques légitimées par la société autochtone*. Bien que des intentions nouvelles (« L'acceptation de spécificités culturelles, sociales et morales, en tenant pour vrai que la communauté nationale s'enrichit de cette variété », « L'intégration n'est pas la négation des différences », « la République doit s'enrichir des apports culturels des migrants », etc.) nuancent, çà et là, la définition proposée par le Haut Conseil français à l'Intégration, la conception française reste pour l'essentiel dans l'axe des philosophies normativistes. L'intégration est à sens unique, vers une « communauté nationale » dont l'homogénéité est suggérée. Cette tendance assimilassioniste se définit encore aujourd'hui au travers des mesures d'insertion et d'accueil proposées au étrangers.

De manière opératoire, la politique française en la matière est un projet d'insertion individuel dont les instruments principaux sont l'enseignement, l'emploi et le logement. L'intégration n'est certes pas perçue comme l'annulation des différences mais les « principes fondateurs » de l'État français (« Liberté, Égalité, Fraternité et Laïcité ») ne peuvent être négociés. En effet, comme le souligne Tribalat (1996, p. 254), *« en France, le modèle d'assimilation est laïque et égalitaire dans son principe et se fonde sur l'autonomie de l'individu dans son rapport à l'État. Le développement de corps intermédiaires comme les regroupements communautaires lui est donc antagonique. »*

Un tel point de vue, qui insiste surtout sur le « devoir d'insertion » de l'individu migrant, est sans doute légitime dans la logique d'un État libéral (Bauböck, 1994). Mais il n'économise pas un débat approfondi sur les discriminations, les vexations et les inégalités que la plupart des étrangers subissent, en plus des conditions sociales défavorisées que certains d'entre eux partagent avec la classe populaire de souche : il est possible d'être assimilé sans être inséré. De plus, tant que les contenus culturels implicites véhiculés par les « instruments » de l'insertion n'auront pas été examinés, la dimension psychologique et culturelle de l'intégration ne peut être acquise. Enfin, une politique d'intégration doit pouvoir développer des espaces de rencontre et de valorisation à travers lesquels une acculturation aux « principes de la République » puisse se déployer. L'adhésion aux principes républicains doit de fait correspondre à un « intérêt » : celui-ci peut être suscité par un réel partage des droits, des compétences et des responsabilités (Costa-Lascoux, 1996).

Pourtant, les décideurs politiques français semblent encore peu nombreux à avoir pris un recul critique suffisant face au précepte d'universalité des valeurs nationales : dans un discours où assimilation est synonyme d'intégration, « le creuset français » brasse toujours les qualités individuelles plutôt que les qualités collectives. Ce modèle politique est jugé par Wieviorka (1995) comme « abstrait, inadapté, incantatoire dans ses formulations et répressif dans ses expressions politiques ». L'analyse de Jean-Loup Amselle (1996) est largement identique à celle de Wieviorka ; l'auteur remarque, en outre, que la question du traitement réservé aux communautés différentes est présente en France bien avant la République. Elle trouve sa prégnance notamment dans l'expansionnisme et l'exploitation coloniale. Elle débouche, dans ses versions les plus typiques (l'Algérie), sur la bipartition de la population entre l'ethnie française dominante et les communautés « sous tutelle ». Le concept de « développement séparé » alors appliqué tranche avec une idéologie de façade universaliste. Cette politique déconcertante (séparation des communautés/assimilation des individus) contribue à singulariser et à exacerber les différences culturelles car celles-ci sont appréhendées sur *le mode du retard* (Azzi, 1996).

Ce n'est en effet qu'en 1995 que le Haut Conseil à l'Intégration s'est penché sur la question des effets positifs de l'attachement à la culture et à la communauté d'origine. Cette réflexion fait aujourd'hui ressortir la nécessaire *interaction* entre la société d'accueil et la « culture d'origine ». On peut définir cette dernière comme un héritage familial en modification à travers le contact et l'interaction avec la société d'accueil. La prise en considération par les institutions françaises des réalités et des apports culturels des migrants, peut ainsi permettre de mieux garantir les droits de chacun (Pellé-Guetta et Dogrusöz, 1995).

La *Belgique* s'est, quant à elle, dotée d'un cadre politique général en matière d'intégration des personnes d'origine étrangère, sous l'égide du Commissariat Royal à la Politique des Immigrés (C.R.P.I.) – institution transformée depuis en Centre pour l'Égalité des Chances et la Lutte contre le Racisme. Le rapport du Commissariat Royal, intitulé *L'intégration : une politique de longue haleine,* a fait, en 1989, l'objet d'un vote au parlement, officialisant le point de vue politique.

Reconnaissant les contradictions d'une politique d'assimilation pure et les dangers des pratiques de ségrégation, reconnaissant aussi que l'influence culturelle peut être mutuelle, le texte du C.R.P.I. opte pour le concept d'insertion « balancée » qui se présente sous des formes variables selon les domaines envisagés :

- premièrement, là où le maintien de l'ordre public l'impose, l'insertion équivaut à l'assimilation ;
- ensuite, il est envisagé de promouvoir la participation des étrangers aux activités et objectifs des pouvoirs publics afin qu'une adhésion soit garantie aux aspects fondamentaux de la culture du pays d'accueil tenant à la « modernité », à l'« émancipation » et au « pluralisme confirmé » ;
- enfin, le C.R.P.I. définit comme possible et souhaitable la promotion de la diversité culturelle (linguistique, artistique, ...) dans tous les domaines, qui n'entre en contradiction ni avec l'ordre public, ni avec les valeurs centrales d'une démocratie occidentale (C.R.P.I., 1989, premier tome).

Les faiblesses de ces intentions politiques, qui ne se différencient pas beaucoup des options françaises, se révèlent assez vite : a-t-on déterminé si les « valeurs occidentales » mentionnées font réellement l'objet d'un consensus parmi les « autochtones » ? Ces valeurs sont-elles aussi stables que l'on semble le penser ? De plus, n'est-il pas pernicieux d'exiger une souscription aux objectifs des pouvoirs publics de la part des personnes étrangères, alors que ces dernières sont le plus souvent exclues de la participation politique ?

En outre, on mesure l'extrême difficulté de la mise en pratique cohérente de telles intentions, ne fût-ce qu'à cause de l'éclatement des niveaux de pouvoir qui, en Belgique, interviennent dans le cadre des politiques d'intégration. En effet, depuis la régionalisation des politiques d'action sociale, certains observateurs semblent percevoir des accents différents dans la mise en œuvre des politiques d'intégration dans les trois régions du pays (Rea, 1993).

2.2 La « vague conflictualiste » : un bref regard sur l'interprétation marxiste

Vers la fin des années '60, de nombreuses analyses, en particulier sociologiques et politologiques, devenues classiques, ont permis de montrer le rôle déterministe que jouent les institutions dans la définition de l'excellence et, par voie de conséquence, dans celle de l'intégration ou de l'exclusion sociales : les groupes socialement peu puissants, dont les familles immigrées, ne participent pas à l'élaboration de telles normes. Ces analyses que l'on peut qualifier de *conflictualistes* démontrent, inspirées qu'elles sont par la tradition marxiste, la responsabilité des structures sociales face à l'échec et à la déviance.

Ainsi, des sociologues ont montré la correspondance structurale entre, par exemple, réussite scolaire et origine sociale. Les notions principales permettant d'interpréter cette corrélation furent celles de la *reproduction sociale* et de *l'héritage culturel*, issus des travaux de Bourdieu et Passeron (1970), Baudelot et Establet (1972), etc. Celles-ci concurrencent la théorie du « handicap socioculturel » apparue dans la foulée des travaux américains sur la déviance sociale.

Aussi, les contributions conflictualistes intéressent la question de l'intégration sociale surtout parce qu'elles ont su dépasser l'impasse de la pathologie intrinsèque à l'individu « hors-norme » héritée du courant normativiste. Cet intérêt est cependant relatif parce que les contributions conflictualistes n'ont pas traité, du moins dans leur forme première, de la personne elle-même, et moins encore de ses projets, valeurs ou pratiques. L'apport de l'approche conflictualiste fut donc surtout critique : on n'y propose en effet pas de modèle alternatif d'intégration. Cette approche a cependant permis aux démarches plus récentes de s'approprier la conception dialectique des rapports sociaux et de l'épanouir dans un horizon épistémologique nouveau.

Malgré leur importance scientifique, les recherches conflictualistes ne seront pas longuement détaillées ici mais il faut rappeler qu'elles ont fait l'objet de nombreuses synthèses.

Selon la sociologie et l'anthropologie néo-marxistes, les préoccupations économiques jouent un rôle déterminant dans la définition des valeurs et pratiques des groupes humains. Par opposition à l'évolutionnisme anthropologique, pour les théories d'inspiration marxiste, l'Homme et la Société sont déterminés par une *« histoire » :* l'évolution sociale n'est pas une loi qui transcende l'Histoire, elle s'inscrit au cœur d'un *procès dialectique* (Gossiaux, 1995).

Ainsi, les phénomènes d'intégration sociale sont appréhendés à l'intérieur de ce système de rapports de force, système caractérisé par *la lutte des classes*. Cette position rend indispensable l'examen critique des institutions socio-éducatives et des appareils de pouvoir, en tant qu'instruments de sélection et de reproduction sociales – et non en tant qu'instruments de cohésion et de redistribution du pouvoir (Kastoryano, 1991).

Dans ce cadre conceptuel et méthodologique, les recherches conflictualistes soutiennent que l'immigration ouvrière rencontre, en grande partie, la même exploitation économique et les mêmes problèmes d'exclusion sociale que la classe laborieuse autochtone (ex. Castles et Kosack, 1973). Selon les conflictualistes, en effet, la teneur des problèmes vécus par les migrants ne se distinguent de ceux rencontrés par les travailleurs du pays d'accueil que par leur acuité et concentration (Rea, 1992).

Plus spécifiquement, cependant, l'intégration des migrants issus du Tiers-Monde est étudiée à travers ses continuités historiques avec la question de la décolonisation et dans le cadre des rapports économiques et politiques inégalitaires entre le Nord et le Sud de la planète (Sertel, 1987). Les mêmes thèmes ont également donné lieu à une abondante littérature militante.

Dans certains cas, enfin, la critique du point de vue ethnocentriste a permis de dénoncer, en même temps que l'hégémonie économique, toutes les formes d'imposition de la civilisation occidentale à travers la mondialisation, considérée comme responsable de la réduction des identités originelles. Dans le domaine de l'intégration des migrants, en particulier, ont été décrites la pression et les discriminations appliquées aux familles immigrées par les institutions de la société d'accueil, jusque dans les sphères les plus intimes de la vie : mariage, statuts des membres de la famille, pratiques éducatives, ... (Streiff-Fenart, 1985).

En somme, l'approche conflictualiste en matière d'intégration des migrants met en évidence la répartition inégale des biens culturels et la hiérarchisation des différences, qui fait de la culture un vecteur de distinction ou de disqualification sociales. Cette approche, s'attachant à l'étude dialectique des conflits sociaux (et culturels), permet de dépasser certaines des contradictions importantes présentes dans d'autres conceptions, théorisant davantage la notion de cohésion sociale.

Le point de vue conflictualiste a ainsi suscité une avancée importante dans la compréhension des mécanismes institutionnels et macrosociologiques qui se trouvent à l'origine des phénomènes d'intégration ou d'exclusion. Ce point de vue semble également avoir motivé l'éclosion d'un certain courant *pluraliste ou interculturaliste,* qui considère le respect des différences et l'instauration d'un dialogue entre cultures comme un moyen de lutte contre les injustices (Bastenier, 1992).

La vision conflictualiste semble néanmoins avoir aussi contribué, dans une certaine mesure, à l'occultation de la marge d'autonomie revenant à l'acteur social (D'Hertefelt, 1991). Cette constatation s'applique, en particulier, à l'approche conflictualiste des phénomènes d'acculturation socioscolaire et des trajectoires atypiques.

Des recherches en psychologie de l'éducation (Jamati-Isambert, 1973) ont en effet montré que les rapports entre la pauvreté, l'aliénation et l'exclusion, d'une part, et l'échec scolaire, d'autre part, n'étaient pas aussi mécaniques et directs que ne le suggérait une première lecture des travaux de Baudelot et Establet (1972). La sociologie de l'éducation a eu le mérite de révéler au grand jour les rapports de force entre classes sociales mais il serait réducteur de ne pas tenir également compte d'une multitude de variables psychosociales, telles que les modalités de la résistance opposée aux déterminismes.

L'étude des processus plutôt que des effets de l'exclusion sociale a donné lieu à de nombreuses recherches (cf. Cherkaoui, 1979) qui ont révélé des phénomènes tels que (Manço *et al.*, 1992) :

- la violence symbolique exercée par les institutions socioscolaires contre les « usagers atypiques » ;
- les discriminations dans les processus d'orientation scolaire et professionnelle ;
- la médicalisation ou la paramédicalisation des problèmes scolaires ordinaires (e. a. l'orientation vers l'enseignement spécial) ;
- la discrimination dans l'accès à certains types d'écoles (barrières psychologiques, géographiques et économiques), etc.

D'autres recherches pionnières ont permis d'entrevoir le poids des facteurs idéologiques, psychologiques et socioculturels dans le devenir des trajectoires individuelles. Ces facteurs poussent les familles défavorisées à sous-estimer leur propre potentiel (Landecker, 1951). Ainsi, selon Bourdieu (1974), le poids de l'Histoire *« tend à réduire le possible au probable »*. L'auteur du célèbre essai intitulé « L'avenir de classe et la causalité du probable » permet d'envisager le subtil lien interactionniste entre les déterminismes et les pratiques particulières, entre les possibilités objectives et les expériences subjectives (cf. le chapitre suivant).

Dans la foulée d'une relecture des travaux conflictualistes, des recherches effectuées dans les années '80 ont pu prendre en compte la singularité et l'hétérogénéité des publics étudiés (Lesthaeghe et Surkyn, 1996). Un intérêt nouveau a alors remobilisé d'anciens éléments théoriques provenant d'horizons divers, afin de comprendre comment l'inégalité et l'exclusion sociales se transforment en parcours scolaire et socioprofessionnel (réussi ou non), à travers l'histoire concrète et le développement psychosocial des individus et des communautés (Charlot *et al.*, 1993).

2.3 La « vague constructiviste » : origines et apports d'une synthèse nouvelle

Les limites de la philosophie normativiste de l'intégration (cf. section 2.1) sont en partie révélées grâce à l'application d'une analyse conflictualiste à la question de la cohésion sociale. Mais l'incapacité du point de vue conflictualiste à contenir la complexité des trajectoires singulières (cf. section 2.2) pousse à imaginer de nouvelles manières de concevoir la réalité de l'intégration.

Cet effort théorique novateur sera entrepris par différents scientifiques dès les années '60. Ces travaux s'inspirent d'approches plus anciennes qu'ils remobilisent dans le cadre d'une nouvelle interprétation. Avec les années '80 apparaîtront des recherches certes plus modestes mais néanmoins indispensables, car cherchant à développer une assise empirique interdisciplinaire.

Cet ensemble de travaux théoriques et pratiques sur la question de l'intégration s'inscrit dans une orientation épistémologique *constructiviste* (Le Moigne, 1995). Cette tentative de « labellisation » peut être jugée comme hâtive, sinon comme abusive. Il semble cependant qu'un large faisceau d'éléments permettent de définir un certain degré de « familiarité » entre différents travaux cités dans la présente synthèse : parmi ces éléments, on note par exemple l'importance accordée à l'intentionnalité et à l'historicité des acteurs, à la réciprocité des rapports d'influence, etc.

La « vague constructiviste » est ainsi composée de travaux indépendants mais solidaires, en dépit des nuances entre différentes conceptions constructivistes. Si les observateurs sont peu nombreux à réunir explicitement sous la même « bannière théorique » les auteurs évoqués dans cette section, des rapports existent néanmoins entre la sélection de recherches présentée et les principes de base de la pensée constructiviste.

Par ailleurs, les oppositions entre ce corpus et les autres familles philosophiques ayant réfléchi à la question de l'intégration sont patentes. Cependant, il ne s'agit nullement de négliger l'apport des vagues plus anciennes. Des éléments provenant de celles-ci (notamment un important héritage conflictualiste) sont revalorisés dans le cadre d'une synthèse constructiviste, elle-même perfectible sur différents points. En effet, la vague constructiviste semble autant en continuité qu'en rupture avec les vagues plus anciennes.

2.3.1 Fondements épistémologiques

Le constructivisme est une ontologie du devenir, c'est-à-dire « l'étude de l'articulation des opérations cognitives à l'équilibration des faits sociopsychologiques » (Herman, 1983).

Il existe différentes approches constructivistes s'appliquant aux sciences sociales et humaines. Elles présentent certes d'importantes différences les unes par rapport aux autres mais elles se réunissent toutes autour d'un noyau épistémologique commun. C'est à ce « noyau » que se réfère l'emploi de l'épithète « constructiviste ».

L'épistémologie constructiviste telle que formalisée par Le Moigne (1995), par exemple, stipule que le connaissable est un *réel expérimenté par le sujet* ou une « réalité pour soi ». En attribuant au sujet (qui peut être collectif) le rôle décisif dans la construction du savoir (principe de l'action rationnelle), l'approche constructiviste est amenée à prendre en compte *l'intentionnalité de l'acteur* (hypothèse téléologique). Ainsi, dans une démarche constructiviste, les faits ne sont jamais considérés indépendamment de leur finalité. Sur le plan opérationnel, enfin, la pensée constructiviste procède par des modélisations *systémiques*, à savoir une organisation dialectique de la connaissance irréductible à une lecture linéaire : le paradigme systémique est multicausal, multifactoriel et plurifonctionnel.

2.3.1.1 *De la psychologie génétique à la sociologie de l'action* – C'est dans sa *Construction du réel chez l'enfant* (1977), au titre évocateur, que Jean Piaget pose *l'hypothèse interactionniste du constructivisme dialectique :* l'intelligence ou l'expérience du monde se construit en s'orientant simultanément vers les deux pôles de l'interaction sujet/objet. Pour Piaget, l'acte de connaître ne débute ni par la connaissance intuitive de soi, ni par celle des choses extérieures en tant que telles mais par leur incessante *interaction.*

Dans la *Construction du réel chez l'enfant*, l'auteur étudie les étapes par lesquelles, au cours de ses premières années, l'enfant parvient à développer une représentation du monde objectif sur lequel il a une prise par son activité (genèse de l'intelligence). Sans s'attarder sur la célèbre modélisation en « stades » du *développement cognitif* de l'enfant, qui a été remise en question par différents psychologues généticiens et finalement relativisée par Piaget lui-même, il faut apprécier le principe-moteur de la cognition. La construction du réel s'effectue, pour Piaget (1969), au moyen de deux mécanismes complémentaires :

- *l'accommodation* de la pensée aux choses : la structure mentale du sujet se modifie pour s'adapter à l'environnement/à l'objet ;
- *l'assimilation* des données nouvelles par l'acquis antérieur : l'appropriation de l'objet par la structure mentale du sujet.

Ces deux mécanismes contribuent au processus *d'équilibration majorante.* S'ajoutant aux effets du contexte, de l'hérédité physique et de l'hérédité socioculturelle, l'équilibration est un quatrième facteur qui conditionne le développement. C'est le passage d'un état instable d'incompatibilité à un état provisoire de compatibilité structurelle. Il s'agit d'un processus de compensation dynamique entre l'activité du sujet et les forces externes (Piaget, 1959). Certains psychologues définissent l'équilibration comme une activité mentale visant l'état de bien-être psychologique, caractérisé par une « situation d'équilibre » (Born, 1983, p. 104-105). L'équilibration intervient de fait lors que survient une situation de dissonance entre une donnée nouvelle – dont on souhaite *« l'assimilation »* – et les schèmes de pensée antérieurs. L'acteur social adopte alors des stratégies *d'accommodation* afin de maximiser ses bénéfices symboliques. Il tend donc à la fois à conserver les valeurs auxquelles il tient et à s'approprier le nouvel élément cognitif. L'équilibre synthétique ainsi construit est le fondement sur lequel repose toute conduite innovatrice. L'équilibre obtenu dépend de la capacité des acteurs à redresser des situations de dissonance. Le processus d'équilibration est dynamique et inconscient, sauf s'il fait l'objet d'une reconstitution conceptuelle (prise de conscience). L'état d'équilibre est toujours provisoire et sujet à des modifications en fonction de l'évolution de l'environnement et de la maturation de l'acteur.

Cette conception dynamique de la cognition impose trois implications majeures (Piaget, 1977) :

- premièrement, la cognition est posée comme un processus *dialectique ;* elle est donc le résultat momentané d'une « négociation intérieure », permanente, entre la mémoire et le présent, entre le sujet et l'objet ;
- deuxièmement, Piaget introduit le principe de la *récursivité* de la cognition : le sujet, en changeant le monde dans lequel il vit, se transforme *aussi* lui-même. Ainsi, la médiation entre un sujet doué d'une épaisseur sociohistorique (la dimension diachronique) et un environnement donné (dimension synchronique) conduit à une expérience directement incorporée dans la mémoire du sujet, mémoire aussitôt redéployée dans le cadre d'une expérience suivante, etc. ;
- enfin, troisièmement, et en conséquence des deux premières implications, la cognition est posée comme un processus *irréversible*. Selon ce principe, chaque étape de la cognition permet à l'enfant de franchir un palier qualitatif dans la construction de son intelligence et, sauf accident, il lui est impossible de revenir à un état véritablement « antérieur ».

Ces différents principes s'avèrent fort utiles lorsqu'ils sont appliqués à la question de l'intégration sociale. En effet, une des originalités de la pensée de Piaget (1965, p. 158) est d'avoir posé le postulat de *l'isomorphisme* entre le développement des structures mentales et le développement des structures sociales. Cette similarité de fonctionnement prend sa source dans les relations dialectiques entre individu et société (Dubar, 1991, p. 18).

Selon Piaget (1965), la société est en effet un système d'interactions régies par des lois d'équilibre qui connaissent une dimension cognitive (le sens et l'orientation des projets), une dimension affective (potentiel d'énergie et motivation engendrés par les valeurs) et, enfin, une dimension conative (production de signes, de symboles et d'actions ; passage à l'acte). Selon Dubar (1991, p. 27), la théorie piagétienne peut ainsi inspirer une nouvelle opérationnalisation du champ de l'intégration sociale. Celle-ci permet de rendre compte de l'interaction acteur/environnement dont le mécanisme principal est l'équilibration. Le dépassement dialectique des dissonances et l'accès à un nouvel état d'ajustement se présente ainsi comme une alternative constructiviste à la conception normative et linéaire de l'intégration.

L'intuition de Piaget rencontre les préoccupations des chercheurs intéressés par la question du *développement social.* Pour Bonnetti *et al.* (1991), ce concept renvoie à l'accroissement des capacités d'expression, d'initiative et d'organisation des acteurs. Cela consiste également en une modification des représentations des personnes sur elles-mêmes, une modification de leurs relations mutuelles et de leurs attitudes envers l'environnement. C'est aussi leur possibilité d'insertion, ainsi que l'amélioration de leurs conditions de vie (Furter, 1983). Pour emprunter la terminologie de Habermas (1987), *le développement social est une entreprise d'émancipation.*

Les travaux du sociologue Alain Touraine (1992), en particulier, insistent sur le rôle, dans l'émancipation de l'individu, de l'articulation entre une liberté affirmée et une expérience assumée. L'acteur social s'exprime par la transformation d'une situation subie en action libre. En réinterprétant son lien avec le monde, l'acteur insuffle de la liberté, des projets et une finalité dans ce qui apparaît d'abord comme héritage et déterminisme (Jouthe, 1996).

L'hypothèse téléologique du constructivisme sous-entend, de fait, l'existence d'un système cognitif de finalisation : les actions sont projetées avant d'être exécutées par les acteurs. Selon le mot de G. Bachelard (1980), « *la médiation de l'objet par le sujet prend toujours la forme du projet* ». Dans ce processus, le sujet construit une représentation (qui peut être latente) de la *dissonance* qu'il perçoit entre son passé, son contexte actuel et ses projets futurs. Il cherche à inventer quelque réponse ou plan d'action susceptible de restaurer la *consonance* souhaitée. Ces « tâtonnements » de nature dialectique, voisins de la résolution de problèmes, correspondent bien à la logique constructiviste : la médiation sujet/projet/objet participe de ce que les épistémologues appellent le principe de l'action rationnelle (Le Moigne, 1995).

L'approche constructiviste modélise l'action sociale comme le déploiement d'expériences articulées à un contexte potentiellement déterministe. La transposition de ce modèle au processus de développement et d'émancipation des groupes sociaux, dans l'œuvre de Touraine, auteur e.a. de la *Production de la société,* permet de saisir le complexe « *l'un dans la diversité et la diversité dans l'un* ».

2.3.1.2 *Une opérationnalisation systémique* – Sur le plan instrumental, l'approche constructiviste procède par *modélisations systémiques* (Le Moigne, 1995). Les premières tentatives de modélisation du réel en termes de systèmes (ouverts et fermés) datent des travaux des thermodynamiciens du milieu du XIXe s. Cette conceptualisation a évolué entre 1930 et 1940 et s'est généralisée à l'ensemble des sciences naturelles. En biologie, par exemple, les organismes vivants sont considérés comme des systèmes ouverts, qui réagissent et s'ajustent aux conditions changeantes de leur environnement ; cependant, ils doivent obligatoirement conserver un certain degré de « fermeture » pour assurer leur pérennité ou … leur « identité », sous peine de se dissoudre définitivement dans leur milieu (Pourtois et Desmet, 1993, p. 32).

Tout comme le système naturel semi-ouvert, le système socioculturel produit par l'homme s'oriente en fonction de données externes. Il agit, à son tour, sur l'environnement. Cette interaction est vitale : il est important de garder en mémoire un mode de représentation circulaire ou rétroactive en matière de relations système-milieu. L'influence unidimensionnelle ne peut pas suffire pour décrire le réel : l'approche interdisciplinaire et les tentatives d'explications plurifactorielles s'imposent donc dans une pratique systémique (Herman, 1983).

2.3.2 Émergence d'une théorie constructiviste de l'intégration

L'application de l'approche constructiviste à la question de l'intégration sociale nécessite un examen théorique approfondi. Il semble opportun, dans ce cadre, de passer en revue les rôles de la sociologie et surtout de l'anthropologie dans l'émergence d'une vision constructiviste du concept d'intégration, compris comme *la participation d'éléments nouveaux au sein d'ensembles existants*.

Dans ce cadre, le rôle joué par le diffusionnisme anthropologique est important. Ce courant a longtemps concurrencé l'évolutionnisme dans sa tentative d'explication du changement culturel, avant d'engendrer le concept d'acculturation et un certain esprit de relativisme culturel, qui s'épanouiront à travers le développement d'une constellation d'approches diverses en sciences sociales.

Selon le point de vue diffusionniste, les cultures et les sociétés changent au gré des influences subies de la part des cultures et sociétés voisines ou éloignées mais avec lesquelles des relations se tissent. Le contact entre cultures différentes fut de tout temps, avec l'inventivité, l'un des moteurs du développement de l'homme, de ses créations et de ses sociétés (De Morgon, 2004).

Le vecteur principal de la rencontre entre les cultures est la *migration* qui, elle-même, peut dépendre de la situation économique, démographique ou politique d'une population. Les modalités de la rencontre entre les cultures sont liées à des impératifs économiques : commerce, colonisation, invasion, exploration, ... Dans un registre plus intime, des mariages « mixtes » et l'adoption internationale peuvent également être considérés comme des raisons de « migration » et donc de contact de cultures.

Lorsque deux sociétés entrent en contact, pendant une certaine durée, chacune impose à l'autre une partie de ses traits culturels. Cet échange est cependant rarement égalitaire, les sociétés les plus « robustes » en imposent davantage, en particulier dans les domaines où elles sont les plus efficaces, eu égard au contexte technologique et sociologique du moment. Mais quelle qu'en soit la balance, l'influence est *toujours* réciproque (Abou, 1981, p. 95).

2.3.2.1 *F. Boas et l'impulsion du diffusionnisme classique* – L'école anthropologique diffusionniste et culturaliste doit beaucoup à Franz Boas. Selon Boas, la culture (toute manifestation non-biologique de l'activité humaine) est composée de « traits » dynamiques (unités significatives par rapport à un domaine et un niveau d'approfondissement donnés). La réception de traits d'une culture exogène n'est jamais un acte passif. Les traits empruntés sont sélectionnés dans un rapport dialectique avec le contexte qui régit le décor et la nature de la rencontre. Dans certains domaines, l'influence sera importante, rapide et bien acceptée, dans d'autres, par contre, l'influence exogène peut rencontrer une résistance ; enfin, dans d'autres cas encore, les traits empruntés peuvent être négociés modulés, réinterprétés, éclatés, bouturés, manipulés, ... selon le contexte socio-économique, psychologique et écologique du moment. Ainsi, de la rencontre de deux cultures naîtra une nouvelle synthèse, une construction « hybride ».

L'intégration d'éléments culturels nouveaux est donc fonction des intérêts du donneur autant que de ceux du receveur ; l'emprunt culturel dépend du contexte de la relation d'influence autant que de la relation elle-même. Le diffusionnisme de Boas est, avant la lettre, une conception *interactionniste* des relations et du développement humains.

D'emblée, Boas attire l'attention sur l'extrême complexité des processus de changement de culture nés du contact. L'auteur permet ainsi d'entrevoir la diversité des stratégies d'acceptation, d'appropriation ou de rejet que chaque culture met en œuvre dès qu'elle est placée face à des artefacts importés : avec les matériaux qu'elle trouve, chaque culture se « re-construit » sans cesse (Gossiaux, 1995). L'intuition de Boas ne débouche cependant pas immédiatement sur une approche scientifique massive de la dynamique de la transformation culturelle et des divers aspects du contact de cultures.

2.3.2.2 *La sociologie compréhensive wéberienne* – La sociologie compréhensive de Weber apportera une contribution importante à la réflexion culturaliste (Dubar, 1991, p. 105). Max Weber suscitera une prise de conscience du rôle que peut jouer l'acteur social dans le changement socioculturel. On remarquera alors que des caractéristiques culturelles (aujourd'hui, on parlera volontiers de spécificités identitaires), subjectivement reconstruites à partir de liens sociaux objectifs, peuvent permettre aux individus de s'organiser et d'agir en *communauté*.

Le terme de communauté *(Gemeinschaft)* est, comme tous ceux examinés dans ce chapitre, un concept ambigu. Il fait référence, chez Weber, au maintien des solidarités liées à une identité de conditions et d'intérêts, donnant lieu à des processus d'organisation propres : *communalisation* ou *Vergemeinschaftung* (émergence de structures culturelles, religieuses, politiques et économiques, des phénomènes de leadership, ...) (Hily et Oriol, 1991 ; Amiraux, 1995).

Les sentiments d'appartenance, de proximité ou de similitude, la référence commune à un même corps de représentations (aujourd'hui, on parlera volontiers d'ethnicité) ont, en général, un pouvoir unificateur et mobilisateur. La communauté est l'objet d'une identification partielle qui s'articule à d'autres modalités identitaires non exclusivement culturelles (sexe, appartenance sociale, identité professionnelle, ...). L'identité communautaire s'organise en réponse à des pressions extérieures vécues comme intolérables. Elle peut être perçue comme transitoire, dans la mesure où non seulement elle est susceptible de modification mais, en plus, elle peut servir de tremplin vers l'appropriation d'autres univers identitaires. La différenciation sociale de ses membres sous l'effet d'une mobilité ascensionnelle peut occasionner l'éclatement d'une communauté culturelle (Camilleri, 1991 ; Vermès, 1991).

Mais tant qu'elle est effective, la cohésion communautaire permet au groupe de développer une certaine force afin de résister aux influences extérieures et de négocier, ne fût-ce qu'en partie, l'ampleur d'une transformation, comme le montre l'exemple de la classe moyenne protestante face à l'industrialisation de l'Allemagne au XIXe s. Une communauté peut, en effet, à travers un contexte de négociation, construire l'imaginaire ou l'idéologie qui lui permet de justifier, à ses propres yeux, les métamorphoses qu'elle traverse (Kastoryano, 1991).

Dans le sillage intellectuel de Durkheim qui opposa les solidarités mécaniques primaires aux solidarités organiques modernes, certains auteurs contemporains estiment que la transition entre la « tradition » communautaire (comprise comme un repli particularisant) et la « modernité » (présentée comme une ouverture sur l'universel) ne peut s'effectuer qu'à travers la destruction de la logique communautaire. L'interprétation wéberienne du concept de communalisation semble, au contraire, plaider pour une communauté comprise comme un lieu de négociation entre tradition et modernité, un lieu de temporisation entre continuité et changement (Hily et Oriol, 1991).

2.3.2.3 *Changement culturel et acculturation (M.H. Herskovits)* – Au confluent de l'anthropologie diffusionniste et de la sociologie compréhensive, Melville H. Herskovits sera, vers la fin des années '30, à la base du concept *d'acculturation* dont l'urgence n'avait fait que croître à mesure que se multipliaient les travaux empiriques rendant compte de l'interpénétration des cultures.

Pour Herskovits, l'acculturation comprend les *processus d'acceptation, de rejet et de négociation*, nés de la rencontre (directe ou indirecte, continue ou intermittente) de cultures (ou de sous-cultures) ; ces processus dialectiques annoncent des changements majeurs, selon une dynamique dépendant des rapports de force en présence (D'Hertefelt, 1991 ; Gossiaux, 1995).

De manière opératoire, on peut définir le processus d'acculturation à l'aide de six paramètres (Camilleri, 1991) :

- son contexte (quel est le vecteur du changement culturel ? le terrain sociohistorique est-il propice au changement ?) ;
- sa rapidité ;
- son étendue (quel est le nombre de sous-systèmes culturels atteints ?) ;
- sa profondeur (le noyau identitaire est-il touché ?) ;
- sa « reliabilité » (le changement culturel qui s'annonce représente-t-il une transition logique par rapport aux valeurs culturelles existantes ?) ;
- son bénéfice (quel est l'intérêt pragmatique des populations concernées par le changement culturel ?).

Il faut distinguer l'acculturation du *changement culturel* proprement dit, dont elle n'est qu'un aspect, comme *l'assimilation normative* peut être un cas particulier d'acculturation. Il faut aussi différencier l'acculturation du *contact de cultures*, qui ne constitue que l'étape initiale du processus (Herskovits, 1952). Parallèlement, la *diffusion* est l'état (provisoirement) accompli de la transmission culturelle, alors que l'acculturation est la transmission ou l'emprunt *en cours de réalisation.*

Herskovits déplore, déjà dans les années '50, l'utilisation sans nuance du mot acculturation qui finalement fait très vite « recette » dans de nombreuses disciplines. Si cette dynamique interdisciplinaire autour du concept est réjouissante, une utilisation sans définition préalable conduit rapidement à des abus et confusions qui, il faut bien l'admettre, depuis Herskovits, n'ont jamais cessé de sévir. Herskovits (1952) remarque, par exemple, que nombreux sont les spécialistes de la psychologie de l'enfance et de l'éducation qui comprennent le terme acculturation dans le sens de *socialisation*, de *formation*, voire de *conditionnement culturel*, alors que ces concepts trouvent leur équivalent dans l'expression *« première enculturation »*. L'acculturation a également été confondue avec le concept de *transculturation.* Or, cette dernière correspond à une première phase de *déculturation ou d'a-culturation* (extirpation d'une culture précédente) suivie d'une phase de *néoculturation* (intériorisation de nouvelles normes), en ce sens très proche de l'assimilation normative. L'évangéliation, par exemple, peut servir d'illustaton à cette catégorie.

L'acculturation résulte pourtant d'un *emprunt mutuel* et de la *réinterprétation* subséquente d'éléments culturels existants, et *non* de leur évacuation pure et simple. L'arithmétique du contact de cultures n'est pas non plus une simple addition. L'acculturation est un phénomène complexe et dynamique qui ne peut être compris que dans un cadre pluridisciplinaire. Herskovits propose ainsi une double lecture psychologique et sociohistorique de l'acculturation, tout en sachant que les aspects historiques et psychologiques ne peuvent être distingués que de manière théorique :

- le processus d'acculturation ne peut s'envisager indépendamment du développement *psychologique* des individus. L'étude des changements culturels renvoie à l'analyse génétique du développement cognitif (Dubar, 1991, p. 30-31). En effet, l'acquisition de connaissances et d'attitudes nouvelles se construit sur des savoirs antérieurs et s'y articule véritablement : l'acteur en acculturation ne peut que partir de la « matière » psychologique présente. Celle-ci sera toutefois malaxée, manipulée et quelque-fois mise entre parenthèses. Les traits culturels exogènes faisant l'objet d'un emprunt seront également sélectionnés, réinterprétés et fusionnés avec ce qui existait avant le contact de cultures. Le point d'équilibre de la dialectique acculturative est une synthèse subjective et provisoire : l'issue du changement culturel est une réalité nouvelle et indéterminée mais elle ne peut se concevoir que dans le cadre d'une continuité historique (Herman, 1983) ;

- le processus d'acculturation ne peut s'envisager indépendamment de son contexte *sociohistorique ;* celui-ci est généralement inégalitaire. Si l'acculturation engendre une modification plus ou moins profonde des cultures en fonction des rapports de force, les cadres culturels des groupes dominés ne disparaissent pas pour autant. Il apparaît que des phénomènes d'assimilation, de conservation et de production d'expressions culturelles synthétiques cohabitent et obéissent aux orientations stratégiques des groupes concernés par le changement culturel (Bastenier et Dassetto, 1993). L'acceptation ou le rejet d'un emprunt culturel dépendent tant des cultures en question que des vicissitudes de leur rencontre. Parallèlement, des facteurs psychosociologiques tels que les conditions de l'appropriation collective des innovations culturelles (effets de leadership, etc.) influencent l'issue de l'acculturation.

La situation dominante d'un des groupes en contact et l'hostilité qu'elle peut engendrer semblent en effet conditionner l'acculturation (Sabatier et Berry, 1994, p. 275 et suiv.). Selon les contextes sociohistoriques particuliers, ces facteurs peuvent aussi bien agir dans le sens d'une accélération de l'échange culturel (comportements de mimétisme) que dans le sens inverse (mouvements de durcissement contre-acculturatifs, revivalisme). Herskovits (1952) relève de nombreux exemples d'acculturation qui se situent dans des contextes volontaires et pacifiques : les emprunts y sont plus nombreux et mieux accommodés que dans les contextes tendus.

Comme les observations de Herskovits le montrent, l'acceptation, l'articulation ou le rejet des éléments culturels exogènes dépendent *in fine* de la mise en place d'une communication entre porteurs de cultures différentes et, en particulier, d'une forme spécifique de communication qu'est la *négociation/confrontation.* Le dépassement des conflits, la restauration de la cohésion sociale sont de fait liés à la construction d'un processus efficient de transaction. Dans une telle combinaison de logiques de conflits et de consensus, l'acculturation devient ni plus ni moins que *la synthèse des significations que des acteurs sociaux tirent de leurs négociations (internes ou externes) entre positions parfois peu conciliables* (Touraine, 1992).

L'idée de « négociation », telle qu'exprimée ici ne renvoie pas uniquement à des pourparlers formels. Le processus sociocognitif auquel il est fait allusion est un ensemble de transactions faites d'actes posés plus ou moins consciemment, de stratégies mises en œuvre en vue d'avantages particuliers, d'évaluations, d'oppositions, etc. (Dubar, 1991). À partir de deux termes opposés, la négociation fournit une synthèse englobante, à la fois négation et conservation des déterminations. L'issue de la négociation, dosage de rigidité et de flexibilité, est toujours nouvelle, provisoire et incertaine (Herman, 1983).

D'après Claude Dubar (1991, p. 106), la négociation du changement socioculturel se construit selon trois axes :

- le rapport au pouvoir qui détermine l'engagement, les revendications et les opportunités *d'intégration* des individus en situation ;
- le rapport à l'avenir qui s'actualise à travers les *projets* et les initiatives des acteurs ;
- et, enfin, le rapport à soi qui permet d'articuler les contraintes externes, l'histoire et les *valeurs* particulières de la personne.

Parmi les instigateurs d'une conceptualisation constructiviste du changement social né de la rencontre des cultures, Herskovits (1952) est un des premiers scientifiques à avoir pensé *la négociation de l'acculturation comme le processus initiateur de l'intégration sociale.* Selon l'auteur, dont le point de vue n'a rien perdu de son actualité, les deux problèmes les plus importants de la recherche en matière d'acculturation sont :

- l'étude de la mobilisation des *projets* et des *valeurs* identitaires dans le cadre d'une stratégie d'action ;
- l'évaluation des bénéfices de ces stratégies en termes *d'intégration objective.*

2.3.2.4 *Courants socio-anthropologiques depuis la Seconde Guerre mondiale* – Si le diffusionnisme n'existe plus en tant qu'école scientifique, l'impulsion qu'il a donnée à la recherche en anthropologie et en sociologie, notamment, est indéniablement visible dans le foisonnement de travaux s'interrogeant sur la rencontre entre cultures ou sous-cultures, l'acculturation, le changement socioculturel et le développement interculturel que cela occasionne. Plusieurs courants d'anthropologie sociale, ainsi que des travaux en psychosociologie et sociopédagogie portent les signes d'une réflexion en termes de formation de synthèses culturelles ou identitaires. Le développement de ces recherches coïncide avec le repli colonial de la plupart des États occidentaux et l'amorce vers ces pays de mouvements migratoires importants, à l'issue de la Seconde Guerre mondiale (Gossiaux, 1995).

Une des figures emblématiques de cette effervescence, le sociologue systémicien nord-américain *E. Goffman,* introduit, en 1975, la notion de *stigmatisation sociale.* Il montre ainsi l'existence d'un système d'influences mutuelles entre la société et la personne. L'individu « hors-normes » n'est plus vu comme un objet passif et surdéterminé ; il est réhabilité en tant qu'acteur potentiellement capable de (dé)jouer (avec) la stigmatisation (labelling) dont il est… le sujet.

Selon l'auteur, la présentation sociale de soi est la manière d'être de l'individu en situation : c'est, autrement dit, le moi en tant qu'acteur sur la scène publique (Born, 1983, p. 97). Goffman explicite, grâce à cette opposition coulisses/scène publique (concept de théâtralité), les artifices ingénieux que certains agents sociaux bricolent à la faveur des rapports de connivence et de marchandage qu'ils nouent avec ceux qui ont pour mission de les diriger, encadrer ou surveiller (De Coster, 1990). Le regard d'autrui contribue, selon Goffman (1975), à fixer l'individu dans un rôle (parfois peu enviable). Celui-ci peut réagir de façons diverses : il peut intérioriser la norme d'autrui (anxiété, sentiment d'infériorité, problèmes d'estime de soi, « vilification »), jouer à la surenchère, contourner ou retourner le stigmate, instrumentaliser l'identité dans laquelle il se trouve assigné ou, au contraire, résister et tenter de la recomposer plus positivement au travers d'actions privées ou collectives (Moscovici, 1979 ; Kürsat-Ahlers, 1994 ; Bourhis *et al.*, 1994 ; Martucelli, 1995).

Les travaux de Goffman ont inspiré ou sont venus renforcer de nombreuses analyses qui posent le problème de l'intégration sociale dans les termes d'une *interaction entre la norme et l'acteur* (Gossiaux, 1995). Parmi ces analyses, certaines s'appliquent au monde urbain, à ses disparités et cassures.

La ville connaît, à cause de ses multiples cloisonnements, un dynamisme culturel particulier : s'y construisent sans cesse des synthèses, des microcultures, des sous-ensembles de valeurs qui interagissent avec des institutions, des organes de pouvoir. Ce sont ces microcosmes interconnectés que tâche de comprendre l'anthropologue urbain, en les pénétrant et en adoptant des méthodologies d'observation participante (Gossiaux, 1995). Le sociologue de la vie quotidienne ou le géographe social participe au même effort en se penchant plus particulièrement sur l'étude de la spatialité et de la temporalité dans des contextes généralement bien délimités, tels qu'immeubles, espaces publics, cafés, etc. où se déploient les stratégies des habitants, qui tentent de se reconstruire une identité dans ces lieux familiers, à l'écart d'un univers aliénant ou déshumanisé. On s'oriente ainsi vers une sociologie du local, à l'affût des ruses du quotidien au moyen desquelles les acteurs sociaux cherchent à tempérer la brutalité des contraintes de la vie urbaine. La dépersonnalisation imposée par une société massifiée est combattue à travers les interstices d'une convivialité retrouvée dans des réseaux primaires : amis, familles, « clans », …

Des recherches similaires menées sur l'immigration dans les grands ensembles immobiliers (en France, en Belgique, en Suède, …) ont montré que les familles immigrées procèdent à des tentatives de regroupement culturel et ethnique afin de réduire un malaise fait de perceptions et de représentations négatives (Köksal, 1986). L'exclusion condamne les migrants à personnaliser ces « non-lieux » de la vie moderne, ce qu'ils réussissent d'ailleurs la plupart du temps avec une « capacité d'installation déconcertante » (Augé, 1994). De nombreuses observations montrent ainsi comment des groupes immigrés trouvent une parade afin de déjouer la pression à l'assimilation exercée par la société d'accueil. Ces stratégies comprennent, par exemple, la constitution d'un réseau de solidarité, parallèle au pouvoir, à partir duquel un certain marchandage portant sur les valeurs est possible. La recrudescence de la pratique religieuse ou encore le renforcement des caractères ethniques traditionnels sont également des réponses aux sentiments d'isolement, de perte de repères et d'identité.

On trouve, sous la plume de *F. Barth (Ethnic groups and boundaries,* 1969), une réflexion interactionniste sur les relations entre groupes ethniques qui complète utilement les points de vus développés jusqu'ici sur les conditions de la transaction acculturative au niveau individuel (Bastenier, 1992 ; Bastenier et Dassetto, 1993 ; Poutignat et Streiff-Fenart, 1995 ; Martiniello, 1996). Selon l'anthropologue norvégien qui permet de dépasser la conception fixiste et essentialiste de la notion d'ethnie, les divisions identitaires doivent sans cesse se reconstruire. Un groupe ethnique est un ensemble humain dont les membres possèdent en commun, à leurs propres yeux et aux yeux des autres, au moins une partie de leur *identité sociale*, une identité enracinée dans une histoire perçue comme collective. La conscience d'identité ethnique peut être renforcée par la présence d'éléments objectifs comme l'utilisation d'une même langue, des croyances communes, des institutions, des symboles ou un territoire partagé, etc.

La catégorisation nous/eux est un principe d'organisation sociale non nécessairement conflictuel. *L'ethnicité* est une modalité d'identification découlant d'un contexte d'interactions socioculturelles ; elle peut cependant être manipulée par les acteurs à des fins stratégiques de valorisation. Ainsi, l'ethnicisation des rapports sociaux peut correspondre à une stratégie de disqualification des groupes concurrents ; la réaction de ces derniers consistant parfois à mobiliser leurs ressources traditionnelles et à instrumentaliser leur différence culturelle au service d'une tentative de (re)qualification sociale (« ethnogenèse »). Le sentiment ethnique peut être exacerbé tant qu'il conserve une fonctionnalité socio-économique ou politique.

La question de l'interaction entre cultures est également au centre du travail de *R. Bastide (Le proche et le lointain)* qui amorce, en 1960, une réflexion sur les conditions du changement culturel dans les pays colonisés ou ex-colonisés. Les travaux de Bastide portent, entre autres, sur la « résistance à la civilisation ». L'auteur met ainsi l'accent sur les synthèses dynamiques et élaborées que les cultures « primitives » peuvent construire à partir d'un « fond traditionnel » réactualisé en fonction d'un contexte de contact culturel. Le contraste est donc grand entre l'approche de Bastide et le schéma évolutionniste pour lequel le « sous-développement » des pays (ex-)colonisés s'explique simplement par le « primitivisme » culturel lui-même. La « pilule » du développement passe dès lors par une modernisation autoritaire dont l'effet pervers le plus visible est sans doute l'aliénation des masses (Martens, 1988).

La théorie de l'acculturation dans ses rapports avec la psychanalyse et la psychiatrie sociale est, en effet, un des aspects les plus novateurs de la pensée de Bastide : l'auteur montre notamment les mécanismes qui engendrent des états nostalgiques ou fanatiques consécutivement à l'échec du processus d'acculturation. De même, l'éclectisme culturel non-articulé engendré par une forte pression à l'assimilation peut être à l'origine de différents désordres psychologiques (Ravelet, 1995). Cette approche a le mérite de nuancer la tendance hyper-contextualiste de l'interactionnisme des chercheurs comme Goffman et Barth, car elle permet d'introduire dans l'équation acculturative l'inertie émotionnelle due à l'épaisseur sociohistorique de l'acteur.

L'œuvre ethnopsychologique de Bastide a directement inspiré les pratiques cliniques interculturelles (Devereux, 1972). Dans un registre plus sociopsychologique, Abou (identité culturelle), Camilleri (stratégies identitaires), Honor, Cohen-Emerique et Abdallah-Pretceille (actions interculturelles) – pour ne citer que quelques noms – représentent un ensemble d'auteurs francophones s'inscrivant dans une approche constructiviste de la question de l'acculturation : *comment se conçoit l'articulation entre le souci de préserver la tradition particulière et la nécessité de répondre aux exigences de la modernité universaliste ? Comment évoluer sans changer ? Comment changer çà et non là ?...* (Augé, 1994).

Ces auteurs trouvent un certain écho, parmi un groupe de psychologues interculturels (Clanet, 1990 ; Neto, 1994). Selon Berry, Poortinga, Segale et Dasen (1992), par exemple, la psychologie interculturelle comprend assurément, d'une part, l'étude et l'évaluation des adaptations à des changements socioculturels et, d'autre part, la mesure des mécanismes de production d'identités tant individuelles que collectives.

Le foisonnement, depuis les années '70, des recherches-actions et autres recherches impliquées constitue le volet *actif* du courant constructiviste (Thirion, 1980 ; Hugon et Seibel, 1988). Les critiques des démarches normatives ont, en effet, permis l'émergence de nouvelles stratégies d'intervention centrées sur le développement intégré et positif des communautés locales. Ces stratégies ont recours à des méthodes participatives-interculturelles. Cette alternative favorise une conceptualisation ascendante de l'action socio-éducative. Elle suppose une participation effective de ses bénéficiaires à son élaboration. La philosophie d'intervention doit ici :

- *se centrer sur des critères positifs* plutôt que sur le diagnostic des déficiences ;
- *partir du potentiel présent* dans le milieu investi afin de « construire » le développement ;
- *adopter un mode de gestion démocratique* dont le mot d'ordre est la négociation.

Ainsi, l'intervention constructiviste à visée développementale est une approche pragmatique, centrée sur l'expérience des groupes « différents ». Son principe central est de créer les conditions de la participation de tous à la négociation constitutive du lien social, sans en imposer l'issue (Manço, 1996).

2.3.2.5 *Synthèse* – Le point commun entre toutes ces approches est la référence sous-jacente à la problématique *d'acculturation* inscrite au cœur de la réflexion de l'école diffusionniste. Ces démarches socio-anthropologiques convergent vers *« l'étude des procédures de construction de sens qui dépendent à la fois d'initiatives individuelles et de symboliques collectives »* (Augé, 1994, p. 174).

L'acculturation est un concept central dans l'approche constructiviste des rapports d'intégration. Elle permet de penser la *dimension culturelle et idéologique* de l'intégration sociale. L'approfondissement de cet aspect déterminant est une des particularités de la pensée constructiviste. L'acculturation est la conséquence de la « négociation permanente » qui permet au sujet individuel ou collectif, indigène ou migrant, de se positionner sociopsychologiquement, dans un rapport systémique avec son contexte de vie.

2.3.3 Vers une définition constructiviste de l'intégration

L'étude spécifique du devenir des populations immigrées, vivant de manière plus aiguë les problèmes de transition culturelle, permet d'atteindre un degré de résolution plus dense et fait émerger plus nettement différents aspects de la dynamique négociation-acculturation. Touraine (1992) et Dubet (1987), par exemple, furent parmi les nombreux chercheurs qui ont remarqué la spécificité des populations issues de l'immigration face à la question de l'intégration sociale.

Cette spécificité est à la fois qualitative et quantitative. Les travailleurs immigrés et leurs familles vivent souvent de manière plus profonde les phénomènes d'exclusion, d'insécurité et de ségrégation que les membres de la classe populaire de souche. En ce qui concerne les jeunes issus de l'immigration, les valeurs familiales axées vers le pays d'origine peuvent être source de tensions, comme elles peuvent, le cas échéant, servir de ressource mobilisable dans le cadre d'un projet d'ascension sociale. Pour Touraine (1992, p. 240), l'immigration est la forme emblématique de l'expérience de la diversité ; l'immigré est un voyageur dont les bagages sont faits de *valeurs* et de *projets ;* il met en œuvre un effort quotidien pour relier *« le passé à l'avenir, l'héritage culturel à l'insertion professionnelle et sociale ».*

Selon Bastenier et Dassetto (1993), l'immigration est un déplacement dans de multiples espaces : géographiques, socioculturels, économiques, politiques, psychologiques. Elle implique donc de nombreux réajustements identitaires, pas toujours sans douleur, qui s'échelonnent nécessairement sur une longue période.

L'immigration est donc envisagée comme un *cycle* qui s'étend sur plusieurs générations. En partant du cas concret des communautés italiennes, turques et maghrébines immigrées en Europe occidentale, Bastenier et Dassetto (1993) comparent des cycles migratoires différents et établissent des liens entre ces cycles et l'évolution globale plus ou moins favorable des contextes d'accueil (crises économiques, évolution des politiques d'accueil, etc.). Chacun des « moments » du cycle migratoire attribue une fonction sociale au migrant, à sa famille et détermine la place qu'ils sont appelés à occuper dans la société d'accueil (Bastenier et Dassetto, 1993 ; Bensalah, 1996) :

- l'arrivée des salariés célibataires (fonction de production et marginalisme),
- l'installation des familles et les « premières » rencontres avec les institutions de la société d'accueil (fonction de reproduction et acculturation familiale),
- la constitution des espaces de solidarité communautaire (la « co-inclusion sociétale »),
- l'émergence de la « seconde » génération et le temps des revendications (l'étape « étatico-politique »).

À chaque partie de cycle correspondent également des modalités particulières d'acculturation, de légitimation et de négociation de la présence dans l'espace public autochtone (Dassetto, 1990 ; Bastenier et Dassetto, 1993). D'autres auteurs (Sayad, 1992 ; Zahraoui, 1994) ont également développé l'idée de la cyclicité de l'installation et de l'intégration des migrants. Chacune des périodes identifiées par ces sociologues implique pour l'immigrant une fonction sociale, une position et des modalités d'action qui sous-entendent autant de stratégies identitaires, de projets de vie et de dérives pathologiques possibles.

En suivant une certaine logique de l'acteur social, on peut donc se représenter « l'immigré » comme un agent doué de stratégies plus ou moins formalisées, porteur d'une rationalité propre, interagissant avec un milieu qui lui est étranger, en vue d'objectifs personnels ou collectifs, compte tenu, bien entendu, d'une certaine détermination socio-économique et historique. Cette représentation met l'acteur au cœur du processus d'intégration : ses potentialités socioculturelles, ses motivations psychologiques et ses intérêts économiques induisent le pouvoir d'innover (Lesthaeghe et Surkyn, 1996).

Les éléments présentés (cyclicité et processus d'ajustement de longue durée, rôle interactif de l'acteur migrant, choix rationnel et potentiel d'innovation des individus, ...) autorisent dès lors le développement d'une conception *constructiviste* de l'intégration des migrants, du moins dans ses dimensions culturelles et idéologiques. Cette conception considère que *l'intégration est la résultante, toujours provisoire, des actions d'un individu ou d'un groupe d'individus, produisant des efforts quotidiens de positionnement dans la société, en interaction avec un contexte lui-même changeant et qui peut être contraignant.*

L'examen des travaux d'un grand nombre d'auteurs ayant contribué à la réflexion dans le domaine de l'intégration des migrants *et qui, à tout le moins, reconnaissent aux acteurs sociaux un rôle potentiellement innovateur dans le cadre de la négociation de l'acculturation,* permet d'aboutir à une synthèse théorique. Se dégagent de cet exercice *sept paramètres principaux* contribuant à circonscrire d'un point de vue constructiviste le processus d'intégration sociale des migrants. Ces sept paramètres sont :

- *la réciprocité* du processus d'acculturation ;
- *l'intentionnalité* des individus en présence ;
- *l'historicité* des acteurs singuliers et collectifs ;
- *la perméabilité* des structures sociales ;
- *la temporalité* du processus d'intégration ;
- *la multidimensionnalité* du processus d'intégration ;
- et, enfin, *l'imprévisibilité* de l'issue de la transaction intégrative.

Le mérite principal du modèle proposé est de systématiser les propriétés d'une conception de l'intégration qui semble cerner au plus près les faits psychosociaux nés de la rencontre d'expressions culturelles différentes en contexte migratoire. Ce modèle d'« intégration construite » offre également des pistes d'opérationnalisation qui permettent d'approfondir la recherche empirique en la matière.

2.3.3.1 *Réciprocité* – Pour D. Schnapper (1991), l'intégration est un processus par lequel les immigrants, comme l'ensemble de la population, participent à la vie sociale. C'est l'idée *d'acculturation* qui, selon Schnapper, rend le mieux la teneur des transactions qui se nouent lors de l'intégration : en s'acculturant *mutuellement*, les immigrants et les autochtones acquièrent, perdent, renouvellent, élaborent, interprètent, refusent ou acceptent des éléments culturels divers. Ils prennent part de manière dynamique à la construction d'ensembles identitaires négociés, voire disputés. D'après Costa-Lascoux (1996, p. 159 et suiv.), l'intégration est un processus *réciproque* de transformation socioculturelle. L'auteur compare l'intégration à une construction dont les bâtisseurs seraient en concertation étroite. Pour Tap *et al.* (1990), enfin, l'intégration est *« l'articulation des actes, des représentations, des croyances et des valeurs impliquant la coordination structurale des différences et des ressemblances entre partenaires autonomes et actifs.* » L'intégration est certes le résultat d'acculturations réciproques mais cette réciprocité est *asymétrique :* c'est le groupe immigré, souvent dominé, qui semble subir l'altération culturelle la plus profonde. L'immigration n'est-elle pas en soi une forme de participation à la « modernité » et donc un projet de changement culturel ? Ce principe tendrait à justifier la transformation plus ample du groupe migrant (Abou, 1981 ; Lebon 1993).

2.3.3.2 *Intentionnalité* – Selon Reynaud (1989), l'intégration est le produit de l'élaboration conflictuelle de normes collectives par des groupes différents ; il s'agit d'une forme de régulation sociale. Cette régulation est fonction des *motivations et projets* des acteurs. L'intégration nécessite donc la *participation intentionnelle* à la détermination des règles qui régissent le fonctionnement de la société ; en d'autres termes, une « intégration construite » est un compromis négocié entre partenaires porteurs de projets.

2.3.3.3 *Historicité* – Le principe *d'historicité* développé par Alain Touraine (1978), notamment, stipule que la conduite des individus ou des groupes n'est pas réductible aux pressions des déterminismes sociaux, ni à la conscience que les sujets en ont. Le devenir des sujets dépend également de leurs propres tentatives de rupture avec un ordre aliénant : cette action les qualifie en tant qu'acteurs sociaux *producteurs de leur propre histoire.* Le principe d'historicité interdit toute conception « réifiée » ou essentialiste de la culture, produit d'une interaction. Selon Lapeyronnie (1993), les groupes et les individus sont intégrés par leur action conflictuelle et leur production culturelle. C'est par ces biais qu'ils se différencient en même temps qu'ils s'identifient à une perception unifiée de la vie sociale. *L'historicité* des acteurs sociaux, c'est-à-dire l'efficience de leurs interactions avec leur milieu, est une des conditions nécessaires pour la construction d'un processus d'intégration.

2.3.3.4 *Perméabilité* – Dans ce qu'on pourrait appeler le « modèle constructiviste de l'intégration des migrants », le degré de *perméabilité des structures de la société d'accueil* peut correspondre à la pertinence des politiques sociales pouvant contribuer à la rapidité et à la qualité de l'acculturation. Une intervention politique ou socio-éducative sur ce paramètre est donc possible. Si les « espaces-temps » de rencontres et d'échanges entre populations différentes, par exemple, sont nombreux et permettent la mise en œuvre de la négociation-acculturation, ce processus pourra être développé sans beaucoup de difficultés. Ces espaces-temps de frottement sont des *lieux publics aménagés en fonction d'un projet d'interaction entre groupes porteurs d'expériences, de valeurs et d'intérêts divers.* L'intégration dépend donc de la *perméabilité* du contexte de contact.

2.3.3.5 *Temporalité* – Il est important de souligner *la temporalité* du processus d'intégration. Le point d'équilibre entre populations diverses atteint à l'issue du processus d'intégration est une situation momentanée et toujours susceptible de modifications. De plus, le processus d'intégration est fortement lié au temps : il s'agit d'une relation qui s'inscrit dans la durée et s'oppose donc au « choc culturel ». Selon Schnapper (1991), l'intégration sociale s'élabore perpétuellement par toutes les composantes de la société.

2.3.3.6 *Multidimensionnalité* – Costa-Lascoux (1996) relève le caractère *multidimensionnel* du processus intégratif. Ce processus, qui concerne les individus comme les groupes, peut prendre une multitude de formes différentes. Elle implique toutes les dimensions psychologiques, sociologiques et économiques de l'existence.

2.3.3.7 *Imprévisibilité* – Enfin, Schnapper (1991) et Bastenier (1992), parmi bien d'autres, remarquent que l'intégration est une construction sociale dynamique et conflictuelle ; son aboutissement est donc dans une large mesure *« incertaine »*. En effet, l'imprévisibilité de l'issue des transactions sociales est un constat qui remonte au moins aux recherches expérimentales en psychologie sociale à propos de l'influence des minorités sur les procédures décisionnelles (Sherif, 1966) : la variabilité des solutions produites en situation de groupe indique que les collectivités engendrent des phénomènes difficilement prévisibles. L'intersubjectivité est un rapport social et donc une confrontation à issue imprévisible : si, pour être effective, la communication nécessite un certain degré de conformité sociale, elle engendre inéluctablement la différenciation. Les auteurs qui aujourd'hui approchent la question de la rencontre des cultures d'un point de vue constructiviste tiennent le même discours : l'interculturalité n'est-elle pas, en somme, un aspect particulier de la communication ?

2.3.3.8 *Conclusion* – Les sept propriétés principales d'une conception constructiviste de l'intégration impliquent – contrairement à un scénario d'intégration par assimilation – la *combinaison originale* de modèles de pensée divergents, selon des modalités multiples. L'approche constructiviste ouvre ainsi la voie à la compréhension de changements comportementaux parmi les migrants qui, en même temps, ménagent les allégeances anciennes : soit en connectant formellement les éléments culturels nouveaux aux anciens ; soit en compensant l'adoption de pratiques nouvelles par le renforcement de certaines pratiques « traditionnelles » ; soit encore en réinterprétant les éléments d'une des cultures en présence en fonction de l'autre culture. *En conclusion, l'intégration par acculturation (ou par négociation) n'est ni le résultat d'une attitude frileuse et conservatrice, ni celui d'une assimilation sans conditions aux normes d'autrui. Elle est générée par l'interaction de ces deux attitudes de base. C'est en s'orientant simultanément vers les deux termes de cette interaction que le sujet « s'intègre », se construit et contribue à la reconstruction du contexte social qu'il pénètre.*

2.3.4 Les trajectoires d'intégration par acculturation

Rappelons que la conception normativiste de l'intégration ne lui connaît que deux destinées possibles : soit celle-ci réussit et, à l'issue d'une série d'étapes, l'individu *s'assimile* au groupe d'accueil ; soit la tentative d'intégration se solde par un échec et l'individu exogène qui *se différencie* de la norme imposée est marginalisé et exclu.

Ce cadre exigu est éclaté par l'avènement d'une analyse en termes constructivistes. Comme le suggère Dassetto (1990), l'intégration constructiviste à visée adaptative est un processus complexe de différenciation-assimilation qui impose à l'immigrant et à la société d'accueil des acculturations différenciées et non nécessairement guidées par un principe normalisateur.

Bien sûr, la construction de l'intégration par voie d'acculturation n'annule pas la probabilité d'apparition des cas d'assimilation normative dans la population issue d'immigration. Les conditions socio-économiques ou politiques, une trajectoire personnelle particulière, une motivation individuelle singulière peuvent en effet rendre souhaitable un scénario de type assimilationniste (Camilleri, 1991). Les apports théoriques et empiriques de l'école normativiste y trouveront leur application : selon Khelil (1981), par exemple, l'assimilation (emprunt culturel), l'insertion (confrontation économique) et l'intégration (négociation sociopolitique) sont les aspects différents d'un mouvement unique ; ceux-ci s'articulent au gré des domaines envisagés, des personnes et des contextes concernés.

La vision constructiviste n'exclut pas non plus la possibilité de cas de marginalisation. De fait, les conditions minimales d'installation d'un processus d'acculturation négociée peuvent faire défaut, les acteurs concernés peuvent se révéler incapables de s'acculturer, ... Toutes ces raisons peuvent *a priori* engendrer des situations d'aliénation et signifier l'échec (momentané ?) du processus d'intégration. Là encore, certains aspects de l'approche normativiste pourront jouer un rôle, dans un cadre théorique élargi.

Par leurs extrémités, les scénarios constructivistes englobent donc les « destins » tracés par l'approche normativiste. Mais la visée constructiviste permet également d'imaginer de nombreuses *situations intermédiaires*, tantôt se rapprochant des attitudes conservatrices, tantôt saturées par des conduites assimilationnistes, tantôt encore composées de comportements changeants selon diverses clés : l'issue de l'intégration est indéterminée. Une telle lecture n'est évidemment pas avare de nuances qui s'enrichissent des méandres des parcours spécifiques.

L'étude des trajectoires des communautés « culturellement différentes » est d'un grand intérêt pour la compréhension des dynamiques générales qui président à la construction de l'intégration sociale. Dans ce cadre, des chercheurs se sont interrogés à propos des « postures » ou des stratégies d'action des groupes sociaux tels que les personnes ou les communautés issues de l'immigration. Ces recherches descriptives et les synthèses qu'on a pu en dresser contribuent à la confirmation de l'hypothèse constructiviste quant à l'imprévisibilité et à la multiplicité des issues des transactions intégratives.

Les investigations en question portent essentiellement sur la classification, parmi le public migrant ou issu d'immigration, des attitudes ayant trait aux réalités du pays d'accueil et des « cultures d'origine » (traditions familiales, pratiques communautaires, faits culturels du pays d'origine, ...). Cet axe « culturel » est confronté à d'autres axes tenant compte, par exemple, du niveau d'insertion socio-économique et scolaire des intéressés. L'exercice débouche sur la définition de *types théoriques d'attitudes et d'actions*. Une telle focalisation permet de définir les conditions d'émergence et d'épanouissement des trajectoires d'intégration. Les typologies développées articulent les processus d'intégration par assimilation et par acculturation. Les paragraphes suivants proposent quelques exemples de *typologies de trajectoires d'intégration parmi le public immigré ou issu d'immigration.*

2.3.4.1 *Les types d'inclusion de Bastenier et Dassetto* – L'analyse de Bastenier et Dassetto (1993) aboutit à la définition de trois principales « trajectoires d'inclusion » parmi la population immigrée en Europe occidentale. Ces trajectoires sont analysées en termes de « citoyennisation » et recoupent d'autres typologies plus anciennes.

La *première* trajectoire d'inclusion concerne les sujets qui mettent en œuvre une politique de repli sur la culture d'origine et qui ne conçoivent pas leur présence dans le pays d'accueil comme définitive. Ces personnes font, selon Bastenier et Dassetto (1993), l'objet d'une *citoyennisation partielle et instrumentale*. Elles développent des références bilatérales et mettent en œuvre une gestion d'allégeances multiples. Leur rapport aux institutions du pays d'accueil est superficiel et utilitaire ; ils ne prennent pas activement part à d'éventuelles « négociations » portant sur le changement dans ces institutions. Ce profil de comportement peut être associé à ce que Touraine décrit sous le nom d'*« a-socialisation préventive »* ou la mise en œuvre d'une « ethnogenèse » afin de ne pas perdre le bénéfice d'une identité « authentique ». Merton avait, quant à lui, proposé l'idée d'une *sous-culture de retrait* (zonage de survie, sentiments de solitude, multiplication des exclusions). Devereux (1972), enfin, voit dans cette posture identitaire une *acculturation antagoniste* qui traduit surtout la capacité de résistance des cultures minorisées. Il distingue trois formes d'acculturation antagoniste :

l'isolement défensif (mise en avant d'une identité de soutien au détriment de l'identité individuelle), l'emprunt instrumental (adoption des moyens de l'autre à des fins personnelles) et l'emprunt négatif (inversion délibérée des items culturels de l'autre). On peut, par exemple, illustrer ces formes d'acculturation par la « modernité paradoxale » des moyens médiatiques utilisés par les mouvements islamiques en Europe (Gökalp, 1995 et Manço U., 1997).

Le *deuxième* type d'inclusion mis en évidence par Bastenier et Dassetto (1993) concerne les trajectoires *d'adaptation conformiste et individuelle.* Ce type regroupe des immigrants ayant réalisé un trajet d'assimilation à la majorité. On souligne le caractère mimétique non-innovant de cette intégration qui, dans certains cas, permet une mobilité ascendante à travers les institutions du pays d'accueil. Selon Merton, il est possible de rencontrer parmi ce type de migrants des personnes bénéficiant d'une socialisation première capable d'anticiper leur assimilation future *(socialisation anticipative).* Certains auteurs ont par ailleurs vu dans l'échec de ce type d'assimilation une cause possible d'aliénation (Leman, 1979).

Enfin, le *troisième* ensemble de comportements relevé par Bastenier et Dassetto (1993) sont des trajectoires *d'inclusion active et volontariste.* Dans ce cas, les acteurs agissent le plus souvent en collectivité et tentent d'atteindre des objectifs de mobilité sociale en terre d'accueil. Cette action est basée sur une mobilisation de type communautaire ou ethnique, elle sous-entend un certain conservatisme culturel. Ce groupe se distingue du premier par ses projets axés vers le pays d'installation ; il se distingue du deuxième par son non-conformisme à l'égard de la société d'accueil. Selon les auteurs, cette stratégie semble être la seule qui puisse permettre au groupe immigré une participation conflictuelle et innovante à la société d'accueil.

2.3.4.2 *Les stratégies acculturatives de Berry* – Les recherches de Berry sur les processus d'assimilation et de différenciation des communautés installées au Canada et aux États-Unis le poussent à poser le problème de l'intégration des migrants à travers le croisement de deux interrogations portant sur les choix axiologiques du groupe immigré (Berry, 1994) :

- *« La majorité d'un groupe immigré pense-t-elle qu'il y a lieu de conserver son identité d'origine et ses caractéristiques culturelles ? » ;*
- « Le groupe immigré valorise-t-il les relations avec les autres groupes ? ».

Selon les réponses affirmatives ou négatives à ces questions, il est possible, selon Berry, de définir quatre alternatives générales ou situations d'acculturation :

- Si la communauté immigrée (c.i.) ne souhaite pas préserver son patrimoine culturel et est ouverte par rapport aux relations avec la société d'accueil (non, oui), on assiste alors à une *situation d'assimilation.* Cette attitude reviendrait, à terme, à l'élimination du groupe d'origine.

- Si, au contraire, la c.i. souhaite préserver son patrimoine culturel tout en restant ouverte par rapport à la société d'accueil (oui, oui), on assiste à une situation *d'intégration*. Cette situation correspondrait à la fusion complète des deux groupes originellement différents, dans un modèle commun et nouveau.
- Si la c.i. préserve son patrimoine culturel tout en s'isolant du reste de la société (oui, non), on assiste à une situation *d'(auto)ségrégation*. Ce cas correspondrait à la persistance cloisonnée des deux groupes à l'intérieur d'une société plus vaste.
- Enfin, si la c.i. ne veut (ou ne peut) conserver son identité originelle et ne veut (ou ne peut) développer des relations avec d'autres groupes (non, non), on assiste à une situation de *marginalisation* ou de *déculturation*.

Selon Berry (1987, p. 492), l'apparition de ces différentes issues dépend, entre autres :

- des possibilités réactives du groupe immigré face aux conditionnements et épreuves liés à la migration (ressources humaines du groupe) ;
- de la distance culturelle entre le groupe minoritaire et le groupe majoritaire (incompatibilité des valeurs ou de l'interprétation des symboles, cf. Boski, 1994) ;
- de l'existence ou non d'un contexte politique et économique favorisant la rencontre positive entre ces groupes.

Berry (1987, p. 505) souligne encore l'effet négatif d'un facteur plus proprement psychologique : le *stress acculturatif.* Celui-ci correspond aux tensions psychologiques ressenties par des individus provenant de communautés culturelles en situation d'échanges inégaux avec les membres d'une société plus large dont les paramètres de socialisation, les normes comportementales et la base économique sont notablement différents. L'importance de ce stress et les conditions de sa gestion ont une influence sur la définition des situations d'acculturation. Ainsi, Berry remarque que le stress acculturatif diminue selon le degré et le type de préparation dont jouissent, dès avant le départ, les candidats à l'immigration (urbanisation, scolarisation, ...). La maîtrise de la langue du pays d'immigration, le nombre et la qualité des structures d'accueil ont un effet positif sur le niveau du stress. Enfin, l'auteur montre également qu'une organisation cognitive qui tend à internaliser et qui se montre indépendante par rapport au contexte environnant, offre de plus grandes chances de gestion positive du stress acculturatif (Sabatier et Berry, 1994, p. 284 et suivantes).

Berry (1991) et les membres des groupes de recherches qu'il anime sont aussi à l'origine de travaux expérimentaux comparatifs. Ce type de recherches, assez rares, tentent de déterminer le degré d'efficacité en matière de scolarisation ou de mobilité socioprofessionnelle des groupes différents par leur situation d'acculturation. Ces travaux, surtout menés dans les pays anglo-saxons et germaniques (Schmitz, 1994), montrent que les situations d'autoségrégation sont socialement les moins performantes. Mais il faut convenir de la difficulté, dans ce type de recherches, d'isoler des situations « pures », compte tenu du fait que, dans la plupart des cas, les personnes immigrées traversent différentes combinaisons de situations acculturatives (Camilleri et Vinsonneau, 1996, p. 48).

Comme on le remarque enfin, l'essentiel des travaux de psychologie interculturelle de Berry concernent les problèmes d'adaptation des immigrants de la première génération. L'approche des jeunes issus de migrants avec le même outillage conceptuel et méthodologique pourrait être riche en apport d'informations nouvelles.

2.3.4.3 *Champs de relation et espaces d'action chez Lapeyronnie* – Selon Lapeyronnie (1993) qui propose une lecture sociopolitique de la question des rapports entre l'individu et les minorités, le *potentiel de mobilisation sociale et économique des individus, d'une part*, et la *structuration des identités culturelles*, d'autre part, sont au cœur du problème de l'intégration des migrants. L'intégration des immigrés s'inscrit dans deux *champs de relations :*

- un premier champ *de participation politique et économique ;*
- un second champ *d'assimilation sociale et culturelle.*

Le premier champ relationnel correspond à la question du statut économique et politique des minorités. Dans ce cadre, la différence n'est pas un obstacle à la participation ; au contraire, elle peut constituer un ferment d'unité pour le groupe et, donc, peut en favoriser la mobilisation en fonction de *projets* d'avenir. Le développement des ethnicités trouve ici sa racine moins dans une quête d'identité que dans une compétition pour une position sociale satisfaisante et l'accès aux leviers de décision.

La logique de ce premier champ de relations semble totalement indépendante de celle du second. Ce dernier n'est pas structuré en fonction d'une compétition économique entre groupes sociaux mais plutôt en fonction d'un conflit de *valeurs* entre les groupes minoritaires et la pression à la normalisation définie par le Pouvoir. Dans ce cadre, l'inscription dans la communauté perd son aspect contingent et intéressé, comme dans le premier champ, pour devenir vitale, nécessaire et hautement affective : le conflit de valeurs oppose les tendances sociopsychologiques à la normalisation sociale à celles orientées vers la différenciation culturelle.

La rencontre des deux champs relationnels fait l'objet d'une gestion pragmatique. Le croisement des deux champs définit, selon Lapeyronnie (1993), quatre *espaces d'actions :*

- le premier (espace 1 : –/–) est celui d'un faible niveau de participation et d'un faible niveau d'assimilation ;
- à l'opposé, le quatrième (espace 4 : +/+) est celui d'un haut niveau de participation et d'un haut niveau d'assimilation ;

- entre ces deux situations apparaissent d'autres espaces plus complexes et dissymétriques. Le deuxième espace d'action (espace 2 : +/–) est celui d'un haut niveau de participation et d'un faible niveau d'assimilation ;
- le troisième espace, enfin, est celui d'un faible niveau de participation et d'un haut niveau d'assimilation (espace 3 : –/+).

Si l'espace 4 correspond à une population « assimilée », l'espace 1, en revanche, regroupe une population « marginalisée ». Dans l'espace 2, on rencontre un groupe muni de ressources et d'une capacité de pression importantes mais vivant de manière « enclavée », dans une situation de minorité ethnique. Enfin, l'espace 3 correspond au cas de la majorité des jeunes issus de l'immigration : des jeunes assimilés mais « sans capacité réelle de participation ».

Selon la conception normativiste, l'intégration est le passage nécessaire de l'espace 1 à l'espace 4, avec une période de transition plus ou moins longue, consistant en la traversée, en une ou deux générations, des espaces 2 et/ou 3, selon les tensions exercées tant par les institutions du pays d'accueil que par les institutions « immigrées », telle que le contrôle communautaire, par exemple. Dans le schéma constructiviste de Lapeyronnie (1993), le passage d'un espace à l'autre n'a cependant rien de nécessaire.

La première conséquence d'une telle conception est le constat selon lequel, à tout moment, les groupes immigrés se distribuent sur l'ensemble des espaces, bien que de manière inégale. La seconde conséquence est le constat de la dérive potentielle de chacun de ces espaces vers des formes exacerbées (1 : marginalité profonde, repli ; 2 : ethnicisation complète, « participation sans intégration » ; 3 : racialisation totale, « intégration sans participation » ; 4 : assimilation pure, perte d'identité). Enfin, la troisième conséquence a trait aux *formes d'organisation particulières* de chacun des espaces décrits. Ces formes correspondent aux typologies d'acculturation déjà présentées :

- Lapeyronnie (1993) remarque qu'une population *« assimilée »* (espace 4) s'organise autour de revendications démocratiques : elle revendique notamment la citoyenneté pleine et entière, en échange d'une différence rendue de plus en plus invisible (dissolution de l'identité collective au profit d'une assimilation individuelle). Dans ce cas, les acteurs sont faiblement constitués ;
- en revanche, une population *« marginalisée »* (espace 1) est en proie au retrait populiste. Les acteurs recherchent, d'une part, l'assistance de l'État, dont ils sont fortement dépendants (instrumentalisme) et, d'autre part, ils en appellent à la défense d'une culture menacée à l'aide d'une organisation politique anti-moderne, fortement moralisatrice (expressivité). Les frustrations, les tensions produisent ici un sentiment de violence repoussé aux frontières de la communauté (exopolémie), celle-ci est vécue comme un espace protecteur, en cohésion (dissolution de l'individualité au profit d'un fondamentalisme réactif) ;
- le mode d'organisation d'une population *« ethnicisée »* (espace 2) est la mobilisation communautaire. Si cette forme d'organisation est, socialement parlant, peu revendicative, elle semble en revanche d'une certaine efficacité en fonction d'objectifs de positionnement et de négociation sur les marchés économiques ;

- enfin, la dernière forme d'organisation est l'action anti-raciste, elle est produite par une population « *discriminée* » (espace 3). Elle est portée par des personnes dont la modernité culturelle est ouvertement affirmée mais dont la participation à la société d'accueil reste très faible. L'action est ici contestataire mais peu négociatrice. Cette action anti-raciste se heurte également aux contradictions assimilationnistes (Simon, 2006).

D. Lapeyronnie constate, à l'issue de cette description des formes d'organisation des communautés immigrées que les groupes nationaux ou ethniques ne se distribuent pas de manière indifférente selon les catégories. Les choix de position s'opèrent avec de faibles ruptures pour certaines populations (on donne l'exemple des Portugais, des Chinois et des Turcs), alors que d'autres groupes souffrent de tensions violentes (on donne l'exemple des Antillais et des Maghrébins). L'histoire du groupe immigré semble ainsi jouer un rôle prépondérant dans le devenir des migrants en terre d'accueil ; ceci apparaît d'autant plus nettement si le contentieux autochtone-allochtone succède au contentieux colon-colonisé et à son substrat raciste (Sabatier et Berry, 1994, p. 289).

Le travail de Nimal *et al.* (1995) permet ici de se rendre compte de la *grande ressemblance entre les stratégies de positionnement des migrants et celles des autochtones* (en l'occurrence, des Belges francophones de souche). Selon cette recherche, les stratégies d'insertion socioprofessionnelle d'un échantillon de jeunes adultes permettent de définir trois portraits-types représentant une mobilisation spécifique des ressources familiales et environnementales. Dans ce cadre, les « *familiaristes* » présentent une socialisation préparant davantage à un statut, à un rôle dans le cocon de la famille d'origine, contrairement à une socialisation « *individualiste* » qui, elle, valorise l'émancipation personnelle dans la société globale. La dynamique affichée par les familiaristes est centripète, ramenée au noyau familial élargi. Les individualistes manifestent, quant à eux, une dynamique centrifuge, puisqu'ils cherchent à s'insérer professionnellement par un travail tout à fait extérieur à l'univers familial, aidés par les institutions généralistes (écoles, clubs, administrations, ...). Enfin, les « *nantis* » s'inscrivent dans une avantageuse position intermédiaire, *assis sur deux chaises à la fois !* Ils bénéficient tant d'une socialisation valorisant l'autonomie personnelle que d'une dynamique familiale centripète (mobilisation familiale pour l'insertion socioprofessionnelle).

Revenons à Lapeyronnie. Un autre de ses constats concerne la relative faiblesse du pouvoir de détermination du système d'accueil dans le devenir des populations migrantes. Cette conclusion opposée aux hypothèses de Todd (1994) se fonde sur l'existence de l'ensemble des formes d'organisation tant en France qu'en Grande-Bretagne – deux pays aux traditions d'accueil pourtant très divergentes. De plus, la diversification des formes d'organisation dont le dosage produit l'intégration est liée au temps passé en terre d'accueil : en fonction de la durée d'installation et du nombre des générations nées en exil, cette diversité décuple. Il n'y a donc pas de tendance générale vers une cohésion assimilatrice.

Cependant, l'approche de Lapeyronnie ne permet pas de mesurer l'importance relative des groupes porteurs de formes d'organisations différentes dans la population de souche étrangère ; elle ne permet pas non plus de comparer les conditions de vie réelles des personnes participant de telle ou telle forme d'organisation. Enfin, il semble *a priori* difficile d'admettre que des individus participent formellement d'une seule catégorie théorique sans présenter des caractéristiques intermédiaires ou floues, qu'ils ne soient que porteurs d'identités réactives sans jamais présenter diverses formes de pro-activité identitaire.

Toutefois, Lapeyronnie se fonde sur une enquête de V. de Rudder *et al.* (1990), pour affirmer que les *situations d'acculturation* des immigrés en France se présentent sous la forme d'orientations largement similaires à ce qui est présenté sous sa propre plume. L'étude qualitative en question portant sur un échantillon important de 450 sujets fait en effet apparaître dix catégories de situations personnelles construites par le croisement de variables d'insertion économique, de pratiques culturelles et de relations sociales. Ces catégories résulteraient de dosages spécifiques entre les quatre attitudes fondamentales décrites par Lapeyronnie : dans la majorité des cas, les personnes tenteraient de s'insérer économiquement dans le pays d'accueil en évitant l'assimilation culturelle, présentée comme une disparition ethnique.

2.3.4.4 *Synthèse* – Comme le montrent ces quelques exemples de typologie des situations d'acculturation, l'intégration sociale des personnes issues de l'immigration n'est donc pas un processus univoque :

- d'une part, le procès d'intégration sociale se déroule sur plusieurs champs distincts : insertion économique et participation socioculturelle. L'apport constructiviste conclut, contrairement à la théorie normativiste, à *l'indépendance du niveau axiologique (constitution et négociation de valeurs) par rapport au niveau praxéologique (mise en œuvre de projets et positionnement socioprofessionnels)* (Martucelli, 1995, p. 81) ;
- d'autre part, l'intégration sociale apparaît paradoxalement comme un processus de « différenciation culturelle ». Les situations d'acculturation les plus positives présentées dans les typologies examinées montrent que *la maîtrise d'une identité culturelle spécifique, non contrariée, non biaisée, n'est pas un obstacle à l'intégration, bien au contraire* (Abou, 1981 ; El Moubaraki, 1989 ; Ribert, 2006).

2.3.5 Facteurs d'intégration selon l'approche constructiviste

2.3.5.1 *Difficultés de mesure et d'interprétation* – Les recherches empiriques analysant les processus d'intégration selon une approche constructiviste sont souvent des investigations qualitatives. Celles-ci s'efforcent d'observer sur une longue période quelques individus ou groupes précis ; elles aboutissent, au moyen d'entretiens approfondis, à la description des mécanismes qui se trouvent à l'origine des situations d'acculturation. Ces recherches permettent ainsi l'énoncé d'hypothèses à propos des facteurs favorisant la construction et la réussite d'un processus d'intégration négociée. Les recherches en psychologie sociale interculturelle tentent, quant à elles, de déterminer expérimentalement, les phases et les facteurs de l'équilibration identitaire. Ces méthodes présentent cependant des limites importantes. Leurs conclusions sont difficilement généralisables et n'offrent guère une vue d'ensemble de la problématique d'intégration par acculturation.

Dans d'autres cas, l'approche méthodologique est sociohistorique : celle-ci, au départ d'une théorie générale de l'intégration, se fonde sur l'exploitation secondaire d'une collection d'informations factuelles, consignées dans des monographies. Mais ces démarches, à l'inverse des premières, se montrent trop peu sensibles aux particularités des trajectoires individuelles et n'offrent que des catégorisations théoriques et globales.

La récolte de données individuelles sur une large échelle présente donc une alternative méthodologique assez engageante. Mais les difficultés rencontrées dans cette voie sont également conséquentes (Costa-Lascoux, 1996). Certaines de ces difficultés sont *instrumentales*. On sait, par exemple, que des données sur les conditions de vie des étrangers (scolarité, logement, ...) sont contenues dans les recensements nationaux. Mais, en Belgique comme en France, la périodicité trop espacée et la disponibilité trop tardive de ces données les rend peu utiles face au besoin d'évaluer des situations récentes.

D'autres difficultés sont d'ordre *herméneutique*. Ainsi, les enquêtes, bien que plus souples et plus rapides dans l'approche des réalités, ne permettent cependant pas de dépasser le dilemme de la définition des échantillons (qui interroger ? étrangers ? immigrants ? descendants d'immigrés naturalisés ?) et des contenus (quels indicateurs pour quelle conception de l'intégration ?). Par ailleurs, dans la plupart des cas, les enquêtes mettent en évidence des corrélations, sans nécessairement permettre l'identification de relations causales. Mais la plus importante des difficultés rencontrées est certainement la polysémie des facteurs d'intégration que l'on peut rencontrer : les effets des facteurs d'intégration semblent ne jamais être mécaniques ou linéaires (Sabatier et Berry, 1994 ; Costa-Lascoux, 1996).

Deux exemples interconnectés *(l'influence des réseaux communautaires et celle de la concentration sociogéographique des étrangers sur le processus d'intégration sociale)* permettent ici d'illustrer la difficulté d'isoler des facteurs d'intégration univoques.

- Des enquêtes (Tribalat, 1996) rappellent que *la densité de la sociabilité communautaire au sein des groupes issus de l'immigration*, synonyme du renforcement des sentiments d'appartenance, est corrélée avec un manque de maîtrise de la langue du pays d'accueil et la faiblesse des relations sociales avec les autochtones. En revanche, d'autres approches laissent à penser que l'existence de réseaux communautaires peut jouer un rôle positif dans l'insertion socioprofessionnelle des jeunes issus de l'immigration, en particulier, dans un contexte de crise de l'emploi (Feld et Manço, 1995). Selon Lesthaeghe et Surkyn (1996), la prise en compte du migrant dans son contexte familial et communautaire permet de dépasser le simple calcul de l'optimisation des décisions individuelles et d'envisager l'ensemble du processus caractérisé par des liens quasi contractuels qui reflètent le pouvoir de négociation des divers partenaires : le migrant et sa famille sont engagés dans des liens volontaires et mutuellement bénéfiques (Bauböck, 1994 ; Hily, 1994). La *théorie du capital familial et des réseaux (network and kinship capital)* permet ainsi d'expliciter les caractéristiques principales des modes de conduite des migrants. *« Les réseaux d'immigrants sont constitués de liens interpersonnels qui relient les migrants, les anciens migrants et les non-migrants des régions d'origine et de destination à travers des liens de parenté, d'amitié et de communauté d'origine. Ils accroissent les probabilités de mouvements internationaux parce qu'ils réduisent les coûts et les risques monétaires et psychiques des déplacements et ils augmentent le revenu net escompté de la migration. Les interrelations au sein des réseaux constituent une forme de capital social que les gens peuvent utiliser pour avoir accès à un emploi à l'étranger »* (Massey *et al.*, 1993, p. 8). Certains auteurs (Boubakri, 1985 ; Waldinger *et al.*, 1990) décrivent l'effet propulseur de la solidarité de groupe dans l'autonomisation et la mobilité sociale des jeunes, notamment à travers le développement d'une activité commerciale. D'après Böcker (1995), il faut cependant relativiser l'effet positif des réseaux communautaires en matière d'insertion professionnelle. En effet, l'avantage relatif que procure le réseau d'immigrants ne dure qu'un temps ; de plus, il ne concerne souvent que des emplois peu qualifiés et instables. Il n'annule donc pas le besoin de recours aux institutions du pays d'accueil. Néanmoins, Böcker reconnaît qu'à défaut d'une véritable ascention sociale, les réseaux communautaires permettent à beaucoup de jeunes étrangers non-qualifiés de s'extraire d'une situation d'exclusion totale plus facilement que ne peuvent le faire les marginaux locaux, isolés.

- Les effets supposés négatifs de la *concentration sociogéographique des étrangers* sur les processus d'intégration sont souvent évoqués par la presse, les décideurs, les chercheurs et les intervenants sociaux. Ce que l'on entend par *« concentration communautaire »* désigne *la tendance des migrants d'une même origine à constituer un groupe, certes parfois minoritaire mais néanmoins important ou sur-représenté en un lieu et en tout cas porteur d'une vie culturelle spécifique, intense, coïncidant, le cas échéant, avec des phénomènes de ségrégation* (Van Amersfoort, 1991, p. 2). Selon Kesteloot (1990), la constitution, d'espaces culturellement marqués par les migrants découle de la rencontre de deux autres facteurs structurels : la place particulière et désavantagée des familles immigrées sur le marché de la location et le départ progressif d'un grand nombre d'habitants de souche vers la périphérie des villes. Il apparaît (Manço, 1995) que les jeunes d'origine étrangère installés dans des contextes communautaires « concentrés » vivent une scolarité moins réussie que d'autres, habitant des espaces peu marqués par une présence étrangère homogène. En revanche, on notera que les personnes issues de l'immigration installées dans des sites investis par leur communauté sont parmi celles qui développent le moins souvent de projets de retour dans la région d'origine. Ces groupes optent massivement pour l'achat d'un immeuble dans le pays d'accueil. On a aussi pu remarquer que les accidents prénataux sont plus rares chez les femmes immigrées insérées dans des réseaux de voisinage que chez les autres, isolées dans des lieux où peu d'étrangers vivent. Il en va de même pour les dysfonctionnements psychosomatiques rencontrés chez des femmes (Akhan, 1992) et chez des personnes âgées immigrées (Loutz, 1992). Pour Bastenier *et al.* (1990), la délinquance, la toxicomanie et le vandalisme sont plus rares chez des jeunes étrangers insérés dans des cercles d'entraide et d'échanges culturels, parfois à caractère religieux. Enfin, des recherches-actions (Manço, 1993) ont montré l'intérêt de reconnaître l'autostructuration des groupes dans la clarification et la pacification des problèmes de cohabitation intercommunautaires. Toutefois, une structuration sociale uniquement basée sur des réseaux engendrés par les migrants eux-mêmes recèle en elle les signes d'une auto-exclusion. Ces constatations montrent à quel point il est difficile d'évaluer de manière linéaire les effets d'un type de structuration sociospatiale de la population immigrée.

Les exemples présentés permettent donc de mesurer la difficulté d'interpréter et de hiérarchiser les « facteurs d'intégration ». Chaque fait prend une signification particulière en fonction de la trajectoire et du contexte envisagés. *C'est, en définitive, l'articulation systémique de divers facteurs dans la trame de l'histoire individuelle ou groupale qui détermine leurs effets « positifs » ou « négatifs »*. Dans un tel cadre, la question de la *« valeur intégrative »* d'un facteur, d'une stratégie ou d'un type particulier de gestion identitaire devient un véritable défi. L'évaluation d'une telle « vertu » passe sans doute par la démonstration de la capacité d'une stratégie à produire de *« l'équilibre psychosocial »*, c'est-à-dire :

- de la participation socio-économique
- et de l'émancipation socioculturelle.

En dépit des difficultés de mesure et d'interprétation, il va de soi que c'est de la poursuite des efforts visant la description et l'évaluation des situations d'acculturation que dépend la consolidation d'une conception constructiviste de l'intégration sociale. Les recherches empiriques actuelles privilégient trois types de facteurs intervenant dans la construction dialectique de l'intégration, tant au niveau sociétal qu'au niveau individuel (Barthon, 1996). Certains de ces facteurs furent déjà exploités par les approches normativistes et conflictualistes ; ils sont néanmoins appréhendés ici d'une manière dynamique, à travers leurs multiples liens. Les trois types de facteurs intervenant dans l'explication de l'intégration sociale sont :

- *les facteurs déterministes socioculturels* (le handicap socioculturel) ;
- *les facteurs déterministes sociopolitiques* (la reproduction sociale)
- et *les facteurs idiosyncrasiques* (l'intentionnalité des acteurs).

La séparation des deux premiers types de facteurs est en réalité arbitraire. Ces facteurs couvrent ensemble une série de faits sociaux qui influencent le devenir de l'individu : les déterminants liés au microsystème familial, ceux liés au mésosystème socioculturel et, enfin, ceux dépendant du macrosystème institutionnel (Vassileff, 1992). Le dernier type de facteur (les facteurs idiosyncrasiques) est, quant à lui, propre à une conception constructiviste de l'intégration sociale : il regroupe une série d'actions dépendant du potentiel d'initiative des individus et groupes concernés.

2.3.5.2 *Facteurs déterministes socioculturels* – Dans ce cadre, outre des facteurs classiques tels que le capital socioculturel et économique des familles, les travaux récents insistent sur le rôle des pratiques éducatives pour le développement chez l'enfant de capacités à l'adaptation sociale (Pourtois *et al.*, 1992 ; Prêteur *et al.*, 1995). Selon ces travaux, la représentation que la famille a de son avenir et de l'avenir de ses enfants, par exemple, semble être un indicateur intéressant du type de mobilisation dont la famille peut se rendre maître. L'histoire familiale et le type de contradictions que les familles ont dû gérer peuvent également préfigurer les capacités ou les difficultés d'adaptation socioculturelle des générations suivantes. Il est cependant rare dans les recherches sur l'intégration sociale que l'on s'intéresse aux effets de *l'interaction parents-enfants* au sein de la famille immigrée. Pourtant, la possibilité ou non que les enfants puissent développer une identification positive aux figures parentales (Kridis, 1990) semble essentielle dans le développement des attitudes et ressources favorisant la gestion des tensions identitaires.

2.3.5.3 *Facteurs déterministes sociopolitiques* – Ce deuxième ensemble de facteurs comprend tous les effets classiques de sélectivité scolaire et/ou socioprofessionnelle qui peuvent entraver ou favoriser les personnes dans leur quête d'insertion socio-économique, selon le degré de proximité de leur famille par rapport à la norme majoritaire et/ou valorisée. C'est également sous ce label que l'on peut classer les *effets des politiques d'intégration*. Pour un grand nombre de spécialistes, en effet, l'issue des relations entre les minorités immigrées et la majorité de souche dépend essentiellement des politiques d'accueil mises en œuvre par le pays récepteur. La lecture déjà ancienne que F. M. Wirt (1974) fait des politiques publiques en matière d'accueil, d'éducation et de gestion des minorités culturelles (notamment issues de l'immigration) en Europe articule cette problématique autour de deux questionnements portant sur les choix des décideurs :

- *Les pouvoirs publics sont-ils prêts à accepter la minorité dans ses spécificités culturelles ?*
- *Les pouvoirs publics rendent-ils possible l'accès de la minorité aux privilèges de la majorité ?*

Selon les réponses positives ou négatives à ces interrogations, il est loisible, selon Wirt, de déterminer quatre types principaux de politiques d'intégration :

- Si les réponses à ces deux questions sont positives, on assiste à une politique *d'intégration* dans le cadre d'une démocratie pluraliste.
- Si, par contre, les deux réponses sont négatives, la minorité est frappée par une politique *d'exclusion*.
- Si les différences de la minorité sont acceptées mais qu'en revanche, il lui est refusé d'accéder aux mêmes droits que les membres de la majorité, la politique appliquée est alors *ségrégationniste*.
- Enfin, une politique est *assimilationniste* dès lors qu'elle rend possible l'accès aux privilèges à des personnes dont les différences sont ignorées.

Ce sont évidemment la première et la dernière des situations envisagées qui semblent être les plus courantes dans l'ensemble du monde occidental. La difficulté de cette typologie vient de l'impossibilité d'isoler des politiques-types assez pures pour pouvoir se contenter d'une seule dénomination. De plus, la politique mise en œuvre par un État peut varier considérablement selon les domaines (enseignement, sécurité sociale, aide au logement, législation du travail, ...), les niveaux de pouvoir, les caractéristiques de la communauté immigrée ou l'époque envisagée (Furter, 1983). Toutefois, cette réflexion montre clairement *qu'il n'est pas pensable d'évaluer l'intégration sociale des populations sans s'intéresser aux politiques institutionnelles* (Khelil, 1981).

Vachon (1985) examine ainsi les critères des politiques d'intégration négociée et des politiques d'intégration normative. Selon l'anthropologue, un contexte institutionnel qui ne permet pas aux migrants d'entreprendre un travail psychologique d'appropriation culturelle est condamné à produire de la marginalisation. Une pression normative excessive risque le plus souvent d'enfermer le sujet migrant dans un cercle vicieux où son identité collective sera une menace pour son individualité et inversement. Cette situation de *double contrainte* impose au sujet un choix destructeur, qui tend à ôter à l'individu la possibilité de se construire comme une personne à la fois *autonome et conforme*, à la fois *autre* et *semblable*, à la fois *moderne* et *traditionnelle*. Différents auteurs ont analysé les effets de l'injonction paradoxale que constituent les politiques volontaristes d'assimilation auprès des groupes de migrants : Bouamamas, 1993 ; Dubet, 1994 ; Augé, 1994 ; Touraine, 1997.

L'intégration sociale dans une certaine « harmonie interculturelle » n'est possible que par un cadre global d'accueil et d'éducation qui permet l'articulation active des traits originels aux éléments de la culture d'accueil, sans les pervertir par un excès de conservatisme. Selon Mohand Khelil (1981), le droit à la dignité, à la sécurité, à la formation et à la libre expression sont les conditions minimales d'épanouissement que doit proposer le pays d'accueil aux communautés d'origine étrangère. Ducoli (1980) estime que, le cas échéant, la tendance à la différenciation culturelle des communautés immigrées doit être légitimée et insérée dans une dynamique de négociation : sans une langue pour se parler, sans une mémoire pour se souvenir et sans projets collectifs pour avancer, une communauté périclite. En deçà de ces critères, il semble difficile d'imaginer une issue saine au processus d'intégration sociale, car les conditions premières d'une participation démocratique ne seront pas remplies.

Dans ce débat, les limites de la participation des étrangers aux élections formelles ne doivent pas faire oublier la possibilité de la présence des résidents étrangers dans d'autres lieux de « pouvoir » tels que médias, comités locaux, chambres syndicales, etc. On peut enfin se demander quel est le rôle d'une *expression politique de type communautaire* dans les processus d'intégration sociale des groupes issus de l'immigration. Cette question est très souvent évacuée par des observateurs qui justifient leur attitude par l'incompatibilité entre des concepts importés d'Amérique du Nord et les réalités de l'Europe occidentale. La thèse de l'impuissance politique des migrants (Schnapper, 1991 ; Martiniello, 1992) semble ainsi généralement admise dans le monde scientifique francophone, malgré le foisonnement des associations locales, des amicales, d'églises diverses, de fédérations, voire de confédérations diasporiques promues par les minorités immigrées. Certains (Wievioka *et al.*, 1995) voient dans cette évolution le danger d'une « idéologie de l'authenticité » pouvant, à terme, nier toute autonomie individuelle pour les membres des communautés immigrées. Une des illustrations les plus évidentes de cette crainte est la politique d'isolationnisme due à une partie de l'intelligentsia musulmane installée en Europe occidentale. Plusieurs chercheurs estiment cependant que sous l'effet d'un grand nombre de facteurs, une ébauche de reconnaissance de l'expression politique des communautés immigrées (musulmanes) existe à tout le moins au niveau local et que sa médiation est en général de nature à favoriser la participation des résidents d'origine étrangère à la gestion de la chose publique (Withol de Wenden, 1990 ; Kastoryano, 1991 ; Dassetto, 1996). Comme le souligne Touraine (1994, p. 202), l'intégration sociale est un processus démocratique qui combine *la défense de l'identité à l'exigence d'unité.* Elle doit aboutir à l'acceptation de l'autre avec ses différences, en tant qu'enrichissement de l'ensemble.

Selon cette perspective sociopolitique, l'immigration ne remplit-elle pas le rôle d'analyseur du potentiel démocratique des pays occidentaux (Noiriel, 1989) ? De nombreux travaux (Djeghlael, 1988 ; Dubet, 1991 ; Blaise et Martens, 1992 ; Lapeyronnie, 1993 ; etc.), en avance sur les recherches récentes à propos des attitudes xénophobes parmi la population autochtone, constatent, en France et en Belgique, que la grande majorité des jeunes issus de l'immigration a fait la preuve de sa capacité d'intégration individuelle ; la seule question qui subsiste alors porte sur *la réelle capacité de la société d'accueil à « intégrer »...*

2.3.5.4 *Une combinaison particulière des facteurs déterministes* – Un des apports notables de l'approche constructiviste se situe probablement dans *la combinaison de différents facteurs classiques,* étudiés à partir de leurs relations spécifiques au devenir des individus. Ainsi, pour certains chercheurs travaillant dans le domaine de l'intégration socioscolaire (Ouali et Rea, 1994 ; Costa-Lascoux, 1996 ; Targosz, 1996), la complexification du paysage scolaire rend nécessaire l'approfondissement de l'analyse des carrières de formation. L'étude du différentiel de scolarité entre jeunes autochtones et jeunes issus de l'immigration implique le dépassement de l'opposition entre, d'une part, les déterminants ethnoculturels et, d'autre part, les déterminants socio-économiques. Il convient d'associer l'approche des déterminants « classiques » de l'intégration à un cadre d'analyse élargie, englobant à tout le moins les effets discriminatoires produits par l'institution scolaire et les représentations à propos de la scolarité des élèves et de leur famille.

En développant davantage l'analyse de la dimension psychoculturelle, Camilleri (1992) constate que si la thèse sociopolitique a le mérite d'introduire dans le débat un élément inéluctable, elle est loin d'évacuer la variable culturelle, tant celle-ci lui est proprement superposée. Dans ce cadre, ce qui importe est d'ailleurs moins le contenu des systèmes culturels que leur interaction avec le contexte social qui débouche sur l'élaboration de stratégies, représentations et projets qui ne manquent pas d'influencer, à leur tour, les trajectoires d'intégration. *La culture n'est pas une formation indépendante du sujet ; les facteurs culturels sont manipulés par les individus et les groupes à l'intérieur de chaque contexte socio-économique* (Camilleri, 1992).

L'examen des politiques d'intégration et des pratiques institutionnelles permet d'évaluer les phénomènes d'exclusion. En revanche, l'approche des gens, de leurs particularités, de leurs logiques et de leurs pratiques permet d'apprécier leurs efforts et stratégies, leur créativité et combativité : en un mot, cette approche permet d'estimer leur *potentiel d'intégration.* Les deux démarches, *l'étude de l'exclusion socio-économique et celle de l'intégration socioculturelle,* s'imposent donc comme les deux faces d'une même réalité.

Charlot (1990) propose ainsi d'étudier les formes de mobilisation et les projets des familles immigrées, de manière complémentaire à l'étude des mécanismes de reproduction sociale. Les perspectives d'avenir des jeunes, le rapport au savoir et le sens attribué par la famille à l'école deviennent, dans ce cadre, des indicateurs précieux de la mobilité sociale. Une information de nature psychosociologique sur les familles immigrées et les institutions appelées à les accueillir semble en effet d'un vif intérêt pour l'évaluation de leurs relations. Aussi, l'étude de l'adaptation des institutions aux réalités de l'immigration constitue une voie trop peu exploitée. L'école, par exemple, est considérée comme une des clés de l'intégration sociale des jeunes issus des milieux populaires ou immigrés. Cependant, son importance ne vient pas tant de son rôle de transmission de connaissances que de son rôle symbolique, déjà souligné par Wallon (1954) : l'école permet aux enfants de s'émanciper de leurs appartenances et identifications d'origine. *Mais cette émancipation ne peut s'effectuer contre le milieu d'origine ;* elle nécessite de pouvoir conjuguer changement et continuité, de pouvoir articuler tradition et modernité (Rochex, 1994).

2.3.5.5 *Facteurs idiosyncrasiques* – L'articulation de la thèse de la reproduction sociale, et celle du handicap socioculturel permet donc de dépasser ces deux cadres explicatifs. Il s'agit présentement d'introduire *l'intentionnalité de l'acteur* comme un contrepoids de liberté, comme un acte de résistance face aux déterminismes. *L'intégration sociale est un choix de participation ; celle-ci se construit à travers la mobilisation d'outils émergeant aux multiples dimensions tant de la culture communautaire que des structures de la société d'accueil.* Il en résulte que l'intégration est un processus à la fois social *et* psychologique : elle présente un aspect « *initiatique* », dans la mesure où elle correspond à *une métamorphose positive de l'identité.*

Les pratiques singulières des acteurs peuvent ici être approchées à travers l'étude, par exemple, de la nature et de l'importance des relations intergénérationnelles. L'existence des réseaux de solidarité primaire semble également jouer un rôle dans l'intégration socioprofessionnelle des jeunes étrangers. L'effet sur l'intégration sociale de certaines variables subjectives apparaît aussi comme fondamental (Marquès-Balsa, 1987 ; Bastenier et Dassetto, 1993) :

- existence de projets axés vers le pays d'origine (le « retour » est-il encore possible ? quel rôle psychologique joue-t-il ?) ;
- existence d'un investissement dans le pays d'accueil (achat d'un habitat, apprentissage linguistique, investissements commerciaux, tentatives d'insertion postscolaire, implication dans la vie religieuse et associative, ...) ;
- attitudes envers la société d'accueil (assimilationnisme mimétique, conservatisme consécutif au « deuil » de l'intégration, ...) ;
- modalités d'appropriation et de marquage de l'espace (public) et notamment la question du « ghetto ».

Les effets (assez inattendus) de ces variables sur le processus d'intégration dépendent de la mise en œuvre de stratégies individuelles ou de groupe (Anciaux, 1994). Ces stratégies de positionnement se fondent en général sur l'exploitation de « niches » socio-économiques particulières et sur la mobilisation de ressources spécifiques, inhabituelles pour la société d'accueil. Leur rareté et l'effet de surprise dont ces stratégies bénéficient parfois ne sont pas sans lien avec leur efficacité. Il est donc pertinent de poser, à travers l'étude des indicateurs et des facteurs de réussite, l'hypothèse d'une *intégration qui équivaudrait, non à l'abandon de la culture d'origine mais bien à son articulation aux exigences d'une insertion socioprofessionnelle dans le pays d'accueil.*

Cette hypothèse implique tant un certain niveau de maîtrise de la « culture d'origine » (la « culture familiale », pour être bref) qu'un certain recul critique par rapport à cette même culture, afin de pouvoir la manipuler et l'articuler à la « culture de la société d'accueil » (la « culture des institutions », la « culture des médias », etc.). Cette dernière, plus ou moins réceptive aux éléments exogènes, doit également être maîtrisée, même partiellement (Ducoli, 1992). Une *double approche critique* est donc nécessaire pour que l'acrobate de l'intégration puisse, dans son contexte particulier, innover, créer, s'approprier les normes de la société d'accueil, sans renier celles du groupe d'origine.

Le rôle joué par *les intellectuels organiques* issus des communautés ethniques dans la maîtrise, la critique et l'articulation des cultures semble important (Martiniello, 1992). Dans un des rares textes consacrés au sujet, T. Fabre (1991) définit ceux qu'il appelle des *« passeurs entre cultures »*, comme étant des « intermédiaires ». Ce concept désigne les groupes et les individus socialement et culturellement bicentrés qui, par leurs pratiques, construisent des *médiations* entre les sociabilités populaires et élitaires, contribuant de la sorte à une diffusion des innovations. Le médiateur est une personne *« tierce »* qui doit en quelque sorte participer d'une « appartenance multiple » et être reconnue par l'ensemble des parties en présence. Son action ne peut prétendre à l'efficacité que s'il a lui-même pu faire aboutir sa propre « négociation intérieure » entre les termes de ses diverses appartenances.

Selon Fabre (1991), les travailleurs sociaux, les artistes, les membres du mouvement associatif issus de l'immigration sont littéralement des « agents de circulation des informations et des idées » entre diverses communautés. Ce rôle requiert une capacité d'explicitation des conditions et des aspirations des uns et des autres (Mouvet et Manço, 1992). Par certains aspects de leur travail, les *indépendants* d'origine étrangère, pourraient aussi constituer une classe d'intermédiaires culturels (Feld *et al.*, 1993). Les intermédiaires culturels, grâce à la formation scolaire ou à la qualification professionnelle acquise dans le pays d'accueil sont parfois désignés comme « modèles » détenteurs d'un pouvoir symbolique. La possibilité d'identification positive qu'ils offrent n'est cependant effectivement opérante que si ces personnes sont elles-mêmes sujettes à une contre-identification à leur communauté d'origine. Le rôle d'intellectuel organique nécessite en effet le maintien d'une authentique relation de proximité avec la collectivité originelle. Opérateurs de sociabilité, ces personnes, en tant que pairs, génèrent une vision favorable de la mixité culturelle et contribuent, non sans difficulté, à la clarification du positionnement identitaire des populations issues de l'immigration. Les médiateurs culturels participent de la sorte *à l'invention d'une synthèse vivante et encore incertaine d'un double registre culturel.*

3 Conclusions

La question de l'intégration sociale (et celle de l'exclusion, son corollaire : cf. Rea, 1997) constitue un débat aussi difficile que nodulaire dans les sciences sociales contemporaines. L'objectif de la synthèse théorique présentée ici est de fournir une « carte » générale de la réflexion en matière d'intégration, à travers l'exemple des migrations internationales.

Nombreux sont les auteurs et les courants scientifiques impliqués par la question de l'intégration. Il semble cependant qu'il soit possible de les regrouper dans trois grandes familles philosophiques : les philosophies normativiste, conflictualiste et constructiviste. Dans ce travail, ce sont, en particulier, les apports des approches normativiste et constructiviste qui retiennent l'attention.

L'étude examine ainsi deux modèles d'intégration sociale qui s'opposent par leur compréhension divergente de l'Homme et de la Société et qui reflètent les préoccupations de deux époques différentes :

- Les *approches normativistes*, plus anciennes, proposent une analyse socio-économique dont l'objet est l'étude du processus de normalisation socioculturelle des immigrants. On considère la distance culturelle qui sépare le groupe migrant de la société d'accueil comme une source de handicap et de marginalisation socioculturelle. Le modèle d'intégration normativiste procède par *l'assimilation* sans réserve à la norme majoritaire. Ce processus implique essentiellement des démarches individuelles. L'examen empirique pose ainsi l'hypothèse d'une conformité finale, inéluctable, avec les normes du pays d'accueil ; il s'applique en particulier à la mesure des faits « objectifs » d'intégration par assimilation, par exemple, sur le terrain socioprofessionnel.

- Les *approches constructivistes* aboutissent, en revanche, à une conception interactive de l'intégration sociale. L'intégration procède ici *« par acculturation » :* la culture fait partie des moyens mis en œuvre par les acteurs sociaux dans une recherche de qualification sociale. L'intégration n'est donc possible qu'à travers une négociation – ou un *processus dialectique de positionnement entre l'assimilation et la différenciation socioculturelles.* En conséquence, la réciprocité et l'imprévisibilité des équilibrations culturelles entre le groupe migrant et la société d'accueil sont des principes-clés de l'intégration constructiviste : l'intégration sociale correspond à la mobilisation des ressources familiales *et* globales. La démarche empirique se focalise ici sur les relations systémiques entre le contexte d'installation, les projets et les dispositions psychosociales des acteurs sociaux.

La première des implications majeures de la conception constructiviste de l'intégration sociale est l'éclatement d'un horizon théorique fermé par les notions d'assimilation et de marginalisation. L'issue du processus d'intégration n'est plus considérée comme une « destinée inéluctable » ; elle dépend de l'interaction entre les potentialités du groupe immigré et la structure d'opportunités qu'offre le pays d'accueil, plus ou moins favorable à l'acculturation ou à l'équilibration des synthèses culturelles nouvelles.

Différentes typologies de situations d'acculturation (Berry, Lapeyronnie, ...) ont servi ici d'exemples pour illustrer l'éclatement des scénarios possibles d'intégration sociale. Ces travaux, sous des dénominations proches, décrivent des situations d'inclusion, d'assimilation, d'(auto)ségrégation ou de marginalisation. Si ces concepts ne recouvrent pas toujours les mêmes réalités précises d'un auteur à l'autre, la logique de leur définition est toujours la même : l'articulation particulière entre, d'une part, une certaine tendance à la mobilisation des ressources du groupe d'origine et, d'autre part, une certaine tendance à la conformité avec le pays d'accueil. En d'autres termes, *l'acculturation correspond à un processus d'équilibration circonstancielle entre différenciation et assimilation socioculturelles.*

La seconde implication de la conception constructiviste est l'introduction de la notion de *l'intentionnalité des acteurs sociaux* parmi les facteurs explicatifs de l'intégration sociale. L'approche constructiviste réhabilite donc le facteur idiosyncrasique de l'intégration : le sujet dispose d'un potentiel de résistance face aux déterminismes grâce à l'articulation dynamique de ses projets personnels aux valeurs collectives.

L'intégration est alors un processus à la fois social *et* psychologique : *l'acculturation* ou le versant socioculturel de l'intégration s'accompagne en permanence d'un processus complémentaire, à savoir la *personnalisation* ou, précisément, l'ajustement des intentions personnelles à des contextes généraux. Le chapitre suivant tentera de développer ce second versant plus spécifiquement psychologique de la question de l'intégration.

L'intégration psychologique entre conformation et individuation

1 De l'intégration sociale à l'intégration psychologique

Le chapitre précédent a permis de définir et d'illustrer le modèle constructiviste de l'intégration sociale. Ce modèle renvoie au processus de participation à la mise en place d'un équilibre entre la diversité et l'unité des ensembles qui composent la société. L'approche constructiviste de la question d'intégration sociale des populations immigrées permet de fait une conceptualisation dialectique de ce processus. La notion anthropologique d'acculturation, transposée dans ce cadre, invite à considérer la construction de synthèses culturelles originales : la transaction entre, d'une part, les projets et les ressources socioculturelles plus ou moins valorisées du groupe immigré et, d'autre part, la structure d'opportunités socio-économiques offerte par la société d'accueil, plus ou moins ouverte aux innovations, est à l'origine de la définition des multiples situations d'acculturation. L'approche constructiviste introduit donc le « facteur idiosyncrasique » de l'intégration : le sujet individuel ou collectif dispose d'une possibilité de résistance face aux déterminismes sociaux ; l'issue du processus d'intégration dépend *aussi* de ses intentions.

L'intégration s'avère ainsi être un processus à la fois social et psychologique : *l'acculturation*, la « face » sociologique et culturelle de l'intégration, renvoie en permanence au processus de *personnalisation* ou à la manière dont les individus s'adaptent à leur contexte, se l'approprient et se défendent face aux pressions externes. La personnalisation est un des concepts les plus appropriés pour rendre compte du processus *d'intégration psychologique,* parce qu'elle correspond à la construction d'une dynamique entre motivations au départ divergentes : cette équilibration est le résultat d'une « négociation personnelle » entre une tendance à l'individuation et une tendance à la conformation par rapport aux valeurs collectives. La *conformation* (de « se conformer ») est une attitude, propre à un individu ou à un groupe, qui consiste à adapter l'essentiel de ses conduites à un modèle extérieur (« conformité ») (Moscovici, 1979, p. 181 et suivantes).

Compte tenu du double ancrage, à la fois sociologique et psychologique du processus d'intégration, l'acculturation et la personnalisation s'imposent donc comme des « concepts-jumeaux » : une meilleure compréhension de la notion d'intégration nécessite l'examen conjoint de ces deux processus. Le présent chapitre est précisément consacré à l'étude du concept de personnalisation en tant que dynamique intervenant dans l'intégration psychologique, processus de développement complémentaire à l'intégration sociale.

1.1 Pourquoi la personnalisation ?

L'examen, dans le chapitre précédent, des facteurs « classiques » de l'intégration sociale a montré la difficulté de définition et d'interprétation de leurs conséquences. C'est en particulier la généralisabilité des effets des facteurs d'intégration en fonction de la diversité des situations spécifiques qui semble poser problème. Le chapitre précédent souligne également la multiplicité des approches (historique, anthropologique, politologique, etc.) nécessaires pour circonscrire les faits sociaux découlant de la rencontre des cultures. Par ailleurs, les typologies d'acculturation mises en évidence par les travaux présentés à la fin du chapitre précédent parviennent rarement à dépasser le stade descriptif et à élucider les liens entre ces diverses modalités d'ajustement socioculturel. Celles-ci, on s'en souvient, couvrent un éventail complet de situations allant de la non-intégration (repli, marginalisation) à un excès de mimétisme potentiellement aliénant (assimilation normative). Il est donc difficile, dans de telles conditions, de prétendre à une compréhension approfondie du processus d'intégration sociale.

En revanche, l'étude des facteurs idiosyncrasiques de l'intégration sociale a le mérite de montrer l'importance de l'examen des cas individuels dans la compréhension d'un processus si complexe. Inspirés par les démarches intuitives d'écrivains et de biographes qui ont su, de longue date, rendre sensible le caractère construit et initiatique des trajectoires d'immigration et des cheminements d'acculturation, des spécialistes en sciences sociales ont tenté de systématiser les observations en matière d'intégration sociale ; ils ont ainsi permis l'éclosion d'une approche empirique constructiviste en donnant la priorité à l'examen qualitatif de cas individuels (Abou, 1981).

Certains observateurs remarquent ainsi que les situations d'acculturation n'éclairent qu'une partie de la question de l'intégration (cf., notamment, Costa-Lascoux, 1996, p. 159-160 ; Touraine, 1997, p. 232 et suiv.). Pour ces auteurs, l'approche de l'intégration nécessite l'examen d'une seconde dimension : force est de reconnaître que sans une approche sociopsychologique particularisante, il semble qu'il soit difficile de comprendre les conditions d'émergence des situations d'acculturation (Costa-Lascoux, 1996). Selon Lapeyronnie (1993), par exemple, l'acculturation est absolument inséparable de la personnalisation : toute personne appartient à des collectivités particulières et est un individu à part entière. L'intégration psychologique et sociologique se construit sur ces deux piliers, grâce à un travail de composition personnelle et en interaction avec un contexte social.

L'approfondissement des liens théoriques et empiriques entre les processus d'acculturation et de personnalisation semble donc propice au développement d'une nouvelle compréhension des phénomènes d'intégration. Cette démarche pourrait également ouvrir sur la définition de méthodologies adaptées tant à l'exigence de généralisation quantitative qu'à l'exigence de souplesse qualitative, face à l'infinie diversité des situations particulières. De fait, l'introduction dans l'étude du processus d'intégration des dimensions telles que le devenir personnel, les projets d'avenir, l'investissement psychologique, l'appropriation de démarches stratégiques, le travail d'intériorisation et de combinaison culturelles, etc. semble de nature à favoriser tant la compréhension approfondie du processus que la mesure précise de ses effets.

1.2 Définition des notions

Dans la perspective ontologique d'Henri Wallon (1970), la *personnalisation* ou l'émergence en tant qu'individu est un processus dynamique et conflictuel, rythmé par le dépassement synthétique des mouvements contradictoires : une recherche d'équilibre intérieur, en somme, où les processus identificatoires jouent, dès la petite enfance, un rôle prépondérant en permettant à l'individu de résoudre les conflits psychologiques par l'accès à une nouvelle unité du moi.

Pour Malrieu (1980, p. 262) qui propose une définition plus opérationnelle, la personnalisation correspond : à la capacité d'investissement de l'individu dans une démarche d'ajustement vis-à-vis du contexte dans lequel il évolue, à la capacité à (se) projeter et à assumer une trajectoire ascendante ou, encore, à l'aptitude à s'approprier une stratégie particulière d'insertion. Se personnaliser, c'est se définir, choisir ses affiliations et ses convergences, déterminer le sens de ses actes et de son histoire, sauvegarder et faire reconnaître son identité.

Dans la préface de l'ouvrage de Prêteur et de Léonardis, *Éducation familiale, image de soi et compétences sociales* (1995), Tap introduit une intéressante théorie de la personnalisation dans ses rapports avec l'intégration psychologique et sociale. Selon Tap (1995), la personnalisation est l'ensemble des actions et projets particuliers à une personne, produits en réaction à ses conditions d'existence, aux ruptures et aux restructurations externes et internes. Il s'agit d'un processus impliquant à la fois la conformité avec l'environnement et la défense de l'individu par le dépassement des conflits sociopsychologiques ; la personnalisation est, en d'autres termes, le processus de développement et d'orientation de la personne dans son temps de vie. Pour Tap, les acteurs existent par leurs actions conflictuelles : par de multiples allers et retours, ils *s'individualisent* en même temps qu'ils se *conforment* à une perception unifiée des normes collectives. C'est par cette dialectique qu'ils émergent en tant que personnes reconnues et autonomes.

Rappelons que les groupes sociaux et culturels sont eux-mêmes pris dans une dialectique similaire, comme cela a été expliqué dans le premier chapitre : ils tâchent de cultiver une certaine *différence* grâce à laquelle on peut les identifier, tout en ménageant l'exigence de *l'assimilation* à une unité plus générale. Les groupes s'acculturent grâce à leur participation conflictuelle et à leur synthèse culturelle. C'est au travers d'oscillations incessantes entre diversité et unité qu'une *acculturation* est possible (Lapeyronnie, 1993).

L'acculturation se réfère à un contexte social qui suscite ou non des identifications. La personnalisation est en revanche l'expérience particulière de ce contexte ou « ce qu'en fait l'acteur social ». Ainsi, on parlera de *personnalisation* dans un contexte culturel (familial, professionnel, ...) donné comme d'une polarisation entre :

- *la conformation* (uniformisation, socialisation, ...)
- et *l'individuation.*

Dans le cadre de relations *d'acculturation* entre groupes (culturels, ethniques, ...) différents, on parlera de la polarisation entre :

- *l'assimilation*
- et *la différenciation* (ethnogenèse, communalisation, etc.).

De manière générique, enfin, on se référera aux processus antagonistes suivants :

- *la normalisation* (convergence vers la norme valorisée ou majoritaire, continuité)
- et *la particularisation* (divergence par rapport à la norme valorisée ou majoritaire, changement, bifurcation).

Il va de soi, comme le remarque Abou (1981), que ces termes peuvent être utilisés dans les deux sens : en situation migratoire, la « différenciation » par rapport aux cultures du pays d'accueil est une « assimilation » à ce qui est imaginé comme étant la culture authentique du pays d'origine ; la « divergence » par rapport à la norme majoritaire est une « convergence » vers ce qui est jugé comme plus souhaitable. Mais par souci de clarté, seule l'orientation définie plus haut sera employée tout au long de ce texte.

2 Personnalisation : une dialectique socialisation–individuation

Selon Prêteur et de Léonardis (1995), la personnalisation est caractérisée par les relations complexes entre, d'une part, la *socialisation* (ou la conformation sociale) et, d'autre part, *l'individuation.* Ces processus sont considérés comme les antécédents principaux de l'intégration psychologique.

On admet en effet que la socialisation et l'éducation (familiale ou scolaire) jouent un rôle important dans la construction de l'image de soi (Malewska-Peyre, 1982). Selon Kellerhals et Montandon (1990), socialiser un enfant, c'est le préparer à occuper certaines positions et l'aider à renforcer ses loyautés culturelles (familiales, communautaires, religieuses, politiques, ...). Nombreux sont en effet les auteurs pour qui la socialisation contribue à la formation de la personnalité du jeune en le rendant « conforme » à ses différents cercles d'appartenance (allonomie). Certains chercheurs présentent la socialisation comme le développement de la part « collective » de la personnalité.

Ce processus normalisateur et exogène doit cependant être balancé par un effort endogène d'individuation (l'apprentissage de l'autonomie) afin de contribuer à la formation d'un adulte responsable de ses choix. La socialisation-conformation n'est rien d'autre que la face complémentaire de l'individuation, grâce à laquelle le sujet se différencie à l'intérieur du groupe d'appartenance, se dote d'un recul critique et peut innover (Tap, 1995).

La polarisation du concept de personnalisation entre la tendance à la conformation et la tendance à l'individuation est due à l'existence de deux besoins psychologiques aussi fondamentaux qu'opposés :

- Le besoin *d'attachement* d'abord, qui s'inscrit dans le domaine *affectif* et renvoie à la dimension « thymotique » : désir de reconnaissance, recherche de continuité intergénérationnelle, d'unité historique familiale et sociale ... Selon J.-P. Pourtois (1992), il est impossible de se développer sans se socialiser, sans être attaché, accepté, « travaillé » et « investi » par son milieu (normalisation). Une des difficultés majeures que rencontrent les jeunes issus des milieux défavorisés (de surcroît d'origine étrangère) est justement l'instabilité de la relation qui les lie à leur milieu d'origine, lui même insécurisé et bousculé dans ses valeurs et repères (Bouamamas, 1996).
- Le besoin *d'autonomie* ensuite, qui correspond à une aspiration vers l'accomplissement personnel. Il traduit l'importance du domaine *cognitif* dans le développement psychologique. Pouvoir agir sur son environnement, le comprendre, le maîtriser, l'innover apparaît comme indispensable (particularisation). Le développement passe aussi par la nécessité de se différencier de son milieu d'origine et de « s'individuer ». Ce processus implique l'existence de structures mentales suffisamment souples à la fois pour susciter le sentiment d'affiliation et encourager l'extériorisation.

Dès lors, pour Tap (1987), un individu ne peut se personnaliser que par le jeu imbriqué, d'une part, de la conformation-socialisation au milieu de vie et, d'autre part, de l'individuation et de l'opposition à ce même milieu. Il existe donc un double mouvement qui contribue à la personnalisation : celui de l'acteur social avec sa personnalité, ses projets et besoins et celui du sujet avec son histoire, ses conditions de vie et son enracinement culturel.

2.1 La socialisation : le développement conformant

La socialisation est envisagée ici selon son sens classique de conditionnement social fonctionnel et général. Plus spécifiquement, on parlera d'enculturation, pour signifier l'appropriation active et/ou inconsciente de la culture, du mode de vie, des modèles de pensée et des valeurs du groupe d'appartenance, ou encore d'introjection du sens de la communauté (D'Hertefelt, 1991).

Dans ce cadre, ce sont d'abord les actions et les représentations des parents qui induisent et orientent les conduites et les idées de leurs enfants ; elles en constituent les variables proximales, directes (Prêteur et de Léonardis, 1995). Les effets des variables distales, indirectes (déterminismes institutionnels et socio-économiques), se conjuguent à ceux des variables proximales. Comme on l'a vu précédemment, les analyses déterministes en termes normativistes et conflictualistes se sont largement attachées à ces deux aspects du développement psychologique de l'enfant et de l'adolescent (e.a. Pourtois *et al.*, 1992).

L'adaptation de l'individu jeune à la société et à ses institutions est le résultat des interactions de l'enfant avec sa famille et, de façon plus large, avec son environnement. Elle se fonde, pour l'essentiel, sur trois aspects (Tomkiewicz et Percheron, 1983) :

- l'imitation et l'identification aux parents et à divers modèles sociaux ;
- l'intériorisation inconsciente et la prise en charge active d'un certain nombre de normes et de savoirs ;
- l'expérimentation et l'élaboration progressive de modes de conduites et de pratiques communes.

Les réactions des enfants interviennent aussi dans le cadre d'un système rétroagissant sur le fonctionnement de la famille et des institutions éducatives : Tap (1995) parle, à ce propos, d'une *« intégration réciproque »* ; on y voit l'expression d'une dialectique entre l'enfant et son milieu, dont les effets rejaillissent sur son développement.

Quatre dimensions particulières de la socialisation ont été décrits (Tomkiewicz et Percheron, 1983 ; Kellerhals et Montandon, 1990). Elles ont trait au développement des compétences intervenant dans les possibilités d'insertion sociale des jeunes. Ainsi, la socialisation a pour fonction de développer des capacités :

- d'accommodation (adaptation et dépassement des contraintes) ;
- de coopération (capacité à collaborer) ;
- d'autorégulation (définition d'objectifs, de projets) ;
- d'orientation (sensibilités esthétique, idéologique, intellectuelle).

La socialisation s'étend sur la vie entière mais la première phase est considérée comme déterminante : la famille et l'école en sont les vecteurs principaux.

2.1.1 Les modèles familiaux et styles de socialisation

Les tentatives de modélisation du processus de socialisation-conformation ont abouti à la définition de diverses typologies familiales qui permettent de classifier les attitudes éducatives des parents et leurs rôles dans le processus d'intégration des jeunes.

Kellerhals et Montandon (1990), par exemple, décrivent quatre types de familles, à l'issue d'une enquête menée en Suisse romande ; chacun de ces modèles a son style éducatif favori mais non exclusif :

- la famille *coercitive* dont le style éducatif est basé sur l'exercice d'un contrôle assorti de sanctions ;
- la famille *relationnelle* dont l'action éducative est basée sur le dialogue et le respect des différences ;
- la famille *mobilisatrice* qui offre un tableau intermédiaire et dont le modèle d'éducation est le compagnonnage ;
- la famille *parallèle* ou *désengagée* qui est caractérisée par le dysfonctionnement de la fonction de communication.

Le premier modèle de familles semble correspondre statistiquement à un milieu peu aisé et peu qualifié. Dans certains cas, les difficultés des conditions de vie poussent à une organisation de type « bastion » (univers familial « fermé » et aliénant). À l'inverse, le deuxième modèle semble provenir d'un milieu socioculturellement aisé, caractérisé par son mode de fonctionnement associatif, son ouverture et son action sur l'environnement.

Une étude française (Tomkiewicz et Percheron, 1983), qui aborde la question de la socialisation par le biais de la transmission des ambitions, des valeurs et des principes politiques, permet de mettre en évidence trois modèles familiaux :

- les familles *traditionnalistes rigoristes*, porteuses des valeurs conservatrices de la « droite traditionnelle » ;
- les familles *modernistes rigoristes*, laïques, qui se placent au « centre-droit » ;
- les familles *modernistes libérales*, situées à « gauche », dont le mode d'organisation est égalitaire (relations hommes/femmes, aînés/cadets, etc.).

Ces types théoriques ne reflètent, bien sûr, qu'une approximation statistique d'une réalité bien plus hétérogène. La distribution de ces types-idéaux semble toutefois liée à l'éventail des classes sociales occidentales. Les familles transmettent à leurs enfants des valeurs différentes, selon qu'elles sont plutôt favorisées ou non. Ainsi, des valeurs telles que le rationalisme, le volontarisme, l'esprit de compétition et le goût de l'effort semblent associées aux familles aisées. Les familles moins favorisées semblent, en revanche, transmettre plus souvent des attitudes « fatalistes » ou « passives » (Tomkiewicz et Percheron, 1983).

Les analyses « cross-culturelles » ont montré que ces valeurs variaient en fonction des cultures mais pointent aussi les similitudes qui existent entre les diggérents sytèmes éducatifs (Georgas, Berry et Van de Vijver, 2006 ; Cloninger).

2.1.2 Évaluation des styles éducatifs

D'un point de vue évaluatif, il apparaît que les jeunes ayant bénéficié de tel ou tel type d'éducation familiale ne développent pas les mêmes compétences sociales. Des travaux comme ceux de Lautrey (1980) montrent que, quelle que soit l'origine socioculturelle de la famille, un style éducatif « cohésif » semble permettre aux jeunes de développer un certain nombre de compétences et de stratégies afin de jouir d'un degré d'intégration psychologique et sociale satisfaisant. Cette conception de l'éducation familiale réserve aux parents un rôle de supervision et de mobilisation ; elle favorise le dialogue parents-enfants et l'ouverture sur le monde. Pareille conception privilégie une discipline familiale claire et souple, aux exceptions motivées.

D'autres recherches (très nombreuses) ont tenté de comprendre les trajectoires de réussite scolaire (ou professionnelle) « contre toute attente », notamment en milieu migrant (Campioli, 1977 ; Zeroulou, 1985 ; Tripier, 1985 ; Grimanelli, 1990 ; de Quéiroz, 1991 ; Duru-Bellat et Henriot-Van Zanten, 1992 ; Pourtois *et al.*, 1992 ; Dagevos et Veenman, 1992 ; Cammaert, 1992 ; Rochex, 1994 ; Manço et Pamukçu, 1994 ; Manigand, 1995 ; Targosz, 1996 ; Es Safi et Manço, 1996 ; etc.). Elles montrent le rôle important joué dans cette réussite par des attitudes parentales telles que l'insertion dans des réseaux de solidarité familiale, communautaire, religieuse, etc. Ces familles d'origine modeste ou issues de l'immigration mettent notamment en œuvre un suivi intéressé de la scolarité de leurs enfants, même si elles ne peuvent pas toujours apporter un réel soutien scolaire. Elles sont également porteuses de projets de mobilité sociale. Enfin, dans l'entourage immédiat des enfants ayant réussi contre toute probabilité, on compte des proches (« adultes de référence ») bénéficiant d'un niveau de qualification ou de stabilité professionnelle légèrement plus ample que de coutume dans le milieu considéré. Certaines explications de la réusite scolaire et professionnelle font également référence au sens attribué par la famille au travail et au savoir (ressources symboliques, attitudes pragmatiques et motivation à la réussite, repositionnement par rapport au pays d'accueil, …).

2.1.3 Étapes de la socialisation des jeunes issus de l'immigration

Les dernières remarques soulignent la spécificité de la socialisation des jeunes issus de l'immigration. Leman (1979) représente la trajectoire psychologique d'un jeune d'origine étrangère par une succession de périodes. Cette représentation a le mérite de synthétiser les conditionnements et contradictions successifs qui s'accumulent jusqu'à l'aube de l'âge adulte (« bisocialisation ») (Manço A. et U., 1991).

Ainsi, *de 0 à 6 ans,* dans la première période de socialisation, l'enfant immigré ou né en immigration vit souvent dans un îlot culturel qui porte les caractéristiques de la culture familiale, c'est-à-dire la « culture d'origine » quelque peu modifiée par l'immigration. À cet âge, relativement peu d'éléments de la culture d'accueil interviennent dans l'éducation familiale de l'enfant (télévision, frères et sœurs scolarisés). Les centres de santé et l'école maternelle sont les premières institutions de la société d'accueil qui présentent à l'enfant un système culturel différent de celui connu au sein de la famille (Manço *et al.*, 1992). L'appropriation des deux ensembles de normes se fait souvent de manière *bimodale*, avec une faible médiation entre les deux systèmes (Leman, 1979) :

- la maison = « culture d'origine »,
- l'école = « culture de la société d'accueil ».

Entre 6 et 13 ans, durant la période de la scolarité primaire, la multinomie reprend de plus belle avec tous les risques de tiraillements et de conflits d'identité que cela peut comporter. Par le biais de l'école, se présente à l'enfant un ensemble de savoirs et de codes : si la rencontre de l'enfant avec l'école échoue, un lien fondamental avec la société d'accueil n'est pas établi. L'insertion ultérieure risque d'être compromise car les principales « règles » de vie et de travail seront mal intériorisées.

C'est dans la troisième période que se posent quatre « choix » essentiels par lesquels une intégration plus ou moins ample se réalise dans la société d'accueil :

- le « choix » du type d'école,
- le « choix » de la profession,
- le « choix » du lieu d'habitation,
- le « choix » du compagnon.

Ces tentatives ne sont, bien entendu, pas spécifiques à la jeunesse issue de l'immigration. La spécificité du processus tient au fait que ces « choix » doivent être effectués par des personnes ayant un passé d'immigration et un présent conditionné par les possibilités limitées de la classe ouvrière d'origine étrangère (cas de discrimination, remise en question de la légitimité de la présence des personnes d'origine étrangère, etc.). Ces « choix » ne sont donc pas toujours de véritables choix : souvent, il s'agit même de chemins obligés (orientation scolaire, nécessités économiques). Dans bien des cas, les choix du lieu de l'habitat et du compagnon n'échappent pas à cette observation.

Par ailleurs, une tendance à l'hyper-conformisme aux normes de la culture d'origine est perceptible chez certains immigrés adultes. Leman interprète ce lien rigide à la culture originelle comme une manière, pour l'immigrant, de gérer l'angoisse engendrée par l'éloignement de la région de naissance.

La lecture que fait Leman du phénomène socialisateur pose *la question de l'opposition individu/société* en des termes tranchés, dans la mesure où la socialisation est perçue comme une opération de reproduction sociale, comme l'imposition d'un ensemble de valeurs et de conduites qui ne rencontrent aucune tendance alternative. Dans cette analyse, la suprématie du contexte social est clairement affichée ; en situation migratoire, ce contexte est présenté comme perturbant l'intégration psychologique.

2.2 L'individuation : les stratégies particularisantes

Une autre lecture associant l'intentionnalité de l'individu ou du groupe au contexte structurel est cependant possible : le tableau serait en effet incomplet sans signaler le rôle des acteurs sociaux, initiateurs de stratégies et, pour partie, artisans de leur développement psychologique.

Si tout groupe humain soumet ses membres à des tensions normalisatrices, *l'individuation* est, en revanche, un processus de différenciation psychologique, à travers lequel le sujet se particularise à l'intérieur du groupe social auquel il tente de s'unir. La transformation des valeurs héritées en support d'une subjectivation active permet au sujet de se différencier dans son propre groupe (Tap, 1995). L'individuation répond ainsi au besoin d'accomplissement personnel et d'autonomie sociale (Pourtois *et al.*, 1992). Elle s'actualise à travers les intentions, les choix et les projets personnels qui rénovent le cadre de vie.

Cette innovation est le résultat de la mobilisation de compétences psychosociales. Les compétences dont il s'agit s'expriment à travers des stratégies de particularisation déployées pour faire face aux déterminismes externes. Ainsi, ces compétences constituent le moteur de l'équilibration entre individuation et conformation, et, *in fine*, le moteur du processus de personnalisation. Par rétroaction enfin, cet état d'intégration psychologique renforce les capacités et stratégies personnelles.

Un examen approfondi des stratégies de positionnement parmi le public migrant sera proposé à la fin du troisième chapitre. Les lignes qui suivent sont consacrées à la présentation sommaire des compétences psychosociales de base. Une analyse plus approfondie de la question se trouve dans notre ouvrage *Compétences interculturelles des jeunes issus de l'immigration* publié dans la même collection en 2002.

La mise au point et le déploiement des stratégies d'individuation-particularisation, dans le cadre du processus de personnalisation, implique ainsi la mobilisation de certaines compétences psychosociales de base. Les recherches psychologiques semblent montrer l'existence d'au moins deux formes principales d'aptitudes intervenant dans le processus d'individuation :

- les capacités cognitivo-affectives générales ;
- la capacité à gérer les contraires (Tap, 1995).

2.3 Une synthèse : la théorie de l'habitus

La personnalisation comprise comme une dialectique entre la socialisation et l'individuation pose en définitive la question des rapports entre l'Homme et la Société. En schématisant un peu, on peut dire que la socialisation correspond à la pression exercée sur l'individu par la structure sociale afin de le rendre conforme aux règles et aux valeurs en vigueur ; la socialisation rend ainsi possible la conservation d'un certain niveau de cohésion sociale. L'individuation est, en revanche, l'expression libre de l'intentionnalité des acteurs ; elle rend possible le renouvellement de la structure sociale.

Le vieux débat théorique entre les tenants d'une vision favorable au rôle déterministe des structures socioculturelles et les partisans des conceptions tenant compte de l'individu, de son arbitraire et de ses stratégies resurgit donc ici encore (cf. Goenes da Silva, 1989). Certaines thèses psychologiques considèrent que les relations nouées dans l'enfance influencent fortement l'avenir de l'individu. D'autres thèses, optimistes, surévaluent la capacité de réaction des sujets. Pareilles analyses font abstraction de l'importance des positions et des rapports sociaux. Elles scotomisent aussi l'histoire sociale des générations antérieures qui conditionne la personne. Toutes ces relations sont elles-mêmes sous-tendues par des enjeux idéologiques ou matériels (Dubar, 1991).

À l'inverse, les approches sociologiques qui analysent les régularités objectives à l'origine des trajectoires sociales, ne prennent pas toujours en compte les interrelations qui constituent le système individu-famille-société. Celles-ci apparaissent pourtant d'une extrême importance dans l'intégration de la personnalité (Desmet et Pourtois, 1993).

Ces regards théoriques ne sont pas tant opposés que complémentaires. Une perspective interdisciplinaire peut donc s'avérer utile : la position intermédiaire consiste alors à saisir la personnalisation comme un processus complexe engageant l'imposition des normes sociales mais laissant la place aux initiatives des personnes ou des groupes. Plusieurs auteurs ont ainsi traité l'opposition individu/société de manière à ouvrir la réflexion sur une synthèse interactionniste. Norbert Elias, par exemple, a proposé de réconcilier les deux perspectives scientifiques dans une démarche sociohistorique, en développant un outil conceptuel tel que la *« formation sociale » :* l'individu et la société sont interdépendants et représentent les deux facettes indissociables du fait social (Gossiaux, 1995).

La sociologie de l'habitus mise en œuvre dans la mouvance de Pierre Bourdieu tend aussi à résoudre l'antinomie, non sans difficultés (Dubar, 1991, p. 65 et suiv.). L'habitus, mot utilisé en médecine psychiatrique (apparence, posture en rapport avec l'état de santé mentale), consiste en un système de dispositions durables, acquises lors de la socialisation et orientant les représentations et pratiques personnelles. Le concept permet ainsi de représenter à la fois la structure sociale et les stratégies des acteurs, ainsi que leur interaction : l'habitus se construit à partir d'un processus biographique d'incorporation probabiliste de dispositions sociales générales.

Pour Bourdieu, les habitus sont néanmoins étroitement liés à la classe sociale d'appartenance : l'habitus est le produit d'une identification aux aspirations d'un groupe et aux conjonctures qui lui sont associées. L'habitus « fataliste » des classes populaires, par exemple, pousse ces dernières à interpréter leur vie comme un « destin » en concordance avec un passé lourd d'échecs (Dubar, 1991, p. 75 et suiv.). Bourdieu met ainsi l'accent sur le poids de l'histoire dans la construction de la personnalité : l'histoire de l'individu prend appui sur une dimension à la fois psychologique et sociologique, elle s'inscrit en outre dans une dimension générationnelle : tout individu est un être « psycho-socio-historique » (Desmet et Pourtois, 1993).

Des recherches qualitatives ont en effet montré que la trajectoire sociale était placée sous l'influence de « programmes historiques » prenant leur source dans les générations précédentes : certaines études statistiques sur la mobilité intergénérationnelle des jeunes d'origine étrangère ont aussi souligné ce phénomène. La famille semble ainsi être le lieu privilégié du travail d'incorporation de l'histoire : *« Au sein de cette dernière, sont mis en place des processus psychologiques, sont produits des actes éducatifs, sont élaborés des projets, ce qui constitue autant de mécanismes de médiation entre l'individu et la société »* (Desmet et Pourtois, 1993, p. 269). Un ensemble de facteurs sociologiques et psychologiques s'articule donc en système, selon un jeu de stratégies, de synergies, de négociations et d'oppositions, pour construire l'intégration psychologique et sociale.

3 Vers un modèle constructiviste de l'intégration psychosociale

L'intégration est un processus à la fois sociologique et psychologique. Sa dimension *sociale* correspond à la notion d'acculturation, examinée dans le premier chapitre. Cette notion permet d'appréhender les multiples différences de sensibilités culturelles ou idéologiques entre les familles et les groupes à l'intérieur d'un contexte sociopolitique et économique global : on peut notamment y déceler l'importance des tendances à la conservation d'un système de valeurs d'origine, face au poids du déterminisme assimilateur.

L'approche constructiviste de la question de l'acculturation permet ainsi d'aboutir à une vision dialectique de ce processus : c'est en effet au travers d'oscillations incessantes qu'une synthèse est possible entre différents systèmes de valeurs. *L'intégration sociale est la capacité de participation à la négociation du degré de diversité et d'unité des groupes composant la société.*

La dimension *psychologique* de la question de l'intégration, la personnalisation, se focalise davantage sur le processus d'individuation à l'œuvre à l'intérieur des familles ou des groupes, où les sujets se révèlent être caractérisés par des compétences, positions et stratégies très diversifiées (Bensalah, 1996). Dans l'espace domestique, face au poids de la conformation familiale, chacun « bricole » et s'active, selon ses possibilités et projets personnels, à la reconstruction perpétuelle d'un « monde propre » dans un « univers collectif » (Laascher, 1994). L'approche constructiviste de la personnalisation montre que les individus tendent vers un état d'intégration psychologique, de manière similaire à ce qui a été décrit à propos de l'intégration sociale des groupes : *l'intégration psychologique est l'émancipation des individus en tant que personnes autonomes et reconnues à la faveur d'un processus d'équilibration entre l'expression d'un projet original et la conformation à des règles générales.*

En conséquence, en articulant les dimensions psychologique et sociale de l'intégration, on pourrait définir « l'intégration psychosociale » comme l'état d'une personne :

- d'une part, pouvant tendre vers un équilibre entre son projet d'individuation et sa tendance à la conformation à un héritage collectif ;
- et, d'autre part, pouvant participer à la négociation portant sur le degré de différenciation et d'assimilation des groupes sociaux par rapport à un cadre global.

Ainsi, un axe d'acculturation polarisé par l'opposition assimilation/différenciation et un axe de personnalisation polarisé par l'opposition conformation/individuation s'imposent comme compléments l'un de l'autre, se croisant au cours du processus d'intégration psychosociale. *L'articulation de l'axe d'acculturation et de celui de personnalisation permet de définir un modèle constructiviste de l'intégration psychologique et sociologique.* Cette approche ne conçoit pas le positionnement dans le champ de l'intégration comme l'expression d'un choix tranché entre des tendances normalisatrices ou particularisantes : *l'intégration est représentée comme une équilibration dynamique des contraires dans un contexte donné.*

L'équilibration est le mécanisme fondamental de l'intégration psychosociale. Elle est opérationnalisée à travers le processus de négociation, qu'il soit « interne » ou « externe ». Ce processus implique la mobilisation de compétences psychosociales à travers des stratégies de positionnement déployées pour affronter (stratégies particularisantes) ou, au contraire, épouser (stratégies normalisatrices) les déterminismes structurels.

Cette lecture constructiviste et articulée de l'intégration psychosociale présente ainsi l'intérêt de contribuer au brassage des savoirs sociopolitiques – davantage axés sur l'institutionnel et ses déterminismes – et sociopsychologiques – se focalisant essentiellement sur le développement et les pratiques de l'acteur individuel ou collectif.

Selon Pierre Tap (1995), qui plaide en faveur d'un programme de recherches empiriques et d'un effort commun de modélisation qui puisse rendre compte au plus près de la complexité des phénomènes liés à l'intégration des groupes et des individus, le « lieu » idéal d'une rencontre interdisciplinaire en cette matière pourrait bien être l'étude des stratégies de positionnement psychosocial et, plus particulièrement, l'examen des *processus d'identification et de projection* parmi les jeunes. Cet examen constitue précisément l'objet de ce qui suit.

Acculturation, personnalisation et conduites identitaires

1 Introduction

Le chapitre présent est consacré à l'approfondissement de l'étude de l'articulation entre les processus *d'acculturation* et de *personnalisation*. Cette articulation est envisagée dans le cadre de ses implications particulières par rapport au domaine de l'immigration. Dans ce contexte, les approches en termes d'acculturation permettent, comme on l'a vu précédemment, d'ouvrir sur les différences de sensibilités culturelles à l'intérieur de systèmes sociopolitiques donnés. La personnalisation, quant à elle, concerne davantage un processus sociopsychologique différenciateur au niveau individuel. La combinaison des processus d'acculturation et de personnalisation peut ainsi être considérée comme une définition possible du champ de *l'intégration psychosociale.*

Par ailleurs, comme on le verra dans ce chapitre, le croisement d'une position sur l'axe de l'acculturation et d'une position sur l'axe de la personnalisation correspond également à une définition potentielle de la notion *d'identité,* tant dans ses dimensions individuelles que dans ses dimensions collectives. Cette perspective d'investigation sur la notion d'identité est sans doute une des implications les plus importantes de l'articulation entre les processus d'acculturation et de personnalisation : elle ouvre vers la possibilité de confronter la position identitaire ainsi définie aux états d'ajustement psychosociaux de la personne. Il devient alors possible d'appréhender *les rapports entre identité et intégration.*

Ces relations semblent précisément constituer l'ossature de ce qu'on a appelé *« le modèle constructiviste de l'intégration psychosociale »*. Selon ce modèle, *à une définition identitaire spécifique correspond donc une modalité particulière d'intégration psychosociale, une modalité plus ou moins pertinente dans un contexte socio-économique donné.*

La perspective proposée rend nécessaire une série de prémisses théoriques et méthodologiques qui seront développées dans les parties suivantes. Ainsi, la définition de l'identité à travers les processus d'acculturation et de personnalisation implique que ces processus généraux soient au préalable objectivés sous des formes précises, empiriquement opérationnelles. À cette fin, on suggère, en s'inspirant de la littérature, un parallélisme entre, d'une part, le processus d'acculturation et la notion de *valeur* et, d'autre part, le processus de personnalisation et la notion de *projet.*

La question de « *l'identité psychosociale* » (pour signifier la notion d'identité comprise tant dans ses dimensions collectives que dans ses dimensions individuelles) sera donc examinée à la lumière de divers apports théoriques et empiriques constructivistes, à travers l'étude des valeurs et projets des acteurs sociaux. Les *stratégies identitaires* des jeunes issus de l'immigration seront, quant à elles, appréhendées en tant qu'outils spécifiques permettant de construire l'intégration psychosociale.

2 Des projets comme objectivation de la personnalisation

2.1 Définitions

2.1.1 Le projet

Si l'on devait se satisfaire d'une définition lexicale, le *projet* (« jeter devant soi ») est ce que l'on a l'intention de réaliser dans un avenir prochain ou lointain (Larousse). En psychologie développementale, le projet est appréhendé comme un préalable à l'action volontaire, une anticipation, une représentation ou un fantasme, motivant le comportement du sujet. On entend par projet personnel la direction que l'individu souhaite imprimer à sa vie, sans que l'aspect conscient soit nécessairement présent (Born, 1983, p. 152). Le courant humaniste en psychologie a ainsi introduit le concept de la personnalité « pro-active ». Les démarches cognitivistes ont, quant à elles, étudié les rapports entre la perspective temporelle et la production de projets. Pour la psychanalyse, enfin, le projet oriente les pulsions de l'individu ; dans la plupart des cas, il camoufle ou, mieux, aide à dépasser un conflit psychique. Se situant entre la rationalisation et la sublimation, le projet est un mécanisme de défense qui se rapproche de l'idéal du moi et permet à l'individu de tendre vers une perception narcissique, embellisante de lui-même (Boutinet, 1990, p. 136 et suiv.).

Dans une perspective philosophique constructiviste (Le Moigne, 1995), le projet est perçu comme médiation entre le sujet et l'objet, une tentative de conciliation, somme toute, entre l'être (déterminé par son passé) et ses désirs (ouvrant vers un avenir potentiel). Pour Boutinet (1990, p. 76), auteur d'une *Anthropologie du projet,* celui-ci peut se définir comme un mode opératoire d'anticipation de type flou ou indéterminé, instable dans sa formulation et visant à terme à la réalisation d'un futur souhaité de manière collective ou individuelle. Le projet s'intègre ainsi dans l'histoire de son auteur singulier ou collectif, il contribue à modéliser son passé tout en esquissant son devenir. Pour Jean-Paul Sartre, très attaché à la présente problématique, le projet est cet incontournable second terme de la dialectique existentielle, le contrepoids libertaire des déterminismes multiples ; il oriente la réponse à la question « Où vais-je ? », ou plus exactement, à la question « Qu'est-ce que je fais de ce qu'on a fait de moi ? » (Vassileff, 1992).

Selon F. Dubet (1973), qui propose une réflexion sociologique en la matière, il est possible de définir différents types de projets (réalistes, logiques ou optimistes) ou encore l'absence de projet, qui peut aussi se traduire par des projets utopiques (ou une dérive des fantasmes non réalisables menant vers de « faux plaisirs »). L'étude des projets de vie d'adolescents, par exemple, semble être un axe d'analyse riche qui peut révéler les modes d'adaptation sociale des individus. Ainsi, la satisfaction se traduit, selon Dubet, par le passage d'un projet réaliste à un autre identifié par un critère circonstanciel de faisabilité. Le conflit est lisible dans l'abandon de projets dans un domaine précis, au profit de domaines différents. « L'évasionnisme » peut se traduire par l'abandon de tout projet réaliste. Enfin, l'apathie est signalée par l'absence de projet.

Il convient de distinguer ici les projets à court terme de ceux à plus long terme, porteurs des valeurs et des buts essentiels des acteurs sociaux (Le Moigne, 1995) : il ne faut point se représenter les rapports entre les projets à termes divers comme une périodisation mécanique mais plutôt comme un cycle dialectique, à travers lequel les projets à court terme et ceux à long terme se questionnent mutuellement et perpétuellement.

Rodriguez-Tomé (1972) introduit à ce propos la notion de projet de vie ou de projet d'avenir, qui synthétise les aspects sentimentaux, familiaux et professionnels. De la même manière, on peut également distinguer, pour un même individu, le projet de mobilité économique du projet d'action « morale », même si ces deux aspirations s'imbriquent de façon dialectique et inconsciente, comme la recherche sociologique a pu le montrer depuis longtemps.

Touraine, dans sa *Sociologie de l'action* (1965), stratifie quatre niveaux de projets allant de l'absence pure et simple de projet au projet organisationnel, expression d'une participation pleine et entière à la dialectique individu-société, qui permet à l'acteur social de remplir son rôle historique de *« production de la société »*, pour reprendre le titre d'un autre ouvrage (1973) du sociologue. Entre ces niveaux extrêmes de projection, Touraine place le projet personnel qui instrumentalise la réalisation de soi et le projet collectif dont l'expression est la définition d'une identité.

Dans ce cadre, de nombreuses études empiriques (Galand, 1988 ; Géminel, 1988, p. ex.) permettent de comprendre que les projets, les représentations de soi, de son avenir, de sa place dans la société (degrés d'expectation et d'aspiration sociales) sont fortement influencés par le sexe, l'appartenance sociale et culturelle. Mais, selon Born (1983), le projet d'avenir, son degré de réalisme, de structuration et d'intensité engagent également une perception du temps et une capacité à se « projeter » dans l'avenir.

2.1.2 La projection

La « *projection* » est l'activité mentale qui consiste à produire des projets. La psychologie attribue également à cette notion plusieurs autres définitions voisines (Piéron, 1979, p. 356) :

- En psychologie sociale, la projection peut ainsi être l'expression consciente ou inconsciente d'une désirabilité sociale.
- Pour les psychologues développementaux et les spécialistes de l'éducation, la projection est la capacité à se projeter, à se « voir », à se représenter dans l'avenir ; elle s'actualise par l'auto-attribution de buts personnels en fonction de degrés de motivation, d'expectation et d'aspiration.

La projection est alors l'expression plus ou moins forte (forte ou faible « projectivité ») d'une intentionnalité personnelle, d'une tentative d'autorégulation ou de maîtrise du devenir propre. Elle peut se représenter comme la mise en actes d'un processus de particularisation (personnalisation-individuation) dans un cadre socioculturel déterminé (Malewska-Peyre, 1985).

En d'autres termes, la projection est une *praxis : « pratique d'une volonté libre en situation, contribuant à transformer le monde »* (Herman, 1983). L'ontologie existentialiste de Jean-Paul Sartre permet de définir la projection comme *« une faculté de négociation des déterminismes sociohistoriques »* (Boutinet, 1990). Selon une autre définition, *« la praxis est le processus d'équilibration entre l'homme et le monde. Ce processus est dynamique car le sujet transforme le monde et par là rend inadéquate son adaptation antérieure, ce qui le conduit nécessairement à créer une nouvelle adaptation. D'autre part, ce processus est conservateur car le sujet cherche toujours à conserver l'adaptation antérieure et à l'imposer au monde »* (Born, 1983, p. 104).

Des recherches empiriques sur la mobilité sociale ascendante des groupes socio-économiquement défavorisés ou issus de l'immigration (Malewska-Peyre, 1982) montrent ainsi l'importance de la définition de projets pragmatiques et non-conformistes dans le chef des jeunes membres de ces groupes : la projection introduit l'acteur dans une praxéologie ou *une logique de l'action efficace*. La notion de projection se révèle ainsi utile dans l'étude des dynamiques psychosociales à travers lesquelles l'acteur social (singulier ou pluriel) et les institutions se modifient réciproquement.

La section suivante est consacrée aux facteurs et conséquences de la projection selon une double perspective ontologique et socioculturelle.

2.2 Perspectives

2.2.1 La perspective ontologique et développementale

2.2.1.1 *Conditions sociocognitives de la projection* – Des psychologues tel que Nuttin (1985), par exemple, ont lié l'aptitude à faire des projets à :

- la confiance en soi et l'intro-détermination ;
- la tolérance par rapport aux frustrations, la capacité à différer les satisfactions ;
- la structuration dense et cohérente des perspectives temporelles (horizons prospectifs et rétrospectifs, vision de l'histoire).

Pour Goguelin et Krau (1992), l'élaboration du projet nécessite également :

- une capacité à construire l'image mentale d'une situation à venir ;
- une capacité à agir de façon différée, et donc de garder en mémoire cette image, tant qu'il n'y a pas eu de réalisation ;
- une capacité à concevoir un plan d'action échelonné dans le temps qui pourra permettre la réalisation du projet.

Comme on le constate, le temps est assurément un paramètre déterminant intervenant dans l'élaboration et la réalisation des projets : la perspective d'avenir est un aspect particulier de l'insertion dans le temps qui, elle-même, est une composante essentielle du projet individuel (Born, 1983, p. 153).

2.2.1.2 *Facteurs d'élaboration et de réalisation* – Dès la prime enfance, l'individu élabore des projets successifs plus ou moins structurés. L'imbrication de ces projets contribue à la construction de l'identité de la personne. L'idée qui devient projet aboutit à un plan (souvent tacite) et permet de définir les problèmes à résoudre pour finaliser le projet (Boutinet, 1990).

La projection pose donc la question de la créativité et de la résolution de problèmes. Goguelin et Krau (1992) définissent ainsi quatre étapes principales dans *l'élaboration* d'un projet :

- la préparation-imprégnation : assemblage de l'information nécessaire à la détermination d'un projet, à partir d'une intention première ;
- l'incubation : organisation-désorganisation répétée de cette masse d'informations dans un processus d'essais-erreurs ;
- la pénétration *(insight) :* une des configurations élaborées lors de l'étape précédente est subitement reconnue conforme à l'intention première ;
- la validation : il s'agit du passage à l'acte ; un effort volontaire est appliqué à la résolution des problèmes posés par la réalisation du projet.

Ce modèle de projection, au demeurant assez classique, est relativement simplifié. Il n'intègre notamment pas les multiples effets extérieurs qui peuvent perturber ou accélérer chacun des stades évoqués (conditions matérielles, identifications, etc.). Par ailleurs, le modèle de Goguelin et Krau (1992) ne s'attache qu'à la phase d'élaboration du projet, négligeant la phase de réalisation.

Nuttin (1985) se penche davantage sur les facteurs de *réalisation* des projets. Il en distingue trois types différents :

- les capacités physiques et mentales des individus, en cela compris les connaissances et l'expérience ;
- les motivations en tant qu'orientations continues qui déterminent le fonctionnement d'un individu inséré dans un environnement donné ;
- la personnalité, qui comporte les tendances conscientes et inconscientes de l'individu : tempérament, moi idéal, image de soi, niveaux d'aspiration et d'expectation, etc.

2.2.1.3 *Niveau d'aspiration et niveau d'expectation* – Michel Born (1983, p. 166 et suiv.), en s'appuyant sur une série de recherches plus anciennes, propose d'appréhender les questions de l'aspiration et de l'expectation de manière dissociée. Selon l'auteur, la première correspond à l'acte d'espérer, la seconde à celui de croire.

Le niveau *d'aspiration* d'un sujet est l'ensemble des buts que celui-ci se propose d'atteindre au sein d'une activité dans laquelle il se trouve engagé.

Le niveau *d'expectation* est, en revanche, le ou les buts qu'il s'attend à atteindre réellement, compte tenu de ses caractéristiques personnelles, des informations que la tâche en question lui fournit et, bien sûr, du contexte général à l'intérieur duquel l'interaction sujet-tâche a lieu. Ainsi, *« une expectation élevée correspondrait à la confiance dans l'efficacité de l'action personnelle. D'autre part, une expectation faible correspond à l'attente de l'échec de l'action personnelle. »* (Born, 1983, p. 169).

2.2.1.4 *Le projet à l'adolescence et l'anticipation de l'intégration psychosociale* – Selon Dubet (1973), l'élargissement de la perspective temporelle à l'adolescence permet de substituer à l'image mythique des parents des modèles réalistes et, en particulier, des modèles d'identification professionnelle. Ces identifications nouvelles favorisent la formation d'un moi idéal à travers lequel l'intégration psychosociale peut être anticipée. Pour Piaget (1960, p. 238), en effet, *« l'adolescence est un palier dans la formation cognitive de l'individu et le projet en est l'expression. Intellectuellement, c'est l'avènement des opérations formelles hypothético-déductives qui permet à l'individu adolescent de se détacher de sa vision perspective précédente, dans laquelle est plus ou moins confiné l'enfant, pour se mouvoir dans le possible et l'inactuel, et par conséquent pour devenir apte à faire des projets, à bâtir un programme de vie, à construire des théories permettant de comprendre la société ambiante ».*

La projection est donc une production – particulièrement intense lors de l'entrée dans l'âge adulte – d'images de statuts que l'individu aspire à atteindre. Certains auteurs considèrent ainsi la capacité à définir des projets combinant les possibilités du contexte spatio-temporel aux objectifs personnels parmi les prédicteurs les plus sûrs de l'insertion sociale (scolaire et professionnelle). Avec les mots de M. Born (1983, p. 152), *« le présent est polarisé vers le futur, proche ou lointain, et fait vivre l'individu en avance sur lui-même »*.

Les projets personnels sont influencés par la connaissance du passé et son évaluation en fonction des valeurs auxquelles l'individu accorde de l'importance (Born, 1983, p. 153). Certains chercheurs utilisent, pour exprimer cette idée, le concept de *« protension »* (projection-rétention) qui est un rapport au futur vécu de façon permanente ; il met en jeu des éléments (du passé) qui préfigurent et construisent ce qui sera. En effet, selon Desmet et Pourtois (1993), la question de l'horizon rétrospectif mérite également que l'on s'y attarde, car *« le fonctionnement du psychisme humain a cela de singulier qu'il est capable de changer (...) son rapport à l'histoire. Il est capable de réinterpréter les éléments associés à une structure sociale, d'en changer le sens sous l'impulsion d'événements fortuits ou délibérés qui permettent à l'individu d'opérer un travail de conscientisation »*. Ce travail « sur soi » peut entraîner la possibilité de transformer des « habitus » impropres ou d'en acquérir d'autres. Rosanvallon (1995, p. 201) développe la même intuition quand il remarque que la faible structuration du récit biographique coïncide avec des situations d'exclusion et la difficulté à définir des projets d'avenir (Guillaume, 1993).

La projectivité engendrée notamment par le sentiment d'autonomie, implique la possibilité de pensées et de décisions personnelles. Ces expressions de l'identité servent parfois à en mesurer le degré de maturité (réduction des dépendances, production propre du système de vie, ...), même s'il ne peut s'agir que d'une tendance maximalisatrice, faite de tentatives d'autonomisation. Car réduire sa dépendance, produire son futur représentent des entreprises qui ne peuvent réussir qu'à la *condition paradoxale* d'accepter l'idée que l'humain est aussi déterminé par son passé (Vassileff, 1992). De fait, Bosma (1994, p. 308-309) ne suggère-t-il pas que l'existence d'une très forte tendance à la projectivité et à l'engagement ne soit pas nécessairement le signe d'une adaptation sociale réelle ? Par ailleurs, tout projet n'est pas nécessairement réalisable ; la pratique clinique montre, quant à elle, que la production de projets fantasmagoriques peut parfois être assimilée à « un mécanisme d'autosabotage » empêchant l'individu de s'investir dans des initiatives réalistes.

Mais on considérera malgré tout que *la projection remplit en général une fonction adaptative par rapport au milieu ;* elle peut évoluer sous l'effet de facteurs endogènes ou exogènes. Le projet peut ainsi constituer un axe d'analyse des attitudes et capacités des jeunes. Il s'agit assurément de l'indice d'un mode d'action sociale qui induit des modalités d'intégration spécifiques (Boutinet, 1990), comme si, sans projets, les acteurs sociaux étaient comparables à des navigateurs sans carte. *La projection peut ainsi être considérée comme une forme d'opérationnalisation de la notion de personnalisation.*

2.2.2 La perspective sociohistorique et culturelle

Bien que le projet puisse être considéré comme un analyseur utile du devenir personnel, il serait réducteur de n'en envisager que le versant ontologique, sans approcher ses aspects influencés par le contexte socioculturel global : le projet connaît également des dimensions familiales, communautaires et sociales.

La notion de projet est complexe : il s'agit d'un compromis entre, d'une part, les aspirations individuelles et, d'autre part, les idéaux parentaux et sociétaux, s'inscrivant les uns et les autres dans un tissu économicopolitique spécifique, favorable ou non (Pourtois et Desmet, 1995). Ce compromis n'est pas toujours réalisable facilement : le projet est donc le lieu de multiples contradictions.

L'analyse de ces diverses dimensions permet d'expliciter les multiples rapports entre les valeurs, le contexte socio-économique et les projets individuels. Ces rapports revêtent une consonance particulière lorsqu'il s'agit d'examiner le parcours des familles immigrées ou issues de l'immigration.

2.2.2.1 *Investissement socioculturel du projet individuel* – Born (1983) rappelle que la société sécrète un projet social et économique pour ses membres. Pour réaliser ce projet, elle impose une normativité sous de multiples formes (à travers la fréquentation de l'école, l'insertion au marché de l'emploi ou l'institutionalisation du mariage, par exemple). De nombreuses recherches (e.a. Géminel, 1988 ; etc.) permettent par ailleurs de montrer que les projets d'avenir sont fortement influencés par l'appartenance sociale et culturelle, ainsi que par les conditions concrètes de vie.

Au niveau groupal, la dynamique de groupe nous apprend qu'une entité humaine commence à exister en tant que collectivité lorsqu'il lui est possible de s'auto-organiser et d'assumer elle-même ses décisions et projets, alors imposés aux membres (Mucchielli, 1994, p. 61).

À un niveau plus particulier, le projet d'avenir personnel peut également être l'objet d'un investissement familial ou communautaire. L'investissement parental, tel que l'envisagent J. P. Pourtois et H. Desmet (1995), s'inscrit dans le cadre du projet qu'élabore toute collectivité humaine à l'égard de ses jeunes. Ce projet correspond à l'ensemble des représentations que les parents et leurs proches se font de l'avenir de leurs jeunes.

Au départ du narcissisme parental, l'enfant est investi de l'amour que les parents portent à un « enfant idéal » auquel ils identifient leur propre progéniture. Ils projettent sur celle-ci – consciemment ou non – les qualités qu'ils voudraient pour leur propre moi ; ils lui proposent donc des objectifs de vie et parfois la mission de réaliser les fantasmes qu'ils n'ont pas pu satisfaire (de Gaulejac, 1987). Le projet que l'entourage a pour l'enfant est parfois déjà inscrit dans le prénom qu'on lui attribue ; ce prénom est souvent chargé d'intentionnalité (Augé, 1994).

Par ailleurs, ce flux d'investissement adulte-enfant rencontre un second mouvement dans le sens inverse enfant-adulte : c'est le cas bien documenté de l'identification aux parents (cf. chap. préc.). Ce double processus identificatoire s'inscrit enfin dans l'histoire familiale qui lui imprime une impulsion pouvant conditionner la trajectoire future du jeune. Ainsi, l'investissement de l'enfant par son milieu immédiat n'est pas qu'un processus affectif, il s'agit aussi d'un projet socio-économique, porteur des aspirations du milieu familial et culturel. Le projet parental véhicule en effet les valeurs, les normes, les « habitus » de la classe d'appartenance. Il tend ainsi à se traduire par la mise en place de stratégies de particularisation ou de normalisation sociales, ancrées dans les conditions de vie et les modèles de réussite propres à chacun des groupes sous-culturels.

Le projet scolaire est un bel exemple qui permet d'illustrer l'articulation complexe autour du rapport au savoir des intentions sociétales, parentales et individuelles. Le projet de scolarité des enfants fait souvent partie des stratégies d'ascension sociale des familles :

- plus on s'assimile à la culture dominante, plus on en intègre le projet scolaire ;
- plus le projet scolaire des familles et de la société sont congruents, plus facilement réussissent les enfants à l'école ;
- plus valorisante est la scolarisation, plus élaborés sont les projets scolaires des jeunes ; etc.

Mais il peut arriver également qu'à titre instrumental, des familles s'approprient uniquement le projet scolaire de la classe dominante, sans en épouser les autres dimensions socioculturelles. Le projet parental est en effet traversé par de nombreuses contradictions : les parents peuvent développer des logiques opposées, les unes poussant à la normalisation, les autres à la particularisation. Selon Vincent de Gaulejac (1987, p. 57), *« leur projet est l'expression de craintes et de désirs contradictoires : crainte que l'enfant devienne comme eux, crainte qu'il soit quelqu'un d'autre... »*. Cet investissement contradictoire impose à l'enfant une double contrainte : celle de réaliser le vœu parental et celle d'échapper à l'image de l'enfant idéal. La situation décrite est susceptible d'engendrer chez l'adolescent culpabilité et conflit identitaire (Rea, 1996, p. 116). Dans des contextes sociaux profondément marqués par la multiculturalité, ces sentiments doublent d'importance et peuvent, le cas échéant, occasionner des développements spécifiques.

2.2.2.2 *Spécificité du projet migratoire* – L'émigration peut être vue comme une des expressions majeures du projet socio-économique familial. Qu'il s'agisse de migrations internes ou de migrations internationales, de nombreuses monographies réalisées dans des régions pourvoyeuses de main-d'œuvre montrent que la décision d'émigrer est souvent une décision orientée collectivement. Celle-ci englobe les dimensions de rupture, de deuil mais aussi le mythe d'un « retour triomphal » (Manço, 2000).

L'analyse économique fondée sur la théorie du capital humain envisage la migration comme un choix d'investissement. Dans cette perspective, la décision d'émigrer rend compte des anticipations par les migrants potentiels de leurs revenus futurs escomptés, qu'ils comparent au revenu effectif dans le pays d'origine. L'estimation du bien-être futur que supputent les migrants incorpore éventuellement les potentialités de promotion de leurs enfants (Feld et Manço, 1994).

Le projet migratoire est en effet motivé par l'aspiration à un bien-être qui fait défaut dans la région d'origine. En ce sens, il instrumentalise un souhait collectif de participation à la modernité, représente une volonté de rupture avec les statuts sociaux assignés par la tradition (Boutinet, 1990). D'ailleurs, le projet migratoire ne concerne directement que les individus les moins conservateurs ou, du moins, les personnes les plus entreprenantes parmi la population potentiellement intéressée. Il concerne aussi les individus dotés de ressources financières, symboliques, communautaires, etc., même si le processus migratoire aboutit souvent à une disqualification sociale en terre d'accueil.

Le projet migratoire intègre indirectement les non-émigrants aussi, dans la mesure où l'émigration et l'idée du retour qui lui est consubstantielle impliquent de multiples retombées économiques et sociales, importantes et durables, pour la région quittée (libération d'emplois, investissements financier et immobilier, initiation d'une chaîne migratoire, transfert de biens technologiques, de compétences, de conceptions nouvelles, processus de modernisation, incidences sur le marché matrimonial, …).

Le travail et les liens socio-économiques mentionnés sont donc les principales causes d'immigration. Le travail, les relations socioprofessionnelles, les mécanismes de solidarité entre travailleurs, etc. sont aussi parmi les principaux facteurs d'intégration et de valorisation dans la société d'immigration (de Tapia, 1995). Ils pèsent lourdement sur les projets particuliers des émigrants.

Il n'est dès lors pas étonnant de constater les différences entre les cheminements, d'une part, des populations ayant fait le choix d'émigrer (même de manière clandestine) et, d'autre part, des groupes contraints à se déplacer (réfugiés politiques, exilés). De la même manière, la situation des migrants qui se décrivent comme des « résidents provisoires » *(permanant sejourners)* et celle des personnes « établies définitivement » *(setlers)* sont différentes (Berry, 1994 ; Camilleri et Vinsonneau, 1996). Les épouses des travailleurs migrants devant suivre leur mari en immigration n'ont pas non plus la même perception de leur vie à l'étranger que leurs hommes (Akhan, 1992). Le projet migratoire influence également le devenir des enfants d'immigrés. Les jeunes issus de l'immigration vivent, pour certains, à travers les projets parentaux d'ascension économique et de retour au pays d'origine, à moins que, comme souvent, l'ambiguïté face aux valeurs représentées par la société d'origine ne vienne se superposer à l'opposition classique adolescents-parents (Rea, 1996, p. 116).

Une approche en termes de cycles migratoires (Feld et Manço, 1994) permet de souligner les divergences de niveau d'aspiration entre parents immigrés et enfants nés en exil. Les parents étaient prêts à accepter des tâches pénibles dans la mesure où un tel choix résultait d'une comparaison entre leur situation dans le pays d'arrivée et leur situation dans le pays de départ. Par contre, les jeunes issus de ces vagues migratoires n'ont pas les mêmes objectifs ni les mêmes références que leurs parents. Leur comparaison s'appuie sur des situations socio-économiques et des motivations différentes. Leur niveau d'aspiration et, par conséquent, l'appréciation personnelle de leur situation professionnelle divergent fondamentalement par rapport à celle de la génération précédente.

En tout état de cause, les jeunes issus de l'immigration ont, semble-t-il, des difficultés particulières à définir des projets personnels, libres des contingences et des aspirations héritées, notamment de leurs parents (Malewska-Peyre, 1985 ; Targosz, 1996). Compte tenu des difficultés d'emploi que, de surcroît, rencontre une large partie de ces jeunes dans la plupart des pays d'accueil européens, les situations de déviance et d'absence de projet d'avenir deviennent des indices préoccupants d'exclusion sociale parmi cette couche de la population (de Tapia, 1995). Nés dans un contexte post-migratoire très différent de ce que leurs parents ont connu, pour ces jeunes il semble urgent de développer un autre rapport plus pro-actif en regard du projet migratoire parental et du contexte sociétal.

3 Des valeurs comme objectivation de l'acculturation

3.1 Définition

Qu'est-ce qu'une valeur ? « Tout ce qui vaut ! » pourrait-on simplement répondre. Une valeur, c'est tout ce que l'on peut aimer, désirer, tout ce qui peut mobiliser, qui mérite attention ou effort … L'approche classique en sciences sociales envisage la valeur morale dans le cadre d'une conception linéaire, l'opposant à la notion d'intérêt matériel. Dans ce cadre, les valeurs constituent un système symbolique et idéologique cohérent et persistant, légitimant les contraintes subies et acceptées lors du processus de conformation sociale (Kuty, 1998).

La lecture constructiviste de la notion de valeur (Abou, 1981 ; Reynaud, 1989 ; Kuty, 1991, 1998 ; Touraine, 1992 ; …) insiste, en revanche, sur les aspects multidimensionnels, fragiles, indéterminés et éphémères du concept, relevant, d'une part, sa nature *dynamique* et, d'autre part, la *conflictualité* inhérente à tout système axiologique. Selon cette lecture, les valeurs sont l'objet d'une rationalisation individuelle et/ou socialisée qui prend la forme d'une recherche de consistance (Moscovici, 1979, p. 133) ; elles interviennent dans la construction identitaire tout autant que les projets, en tant que principes décisionnels, producteurs de sens et sources d'initiatives.

Les valeurs se forgent dans des rapports de force ; elles sont en outre inscrites dans la trame d'une histoire à la fois personnelle et générale. Elles peuvent ainsi être intrumentalisées dans une logique d'adaptation pragmatique, en fonction de projets et d'intérêts particuliers ou collectifs. Selon Kuty (1991, p. 12) qui étudie les processus de production valorielle dans le cadre socioprofessionnel, l'acteur peut individualiser son système de valeurs et l'adapter à la situation de pouvoir, aux contraintes externes, à ses propres aspirations symboliques ou matérielles. Il peut s'identifier à des valeurs nouvelles en fonction de la nécessité de sauvegarder son individualité, sa liberté de choix.

A contrario, Baudier et Céleste (1990) montrent comment la famille et le milieu ambiant « inculquent » à l'individu ses valeurs, ses modèles, ses idéaux, sa culture. *L'enculturation,* la transmission de représentations et de valeurs collectives, permet au sujet de s'adapter à son milieu de vie. Dans son *Jeunes déviants ou délinquance juvénile,* M. Born (1984) montre bien l'importance de l'appartenance familiale et groupale dans l'accès à une reconnaissance et à une valorisation sociales, nécessaires à la constitution d'une identité positive et complète. Les troubles de l'identité psychosociale peuvent être sources de comportements inadéquats, pathologiques ou déviants.

Le *processus d'identification* permet à l'acteur de construire dialectiquement sa hiérarchie de valeurs et de représentations (ce qui est valorisé, toléré, rejeté, ...), en équilibre entre ses besoins de conformité et de différence par rapport à son milieu d'origine. Selon le *Vocabulaire de la psychanalyse* de Laplanche et Pontalis, l'identification est un processus psychologique par lequel le sujet assimile un aspect, une propriété ou un attribut de l'autre et se transforme partiellement sur le modèle de celui-ci. Pour les anthropologues, l'identification constitue le fondement affectif de la participation sociale à travers laquelle l'individu assimile les éléments de la culture et de l'histoire de son groupe et entre en interaction avec son contexte de vie (Mucchielli, 1994).

Si les valeurs imposées par l'éducation et la socialisation sont indispensables pour la cohésion des familles et des communautés, leurs frontières recouvrent rarement l'ensemble d'une société : la spécificité des valeurs prônées par les familles immigrées au sein d'une société d'accueil est, à ce titre, exemplaire. C'est ici que réside la différence essentielle entre le concept de *valeur*, particulière et informelle, et celui de *norme*, règle de conduite formelle se basant en principe sur un « consensus » général (parfois légal) et s'imposant à tous au sein de la société (Gossiaux, 1995).

Toute famille, tout groupe d'appartenance occupe de fait une position particulière au sein de la société (statut socio-économique et culturel) dont dépend – en partie – le système de valeurs qui y sera déployé. Ce système est en relation, parfois concurrentielle, avec les autres systèmes de valeurs disponibles dans la société. Cette interaction donne lieu à l'acceptation, à l'accommodation ou au rejet des valeurs d'autrui : en d'autres termes, elle donne lieu à l'activation du processus *d'acculturation* (Gossiaux, 1995).

Rappelons que pour Herskovits (1952), l'acculturation est l'ensemble des processus d'acceptation, de refus ou de combinaison, nés de la rencontre de cultures. Ces processus annoncent des changements majeurs, selon une dynamique dépendant des rapports de force (Gossiaux, 1995). Ainsi, un repli conservateur comme une assimilation normative, peuvent être des cas particuliers d'acculturation. Mais le plus souvent, c'est à une *« balance intérieure »* qu'aboutit ce processus, dans le chef des acteurs soumis à l'influence de systèmes culturels et identitaires différents (Malewska-Peyre, 1985). *Dans une telle combinaison de conflits et de consensus, l'acculturation devient la synthèse dynamique des valeurs des acteurs sociaux en présence. L'identification à des valeurs peut ainsi être considérée comme une forme d'opérationnalisation de la notion d'acculturation.*

3.2 Comparaison des notions de valeurs et de projets

Le concept *d'acculturation* conduit à considérer un certain type de rapports d'adaptation que les sujets individuels ou collectifs entretiennent avec le monde environnant. C'est par ces rapports dialectiques que les sujets s'ajustent aux *valeurs* de leurs milieux de vie.

Partant des rapports sociaux, la *personnalisation* permet de donner un sens particulier aux actions, discours et attitudes des sujets : la personnalisation est en effet la mobilisation des valeurs collectives à travers des *projets* singuliers. La projection initie un processus cumulatif qui tend à favoriser l'expression d'une part croissante de choix spécifiques. La capacité de projection se présente donc comme la symétrique de la capacité d'ajustement socioculturel. *« L'individu se projette dans son environnement, il prend en lui quelque chose et le 'pro-jette', le jette devant lui, modifiant ainsi la réalité de l'environnement. »* (Vassileff, 1992). Le sujet se pose dès lors comme un acteur social avec lequel il faut compter ; par sa présence, par ses actes, il contribue à transformer son milieu.

Alors que l'adaptation signifie intériorisation et alignement par rapport à un système de valeurs allo-finalisées (par la famille, le groupe d'origine ou encore par la société d'accueil), la projection est donc extériorisation d'un ensemble de projets définis de manière autonome (Rochex, 1992).

Si la capacité d'adaptation socioculturelle est proprement vitale, le devenir des acteurs sociaux ne saurait se réduire simplement à la mise en œuvre de l'acculturation. Car la notion même d'acteur sous-entend la « force » qui habite le sujet et qui le pousse à « prendre sa place dans le monde » : *« S'adapter, c'est survivre mais vivre c'est se projeter »* (Vassileff, 1992).

Pour différents auteurs (Desmet et Pourtois, 1993, 1995), l'adaptation socioculturelle des valeurs procéderait de besoins tels que la consonance cognitive et la sécurité socio-affective, liées à l'inscription de l'individu dans une collectivité particulière. En revanche, la projectivité (proche à certains égards de la notion de responsabilité) semble davantage relever du besoin de se réaliser (Brackelaire, 1995).

Boutinet (1990) montre par exemple, à travers une synthèse de travaux empiriques (p. 89 et suiv.), que la réussite scolaire et l'insertion professionnelle correspondent chez les jeunes à la capacité de définir des projets d'avenir clairs et cohérents. Les travaux de Zeroulou (1985, 1989) vont plus loin et semblent montrer que les familles immigrées sujettes à une ascension sociale sont celles qui mobilisent leurs solidarités et valeurs familliales en fonction d'un projet d'avenir dans le pays d'accueil. Mais le lecteur est en droit de se demander si c'est le projet qui rend la réussite possible ou si c'est plutôt l'inverse qui s'observe. Bien que Boutinet (1990) insiste (p. 174) sur la *primauté des valeurs qui initient les projets en fonction des préférences et des références des acteurs*, on est contraint de constater la réciprocité dialectique entre les notions de valeur et de projet : *la première initiant le second et le second mobilisant la première.*

Il existe ainsi un parallélisme remarquable entre :

- *primo*, l'articulation dialectique des notions de *valeur* et de *projet* (qui contribuent à une définition opérationnelle de l'identité psychosociale)
- et, *secundo*, l'agencement des facultés *d'accommodation* et *d'assimilation* (qui, chez Piaget, permettent de penser le développement ontologique des fonctions sociocognitives).

Ainsi, chez Piaget (1977), le développement résulte de la mobilisation alternée, d'une part, de la capacité à s'accommoder de la pression de l'environnement et, d'autre part, de la capacité à l'assimiler et à agir sur ce dernier.

L'examen des notions de valeur et de projet montre donc qu'il est possible de les considérer comme des *formes d'objectivation potentielles*, respectivement du champ axiologique de l'acculturation et du champ praxéologique de la personnalisation (Boutinet, 1990 ; Gélinas et Picon, 1995). Cet examen permet également de souligner la teneur dialectique des rapports entre ces deux notions.

4 De l'identité comme articulation des projets et des valeurs

4.1 Formation des approches

Qu'est-ce que l'identité ? que sont les identités personnelle et collective ? Ces concepts seront approchés ici à travers trois axes de réflexion :

- la pluralité des identités ;
- la réciprocité des identités ;
- l'ambiguïté des identités.

4.1.1 Identité et identités

4.1.1.1 *Définitions* – À ce stade du développement théorique, il est possible de se satisfaire de la réponse sommaire que J. Berque (1978) donnait à la question introductive : *l'identité personnelle* est l'ensemble des caractéristiques (physiques, psychosociales et culturelles, endogènes et exogènes) que le sujet s'attribue ; *l'identité collective* fait référence aux liens entretenus avec les membres d'une catégorie sociale. L'identité personnelle et l'identité collective sont liées par un rapport étroit, des similitudes de contenu et un mode de fonctionnement parallèle ; elles prolongent la perception des temps passés par les perspectives futures (conception tridimensionnelle de l'identité).

Dans une vaste synthèse, M. Born (1983, p. 88) montre la centralité du concept d'identité psychologique et sociale enrichie par les réflexions de nombreux chercheurs. Parmi ces auteurs, une première partie accorde la primauté à l'influence sociale. Un second groupe de chercheurs se focalise davantage sur la spécificité personnelle de l'individu.

En résumant la synthèse théorique et empirique de Born, on peut dire que l'identité psychosociale est le produit de la dialectique individu-société ; elle est décomposable en deux parties principales :

- Les *valeurs de référence*, empiriquement accessibles notamment par voie de questionnaire sur les normes et les règles de vie portées par l'individu et/ou son entourage (dimension personnelle/collective).
- La *conception de soi* comprenant l'image de soi (dimension passée), les perspectives temporelles futures (dimension future) et le locus du contrôle (dimension transversale : endogène/exogène). Ces dimensions sont également accessibles au moyen, par exemple, d'enquêtes portant sur la représentation de soi, les aspirations et les expectations, ainsi que les projets et le sentiment de maîtrise.

Pour Moscovici (1979) également, l'identité est un ensemble de stratégies, d'opinions et de représentations sociales propres à un acteur ou à un groupe d'acteurs. Elle se trouve à la jonction entre :

- des *projets* à travers lesquels s'expriment les intentions, les pratiques, l'énergie, la force de mobilisation et la personnalité des individus
- et des *valeurs* qui reflètent leurs ressources socioculturelles potentielles.

C'est de la mise en relation des projets et des valeurs que résulte la définition des identités, considérées en tant qu'états, résultats momentanés d'un processus permanent *d'identisation* (Pagès *et al.*, 1992).

S'inscrivant dans cette perspective constructiviste, on propose que la combinaison

- *du processus d'acculturation (approché par l'étude de l'identification à des valeurs)*
- *et du processus de personnalisation (approché par l'étude de l'élaboration de projets)*

soit considérée comme la définition des identités individuelles et collectives.

4.1.1.2 *Modèle* – Dans cette combinaison, les valeurs représentent un potentiel socioculturel riche en informations et ressources symboliques, certes évolutif mais solidement enraciné dans l'histoire familiale et sociale de l'individu (« Qui suis-je ? »). L'appropriation subjective de ce potentiel est plus importante que son contenu culturel objectif (Camilleri, 1991) : un riche potentiel peut être dilapidé, un potentiel modeste, bien investi, peut atteindre un rendement élevé … Les projets sont précisément comme un moteur ou une énergie destinée à mobiliser et à faire fructifier le capital de valeurs, dans un environnement donné (« Où vais-je ? ») (Schwarzenberg, 1977, p. 203-218 ; Dubar, 1991, p. 48-52) : en paraphrasant A. Touraine (1984), on peut dire que les acteurs sociaux sont faits de valeurs et produisent leurs projets.

Pour Camilleri (1991), la *« décision sur ce que nous sommes conditionne ce que nous nous estimons en mesure de devenir ».* Si l'influence des socialisations antérieures (« les leçons du passé ») est importante, l'existence de projets (« les stratégies du futur ») indique, quant à elle, le degré d'autonomie de la personne et l'état de maturité du processus de « négociation interne » portant sur la définition personnelle (Kuty, 1991). Le jugement identitaire est donc indissociable du projet de vie compris comme le plan d'un ajustement social que l'individu se croit capable d'élaborer (Vassileff, 1992).

4.1.1.3 *Propriétés* – La lecture constructiviste du concept d'identité en tant que combinaisons de valeurs et de projets implique au moins trois propriétés importantes :

- *L'identité est un ensemble divisible, combinatoire, multidimensionnel et hétéroclite de représentations sociales mais elle est vécue le plus communément comme un ensemble cohérent et intégré (unité).* Ainsi, l'ensemble identitaire peut se décrire comme un système dynamique (Kaufmann, 204) composé d'une série de cercles concentriques (identité individuelle ou administrative, identité personnelle, appartenances, fréquentations, préférences, identités socioculturelles, sexuelles, régionales, socioprofessionnelles, identité(s) nationale(s), identités supra-nationales, ...) dont certains correspondraient à des identités périphériques, publiques, ouvertes vers l'extérieur, nominales, voire imposées, tandis que d'autres constitueraient ce que l'on pourrait appeler les « noyaux identitaires centraux ou volontaires », le « privé » en somme, garant des valeurs et des affects fondamentaux de l'individu (Claes, 1986, p. 161). Ces pôles identitaires s'équilibrent dans un rapport de force et sont sous l'influence des effets exogènes. Cette pluralité est cependant intégrée par l'individu comme une *unité de sens*. Dans ce processus de synthèse, le moi joue le rôle d'une instance centrale. Les divers registres ou modes de l'identité sont interconvertibles et interconnectés : des relations de compensation permettent la régulation et la cohésion de l'ensemble. L'identité donne à l'être sa confiance et le sentiment d'être socialement valorisé. Elle lui permet de s'ériger en tant qu'individu doué de sens et différent des autres (Erikson, 1972 ; Berque, 1978 ; Camilleri, 1991).

- *L'identité ne peut se définir qu'en rapport avec une certaine temporalité (continuité).* Le présent n'est qu'un « moment » dans la synthèse identitaire permanente (Lipiansky, 1990). Le fait identitaire évolue le long d'un continuum temporel reliant le passé au futur, les limites de cette ligne du temps n'étant d'ailleurs pas nécessairement fixées par la naissance et la mort d'un individu en particulier. La définition de la notion d'identité en tant qu'articulation des valeurs et des projets personnels est de nature à souligner la nécessaire double référence identitaire : enracinée dans et interprétant le passé *et* s'élançant vers l'avenir (Camilleri, 1991). L'identité est construite à travers les projets d'avenir et l'histoire intime : la mémoire et l'attente se conjuguent dans la vision du moi et du monde des temps présents (Brackelaire, 1995).

- L'identité est absolument contrainte de se transformer sous l'effet des contextes changeants et de la comparaison à autrui (mutabilité). Si l'identité est bien l'expression d'une continuité à travers le temps, l'espace et les multiples dimensions de la vie, elle est sujette à des altérations sous l'effet de facteurs divers. Ces transformations se traduisent par des processus de construction-ajustement rapides et circonstanciels, dynamiques et dialectiques, agissants et rétro-agis (Born, 1983 ; Camilleri, 1991 ; Mucchielli, 1994). Il s'agit d'une intégration négociée entre pluralité et unité, différenciation et reproduction, autonomie et conformité, soi et autrui, futur projeté et passé idéalisé (Berque, 1978 ; Claes, 1986).

Il existe une organisation hiérarchique entre les diverses parcelles d'identité où les noyaux identitaires les plus centraux, largement initiés dans l'identification précoce aux parents, sont considérés comme premiers, leur transformation, si elle reste possible, elle nécessite plus d'énergie que les noyaux les plus tardifs et les plus superficiels de l'identité socioculturelle. Du reste, l'image que laisse derrière lui un homme ou une femme, ce qui incontestablement fait partie de son identité, non seulement lui survit mais reste encore susceptible de mutations à travers le regard et l'interprétation d'autrui.

4.1.2 Identité et altérité

Le besoin de rompre l'isolement et la nécessité d'instituer des relations sont à l'origine de l'organisation dualiste de l'interaction sociale. Ce *« principe de réciprocité »*, comme le nomma Claude Lévi-Strauss (1962), est fondateur d'identités complémentaires. Pour l'anthropologue M. Mauss également la réciprocité est un facteur important de structuration et de cohésion des sociétés. Qu'elle soit directe, indirecte, équitable ou non, elle intervient également dans la structuration et l'équilibre des identités individuelles. Martucelli (1996) qui insiste ainsi sur le caractère *« réactif »* de l'identité fait montre d'une lecture plutôt conflictualiste du phénomène identitaire, vision quelque peu différente de l'approche structuro-fonctionnaliste. Mais le principe qu'il définit reste comparable : aux deux pôles de l'interaction sociale, les protagonistes sont associés dans une sorte de « jumelage », chacun n'existant que par rapport à l'autre.

La dialectique autonomie-reproduction ou rejet-fusion est un des problèmes fondamentaux de la théorie de l'identité. Freud et Erikson rappellent à leur manière que tout processus identitaire se construit au moyen des mécanismes d'accommodation et d'assimilation qui comportent un va-et-vient permanent entre imitation et distanciation : *« Le problème de l'identité personnelle qui est en partie le problème du positionnement de sa valeur sociale par rapport à autrui significatif qu'il faut à la fois imiter et maintenir à distance, recoupe le dilemme humain fondamental de la recherche de la bonne distance affective »* (Mucchielli, 1994, p. 60).

Dans les termes d'Henri Wallon, l'identité se construit dans la rencontre soi-autrui où l'expérience de la différence remplit une fonction constitutive du moi (Massonat, 1990). La question de l'altérité apparaît ainsi inexorablement liée à la notion d'identité. Celle-ci ne peut se définir que par une approche comparatiste : il ne saurait être question d'identités sans différences (Augé, 1994, p. 161). Les fractures de la société forment un univers structuré par ce que Tajfel (1982) et Turner (1982) ont appelé la *« catégorisation sociale »* (voir également Corneille et Leyens, 1994, p. 41 et suivantes). Pierre Bourdieu (1984) a, quant à lui, bien montré que les dynamiques identitaires s'inscrivent dans un champ où les positions respectives des acteurs sont définies à travers un jeu de forces qui attirent certaines catégories et en repoussent d'autres, permettant à chacun de se positionner et de *se distinguer socioculturellement* (Pagès *et al.*, 1992) : construire une identité, c'est affirmer une part de différence significative.

Goenes da Silva (1989, p. 33 et p. 40) suggère en conséquence de lier les problématiques de l'ethnocentrisme et du refus de soi : ces problématiques délimitent précisément le champ où s'élaborent les mécanismes de l'identité. Selon l'auteur, l'ethnocentrisme est toujours contrecarré par le refus d'un rapport d'exclusivité à soi-même. L'ethnocentrisme ou l'endofavoritisme imposent le seuil au-delà duquel les relations sociales sont jugées non pertinentes, là où le renoncement à soi constitue le point d'origine de tout rapport social. *C'est donc le refus des similitudes et des différences excessives qui rend possible le subtil jeu des identités.*

Ainsi, l'identité n'est ni un rapport réflexif à soi, ni l'appropriation exclusive des propriétés d'autrui. Elle naît de l'interaction sociale : c'est en s'orientant simultanément vers les deux pôles (soi-autrui) de cette interaction que l'identité se construit dans sa double dimension psychosociale et contribue à la reconstruction du champ dans lequel elle se déploie – les modalités de fonctionnement des versants psychologique et sociologique des mécanismes identitaires étant par ailleurs isomorphes.

4.1.3 Identité et ambiguïté

L'identisation est un processus de différenciation sociale, un phénomène relationnel non-substantiel, même si ce processus puise une partie importante de sa matière première dans des ressources symboliques disponibles, à savoir les traits socioculturels hérités des appartenances (Hily, 1994) : l'identité est le produit d'une manipulation du passé au service de l'avenir.

Des auteurs interactionnistes américains comme Goffman (1975) définissent l'appartenance identitaire comme une « affaire symbolique ». Loin de figer la notion, ils montrent qu'il s'agit d'une réalité qui peut prendre des formes différentes en fonction des espaces et des circonstances où elle s'exprime. Les lieux et le temps constituent deux paramètres importants de son expression et de sa forme ; il ne saurait être question d'identités absolues. L'appartenance n'assigne pas une identité « à résidence » : ce qui doit surtout attirer l'attention, c'est le processus de production de différences et non la naturalité de l'identité (Rea, 1996, p. 119).

Carmel Camilleri (1991) et Lè Thành Khôi (1992) pourraient convenir, malgré les nuances qui différencient leurs points de vue respectifs, que concevoir l'identité comme potentiellement manipulable par des stratégies impose une vision philosophique selon laquelle l'humain n'adhère d'aucune manière à une nature substantielle inéluctable. Il peut se détacher de ses multiples caractéristiques premières, les transformer, les reconstruire ou encore participer à des identités nouvelles.

Mais le processus de construction identitaire connaît des limites : l'homme n'est qu'un « quasi-acteur » ; doté d'une épaisseur sociohistorique, il est partiellement orienté notamment par la partie inconsciente de sa subjectivité. La production du sentiment identitaire est ainsi en relation avec l'histoire de l'individu. Si elle suppose une certaine flexibilité qui peut parfois aller jusqu'à imposer des ruptures partielles avec le passé personnel, la production de l'identité nécessite également que soit préservé un certain degré de constance : le sentiment de continuité et d'unité psychologique est à ce prix.

La dynamique des structures identitaires est donc à tout moment une synthèse entre deux ou plusieurs pôles, réalités ou logiques, selon les situations problématiques rencontrées et qu'il est impossible d'éviter. Cette équilibration entre différents codes impose inéluctablement un respect de chacun de ces codes, qui ne peut au mieux être que relatif. Ce fait contribue à diminuer l'importance pour l'individu de chacune de ces logiques, nonobstant le discours « d'authenticité » ou « d'intégrité » qu'il peut tenir. Face à des situations de dissonance, soit l'individu se met en cause, s'accommode et transforme partiellement sa structure identitaire, soit il tente de la faire accepter, valoriser et imposer à autrui. Mais le plus souvent, les stratégies employées aboutissent à des « compromis identitaires ».

La nature stratégique du concept d'identité qui accentue l'ambiguïté de son expression n'a pas échappé aux chercheurs, à commencer par Erik Erikson (Malrieu, 1980, p. 39 ; Claes, 1986, p. 159). De plus, la notion d'identité possède un caractère idéologique : il n'est pas possible de l'observer sans passer par la médiation d'un quelconque processus d'expression. Ainsi, l'élasticité et l'ambiguïté des identités personnelles et collectives impliquent, dans toute analyse de discours, la nécessité d'identifier « le moi » à travers lequel s'exprime effectivement l'acteur social.

G. Verbunt (1996) a par ailleurs bien montré l'impossibilité de « personnifier » les identités collectives. Chaque membre d'une collectivité ne peut adhérer totalement à l'ensemble des traits culturels qui la caractérisent, pour autant qu'on puisse les fixer. Une appartenance ne peut jamais être inconditionnelle parce que chaque individu est membre tout à la fois d'une multitude de groupes, générateurs de parcelles d'identités différentes. Une identité individuelle est toujours une combinaison unique d'identités collectives diverses.

L'expérience migratoire offre évidemment un observatoire de choix pour l'appréhension de ces phénomènes que l'on peut appeler l'ambiguïté identitaire. Mais le contact des cultures « différentes » est loin d'être le seul facteur pouvant expliquer cet état de tension dialectique qui caractérise le sentiment identitaire, si bien que l'on est en droit de se demander si pareil mode de fonctionnement « en spirale » n'est pas tout simplement l'état ordinaire du phénomène d'identité (Verbunt, 1996). Touraine (1992) plaide ainsi pour l'ambivalence de la conformité à la tradition et insiste sur l'impulsion créatrice des « problèmes d'identité » qui poussent l'individu vers une réappropriation dynamique de son histoire. Ce qui semble dès lors problématique, c'est précisément de ne pas avoir de « problèmes d'identité » !

4.2 Théories de l'identité

Cette analyse développera une lecture chronologique des théories et insistera sur les apports récents des chercheurs constructivistes.

4.2.1 Erikson et la théorie de l'identité du moi

Si Wallon, notamment, est parmi les psychologues de la première moitié du XXe s. à avoir permis des avancées fondamentales en matière d'approche de l'identité, Erik Erikson (1972, trad. fr.) est, quant à lui, le premier à avoir placé explicitement le concept d'identité personnelle au centre de sa réflexion sur le développement humain. À ce titre, Erikson peut être considéré comme l'instigateur de la plupart des développements actuels concernant la notion d'identité (Tap, 1980, p. 7).

Ce sont une réflexion autobiographique, une pratique psychanalytique et des recherches anthropologiques entreprises auprès des Amérindiens des États-Unis qui sont à l'origine du développement du concept d'identité chez Erikson. Ces travaux mènent l'auteur vers la prise de conscience de l'importance du sentiment identitaire dans l'équilibre psychosocial de l'individu. Les observations réalisées dans les réserves sioux, par exemple, montrent que l'indigène « parqué » dans des conditions dramatiques, qui lui imposent de « balayer » tout simplement son passé de nomade et de chasseur, se trouve dépossédé des éléments nécessaires à la formation d'un sentiment d'identité collective et est empêché d'accéder à un statut d'être social unique et autonome.

Une autre recherche à caractère ethnologique menée auprès des Yuroks permet à Erikson de formuler ses intuitions à propos des relations entre, d'une part, l'identité individuelle et l'identité collective et, d'autre part, la notion d'identité et le développement psychosocial. L'auteur montre qu'à chaque étape de la vie correspond une « réponse culturelle » dont l'objectif est de construire un individu qui puisse s'adapter à la société, de réconcilier les contradictions et de permettre l'émergence d'un sentiment d'intégrité (Erikson, 1972).

En insistant sur la notion du développement de l'identité (psychosociale), Erikson innove en bien des points la conception psychologique classique de l'identité, alors essentiellement considérée comme une réalité collective et stable. L'approche normativiste de la question de l'identité qui fut dominante jusqu'à la fin des années '60 associe en effet identité et conditionnement par les structures historico-culturelles générales visant à garantir la cohésion de la société (Dubar, 1991). Claes (1986) rappelle notamment que Freud n'utilisait le concept d'identité que pour se référer à l'appartenance ethnique, religieuse et culturelle.

Le point de vue d'Erikson s'appuie sur les principales propriétés de la notion d'identité individuelle (Claes, 1986, p. 161 et suiv. ; Bosma, 1994, p. 291 et suiv.). La constitution de l'identité se fonde, selon Erikson, sur le sentiment d'un moi qui entraîne un passé et qui s'engage vers le futur. L'identité du moi réunit au sein d'une unité psychologique fonctionnelle les éléments qui organisent la personnalité. Elle se réfère à l'interface entre les processus individuels et sociaux. La notion d'identité implique enfin une élaboration, une construction jamais achevée du moi, de sorte que l'unité du moi n'est jamais à l'abri de crises, de replis défensifs ou encore de sursauts synthétiques. Ainsi, à la différence de la plupart de ses prédécesseurs, la théorie de l'identité psychosociale d'Erikson (1972) fait référence à une représentation dialectique du moi qui englobe tant ses aspects normaux que pathologiques. L'auteur insiste sur la fonction adaptative de l'identité qui permet de garantir le sentiment de persistance au-delà des ambiguïtés que ses expériences imposent à l'individu. L'identité du moi rend ainsi possible la médiation entre les évolutions internes et externes à l'individu et permet la solidarité avec les idéaux et aspirations du groupe d'appartenance.

Pour Erikson (1972, p. 163), le sentiment optimal de l'identité est tout simplement une sensation de bien-être dans son corps et dans sa tête. L'identité optimale permet à l'individu de savoir où il va et l'assure d'une reconnaissance de la part d'un entourage significatif.

Malgré la puissance de l'approche qui offre un modèle évocateur de l'identité, le point faible de la théorie d'Erikson est sans doute son aspect surtout spéculatif : on ne dispose toujours pas d'une méthodologie suffisamment efficace pour traiter de la problématique de l'identité psychosociale. L'approche d'Erikson s'accompagne, du reste, d'un pari moral d'optimisme et d'harmonie qui risque de dissimuler la réalité de la dialectique identitaire en gommant, par exemple, l'importance des conflits psychosociaux.

4.2.2 Tentatives d'objectivation de la notion d'identité

À partir de la moitié des années '60, des psychologues américains et européens ont tenté de développer des instruments psychotechniques visant à évaluer et à mesurer le sentiment d'identité et son évolution au cours de la vie. Une partie importante de ces recherches ont comme point de départ la théorie de l'identité du moi d'Erikson. Les investigations contemporaines sur la notion d'identité se regroupent autour de trois méthodes principales, à savoir (Bosma, 1994) :

- les enquêtes par questionnaire,
- les tests autodescriptifs,

- l'interview clinique semi-dirigée.

4.2.2.1 *J. Marcia* – Partant des conceptions psychodynamiques d'Erikson, plusieurs auteurs ont ainsi permis des avancées méthodologiques importantes dans l'étude des processus identitaires. Parmi ces chercheurs, *J. Marcia* est sans doute à l'origine des travaux qui ont le plus influencé la recherche psychologique actuelle sur l'identité, en particulier à l'adolescence (Claes, 1986).

Marcia évalue le sentiment identitaire au moyen d'une méthode relativement simple, recourant à de brèves interviews ouvertes semi-structurées ; l'auteur se veut explicitement proche du modèle théorique et de la terminologie d'Erikson. Pour Marcia (1980), l'identité se définit comme une structure interne et dynamique composée de pulsions, aptitudes, croyances et de valeurs. L'opérationnalisation du concept de l'identité repose chez J. Marcia sur un groupe de présupposés théoriques et méthodologiques majeurs (Claes, 1986, p. 176-177) :

- L'identité est représentée comme une structuration progressive de la personnalité qui émerge sensiblement dès la période de l'adolescence.
- L'identité est un sentiment subjectif accessible au sujet par introspection.
- La structure identitaire est dynamique ; ses contenus, son organisation sont flexibles dans le temps.
- Enfin, si le sentiment identitaire est multidimensionnel, à un niveau empirique minimal, l'identité personnelle recouvre *l'implication dans une orientation sexuelle, l'adoption d'une position idéologique ou valorielle et le choix d'un projet socioprofessionnel* (Marcia, 1980).

La méthode d'évaluation de l'identité de Marcia permet de classer les individus (adolescents et jeunes adultes) selon quatre catégories (ou statuts identitaires) définies par le croisement de deux critères opérationnels (Bosma, 1994) :

- Le premier critère est la présence ou l'absence *de décisions et de projets* quant à la définition autonome de soi et du devenir propre. Ces décisions sont prises à l'issue d'une période de crise et de questionnement. Cette exploration d'alternatives est un indicateur du travail d'intégration que le moi effectue pour parvenir au sentiment d'identité.
- Le second critère est la force ou la faiblesse *de l'investissement affectif, de l'implication morale et l'engagement cognitif*, indices de l'organisation fonctionnelle de la personnalité. Les engagements correspondent aux préoccupations du sujet, ils ont une signification sociale et fournissent à l'individu une définition de ses *valeurs*.

Les quatre statuts d'identité de Marcia *(identity status)* obtenus par le croisement des deux critères sont les suivants (cf. Claes, 1986 et Bosma, 1994) :

- *L'identité réalisée (présence de décision et forte implication).* L'individu (jeune) classé dans cette catégorie a su dépasser une période critique de remise en question et a su s'engager dans la préparation d'une vie professionnelle et affective guidée par des choix autonomes. Il a effectué une réévaluation de ses attachements de l'enfance et a su se démarquer des attitudes parentales pour réaliser sa propre spécificité.

- *Le moratoire identitaire (orientation vers une décision et implication mitigée).* La personne classée sous ce type est en quête identitaire ou en devenir : elle est en pleine période critique de questionnement-exploration et s'oriente vers une décision imminente quant à la nature et à l'intensité de ses projets terminaux. La confrontation entre modèles identitaires qu'elle subit la poussent vers des investissements mitigés dans diverses zones ou domaines (vie affective et professionnelle, valeurs idéologiques). Elle ajuste et construit des compromis successifs entre ses propres attentes et les attentes sociétales ou parentales.

- *L'identité forclose (absence de décision et implication forte).* La personnalité forclose ne s'attribue pas un pouvoir décisionnel dans l'orientation de ses choix. Pourtant, elle semble tout de même concernée par son activité future et son inscription idéologique : par ses fermes engagements, elle confirme ses croyances et attachements premiers, tâche de réaliser ce que les autres (parents, autorités, ...) ont prescrit pour elle (sur-conformisme).

- *L'identité diffuse (absence de décision et implication faible).* L'identité diffuse correspond à un état apathique caractérisé par une absence de recherche personnelle et une absence d'engagement dans les zones professionnelle, affective et idéologique.

Le modèle des statuts identitaires de J. Marcia a suscité un intérêt certain dès le début des années '70. Ainsi, un nombre important de recherches en psychologie de l'adolescence ont tenté d'établir des relations entre ces statuts identitaires et diverses caractéristiques de la personnalité comme le fonctionnement cognitif, les attitudes sociales, etc. (Bosma, 1994, p. 295). Les résultats de ces recherches montrent en premier lieu (Claes, 1986, p. 179) une estime de soi plus positive, un degré d'autonomie et d'intro-détermination plus amples, des choix valoriels plus libertaires dans le chef des jeunes inclus dans les catégories « identité réalisée » ou « moratoire identitaire », comparés à des jeunes des classes « forclose » et « diffuse ». Par contre, les jeunes « forclos » connaîtraient un plus faible degré d'anxiété et une satisfaction subjective plus affirmée par rapport à la scolarité que les jeunes en situation de « moratoire identitaire ». Issus de familles conservatrices et autoritaires, les jeunes « forclos » seraient rassurés par cette attitude éducative ; les jeunes « en moratoire » ou les jeunes à « identité réalisée » nourriraient, par contre, des sentiments plus nuancés et ambigus par rapport à la tradition familiale. Le cas des jeunes à « identité diffuse », enfin, semble prendre sa source dans les sentiments d'exclusion et d'incompréhension que ceux-ci ont tendance à véhiculer.

Si une autre ligne de recherches s'est intéressée aux aspects développementaux de l'identité, la comparaison des sujets classés sous divers statuts identitaires d'un point de vue socioculturel ou interculturel fut rare (Phinney, 1990) ; la plupart des recherches ont été menées auprès de petits échantillons de lycéens ou d'étudiants universitaires américains, bien qu'un élargissement des recherches vers de jeunes adultes (travailleurs) ait également eu lieu (Bosma, 1994).

En Europe, à la différence des États-Unis, les recherches sur les statuts d'identité sont peu nombreuses. Bosma (1994), dans la synthèse qu'il a consacrée au sujet, fait état de plusieurs recherches néerlandaises : elles tentent d'étudier le statut identitaire dans son rapport à l'environnement familial, à la maturation vocationnelle, à la solitude, à la solidarité, etc. Elles envisagent, dans certains cas, des stratégies d'investigation longitudinales et des comparaisons transculturelles.

Malgré la popularité de ce modèle, les statuts d'identité de Marcia apparaissent comme une catégorisation relativement rigide d'une réalité extrêmement complexe, progressive et diversifiée. Les statuts identitaires sont par exemple définis à travers des perspectives socioprofessionnelles, affectivosexuelles et idéologiques marquées par la présence de stéréotypes socioculturels. Plusieurs auteurs se sont ainsi demandé si ces orientations biaisées culturellement et sexuellement, ainsi que par rapport à l'âge, ne rendaient pas discutable la validité du modèle en ce qui concerne l'étude de populations féminines, non-occidentales, pré-adolescentes, etc. (Bosma, 1994, p. 295).

Le terme « identité réalisée » évoque par ailleurs un aboutissement, un arrêt du développement identitaire. Le terme « moratoire identitaire » est lui aussi trompeur et peut susciter une compréhension péjorative de la notion (ajournement, attente inactive, gel, ...). Alors que les personnes classées sous cette dénomination semblent au contraire être à l'origine d'une activité identitaire intense, afin de créer les conditions psychologiques des compromis positifs entre attentes divergentes. Loin d'être une étape préliminaire unique avant une prétendue réalisation finale, cette effervescence identitaire ne reflète-t-elle pas, en fait, l'état ordinaire du sentiment d'identité ?

Cependant, le travail de Marcia a le mérite de montrer que c'est essentiellement le premier critère de l'identité (c'est-à-dire la présence ou l'absence d'orientations autonomes et d'une période de questionnement) qui se révèle être discriminant par rapport au devenir des jeunes examinés. Des recherches françaises et belges dans le domaine de la socialisation professionnelle présentées par Francq et Maroy (1996) lient également l'insertion socioprofessionnelle des jeunes à la ré-appropriation des résultats d'expériences positives ou négatives en fonction d'orientations stratégiques. Ces dernières n'ont d'existence qu'à travers la définition de projets d'avenir originaux (p. 182). En effet, si le projet est un pur produit de la socialisation elle-même (situation de forclusion), il ne peut jouer un rôle directeur dans la construction d'une identité autonome. En revanche, si le projet est produit par l'agent (situation de réalisation identitaire), alors il peut conduire à une manière singulière de s'approprier le monde et de créer une identité et un contexte d'intégration propres.

4.2.2.2 *P. Weinreich – Peter Weinreich* (1989) est parmi les chercheurs qui ont tenté de développer des approches empiriques alternatives à l'étude de l'identité par Marcia. Sa démarche est comparative et la focalisation concerne explicitement les identités ethniques et culturelles des jeunes, en général, et des jeunes issus de l'immigration, en particulier. Weinreich se réclame d'une psychologie culturelle de l'identité nationale qu'il tente d'étudier dans des contextes d'acculturation variés afin d'en mesurer les transformations structurelles et conjoncturelles *(situated identities).* Il réalise ainsi une jonction ambitieuse entre, d'une part, des travaux ethnologiques et sociologiques sur la théorie de l'ethnicité et, d'autre part, les apports des psychologues de la personnalité, qu'ils soient représentatifs d'un courant psychodynamique ou d'un courant plus proprement constructiviste.

Dans l'approche de Weinreich (1989), l'identité est pensée comme composée de dimensions bipolaires, opposant les aspects cognitifs aux aspects affectifs. L'auteur propose que soit envisagé un lien entre les connaissances, les croyances, le style cognitif et l'image de soi chargée d'affectivité. L'équilibration entre les pôles de l'identité est envisagée comme la résorption d'un état de dissonance cognitive.

À partir de la période de l'adolescence, l'individu finalise le développement de son sens de l'autonomie et du temps. Ces deux orientations deviennent les principales dimensions de ses relations à autrui. Lorsque surgissent des conflits de type identitaire, les identifications potentielles permettent de dépasser les tensions par l'accès à des constructions synthétiques et nouvelles. Les jeunes développent des stratégies variées et ne disposent pas des mêmes potentialités, en fonction notamment de la teneur de leur *self-image*. La construction identitaire en est nécessairement influencée.

Au départ de questionnaires et d'échelles de *self-concept* appliqués à des échantillons composés de jeunes autochtones et de jeunes issus de l'immigration dans les pays européens, Weinreich (1989, p. 41 et suiv.) aboutit à une typologie identitaire plus complexe que celle proposée par Marcia. Ainsi, *l'image de soi,* le premier critère de la typologie, est définie en termes de positivité et de négativité, ces deux pôles étant séparés par une catégorie intermédiaire. Le second critère de la typologie, indépendant du premier, *la structuration cognitive,* est lui aussi appréhendé en trois termes : une structuration souple, une structuration forclose et une structuration intermédiaire, douée d'une souplesse modérée.

Le croisement de ces deux critères permet de définir plusieurs types d'identité que l'on peut résumer comme suit :

- Une « organisation cognitive souple » ou « modérément souple » et une image de soi positive (ou plus ou moins positive) donnent lieu à une identité en devenir, ouverte aux possibles et essentiellement confiante.

- En revanche, une « organisation mentale souple » ou « modérément souple » accompagnée d'une image de soi négative donne lieu à une crise de confiance aiguë.
- Une structuration cognitive forclose accompagnée d'un *self-concept* positif forge une identité défensive, extrême et agressive contre les autres.
- L'identité produite par les personnes forcloses et ayant une image de soi négative ou modérément négative est également qualifiée d'agressive mais, ici, l'agressivité est tournée contre soi.
- Enfin, une image de soi en « demi-teinte » et une structuration cognitive intermédiaire entre la souplesse et la forclusion correspondent à une classe identitaire indéterminée, propre aux sujets les plus jeunes qui peuvent, sous l'effet « d'accidents » sociaux, culturels ou politiques, évoluer vers les autres classes de la typologie.

L'utilisation du modèle de Weinreich auprès de jeunes issus de l'immigration turque et balkanique en Suède (Liebkind, 1989, p. 237 et suiv.) a permis notamment de dégager quelques conclusions intéressantes. On constate ainsi que l'expérience du racisme, du dénigrement et de la discrimination peuvent occasionner, parmi les jeunes membres de minorités issues de l'immigration, une dégradation du *self-concept* et des images parentales, ce qui, selon le modèle présenté, peut déboucher vers des synthèses identitaires problématiques et un manque de confiance. Un autre constat est que la référence à la « culture d'origine » ne disparaît pratiquement jamais parmi les jeunes de la seconde génération. Même les jeunes dont la structuration mentale est « souple » conservent de nombreux éléments identitaires hérités de leur communauté d'origine, pour autant que celle-ci se solidarise et s'organise en fonction d'objectifs socioculturels. Certaines études combinant diverses approches de l'identité, dont celle de Weinreich (Lange, 1989, p. 169 et suiv.), montrent que la communauté turque de Stockholm (communauté socioculturellement organisée) permet aux jeunes issus de l'immigration d'aboutir à une clarification identitaire plus rapide que celle des jeunes (ex-) yougoslaves, membres d'un groupe national éclaté. La clarification des sentiments identitaires par rapport aux traditions du groupe d'origine semble avoir un effet facilitateur quant à la définition de liens de proximité avec la société d'accueil.

Plusieurs aspects de la modélisation de Weinreich sont méritoires. Au-delà de l'originalité des applications aux publics issus de l'immigration en Europe, cette typologie, à la différence de celle de Marcia, inclut d'office des dimensions comparatives, sociales et développementales qui la rendent sans doute plus générale. Les liens entre des catégories socioculturelles (structuration cognitive) et psychodynamiques (image de soi) sont également parmi les aspects appréciables du modèle ; ils permettent de différencier, à un niveau individuel, l'identité idéalisée de l'identité vécue réellement. Mais une confusion de statut entre les identités collectives et les identités personnelles peut néanmoins surgir.

Le modèle proposé par Weinreich a été critiqué pour sa complexité peu propice à une opérationnalisation. Par ailleurs, la description « extrême » des types dégagés par Weinreich pose question sur le caractère « forcé » de cette catégorisation. En effet, le processus de négociation identitaire est peu apparent à travers la démarche de l'auteur. Aussi peut-on suggérer de compléter la méthode par des investigations sociologiques sur les groupes étudiés.

4.2.2.3 *C. Dubar* – L'approche de la question de l'identité socioprofessionnelle par *Claude Dubar* (1991) semble partiellement correspondre à cette suggestion. Les travaux de Dubar proposent une synthèse des fondements de la pensée constructiviste appliquée à l'étude de l'identité. L'approche de l'auteur intègre les conclusions de nombreuses recherches dans le domaine de la socialisation professionnelle. Dubar, qui s'inspire également de la théorie de l'identité du moi d'Erikson, considère l'identité sociale comme *« un espace-temps générationnel »*, une construction recommencée à chaque génération, à partir d'éléments hérités et d'un contexte donné. Elle est l'expression d'une dualité et d'une articulation entre deux types d'identités individuelles (Dubar, 1991, p. 116 et suiv.) :

- Une identité *biographique* ou ontologique, « pour soi », produit d'un conditionnement sociohistorique et d'une transaction subjective (soi-soi), faite d'actes d'appartenance revendiqués, expressions d'un équilibre entre identités héritées et identités idéalisées, entre reproduction déterministe et production émancipatrice, entre continuité et rupture. Somme cumulée et pondérée d'identifications et de normes disponibles, valorisées et jugées protectrices, elle correspond à la question : *« Quel type de personne voulez-vous être ? »*.

- Une identité *relationnelle* ou pragmatique, « pour autrui », produit d'une interaction objective (soi-monde), faite d'actes d'attribution, expressions d'un équilibre entre identités assumées et identités refusées, entre reconnaissance et conflit. Une somme cumulative d'identifications à des institutions ou à des catégorisations jugées structurantes, permettant de légitimer et valoriser, dans un espace donné, les représentations, l'expérience, les compétences et la personnalité de l'individu. Elle répond à la question : *« Quel type de personnage dit-on que vous êtes ? »*.

Cette *double transaction identitaire*, biographique et relationnelle, est, selon Dubar, constitutive de l'insertion sociale et professionnelle : en effet, l'individu a constamment à ajuster son identité personnelle à la teneur de ses expériences sociales actuelles et expectées, grâce au processus d'équilibration sous-tendu par la dynamique piagétienne d'assimilation-accommodation.

L'analyse d'une quinzaine de travaux sociologiques effectués en France entre 1968 et 1990, dans le domaine de la formation et de l'insertion socioprofessionnelles, permet à Dubar (1991, p. 256 et suiv.) de définir une typologie empirique des formes élémentaires de l'identité au travail. Selon cette typologie à quatre termes, l'identité socioprofessionnelle est une expression combinatoire obtenue par le croisement des formes d'identités personnelles.

4.2.3 Tentatives d'articulation des notions d'identité personnelle et d'identité collective

4.2.3.1 *Introduction* – Il est communément admis que l'identité « psychosociale » soit le produit dialectique de vecteurs endogènes (notion de « *self* ») et d'effets exogènes qui prennent leur source dans l'organisation de la société (notion d'influence sociale). Mais il n'en a pas toujours été ainsi : l'apparition de la notion d'identité est, en effet, historiquement liée à l'émergence des questions nationales en Europe (Azzi, 1996). Aussi, de manière traditionnelle, l'étude de cette notion est envisagée à travers des approches globalisantes telles que l'histoire sociale, l'anthropologie culturelle ou encore la sociologie politique (Jacquemain *et al.*, 1994).

C'est à Erikson que l'on doit l'application de la notion d'identité à l'individu et à son développement psychique (notion d'identité du moi). Par conséquent, l'opérationnalisation du concept d'identité par les psychologues généticiens, dans les années '70 (sous le leadership de Marcia) semble avoir davantage insisté sur le versant individuel de la construction identitaire que sur son versant social.

En France, la publication des textes proposés au séminaire multidisciplinaire sur l'identité, dirigé par Claude Lévi-Strauss (1977) et celle des actes du colloque de Toulouse sur la production et l'affirmation des identités (Tap, 1980) ont contribué à clarifier le débat entre les tenants de l'investigation dans le domaine des identités collectives et les spécialistes des identités individuelles. Mais n'est-il pas illusoire de s'attendre à ce qu'une discipline ou théorie puisse clairement et indiscutablement distinguer la part personnelle de la part collective de l'identité, tant ces entités paraissent inextricablement liées l'une à l'autre ? Ainsi :

- pour le *psychologue*, l'identité personnelle correspond au sentiment de rester égal à soi-même dans le temps et dans l'espace : il s'agit d'une fonction psychologique grâce à laquelle se maintient, se spécifie et se valorise le moi. C'est notamment à travers les relations à autrui et à travers le recours à des parcelles d'identités collectives que peut se définir le moi individuel (Société ⏩ Individu) (Tap, 1980 ; Malewska-Peyre, 1982) ;
- pour le *sociologue*, il s'établit, en revanche, un mouvement symétrique entre identité personnelle et identité collective. Cette dernière fédère et mobilise la faculté de changement des acteurs individuels qui tentent, à travers ce support collectif, de transformer la définition sociale de leurs identités personnelles. Les acteurs individuels ont cependant peu de chances d'être valorisés si leur identité collective est dépréciée. En conséquence, l'identité collective doit être considérée comme bien plus qu'un simple modèle d'identification : elle est le produit de l'action des individus (Individu ⏩ Société) (Touraine, 1984, p. 166).

Néanmoins, on peut considérer que les travaux classiques en psychologie sociale sur l'influence et sur le conformisme, dus notamment à Sherif et à Festinger, ainsi que les apports de Moscovici concernant la régulation et l'intégration des représentations ont contribué à créer les conditions intellectuelles d'une complémentarité entre les identités individuelles et collectives. C'est finalement à *la théorie de l'identité sociale* (notions de « catégorisation », de « différenciation » et de « compétition » sociales) que revient la tâche d'installer cet équilibre et d'étendre à nouveau le concept d'identité à la réalité collective, en faisant notamment remarquer que l'identité du moi est toujours une identité sous influence, même si celle-ci est ré-interprétée par l'individu (notion de « moi social ») (Lorenzi-Cioldi et Doise, 1994, p. 69-96).

4.2.3.2 *Théorie de l'identité sociale* – Ce que d'aucuns (Italiano, 1991 ; Jacquemain *et al.*, 1994 ; etc.) rassemblent sous l'appellation « la théorie de l'identité sociale » ou « l'école de Bristol » est la somme des travaux psychosociologiques principalement dus à *Henri Tajfel* et à *John C. Turner* qui, dès le début des années '70, ont tenté de systématiser les acquis des courants de recherches pouvant éclairer d'un point de vue constructiviste la réflexion sur l'identité.

Pour Tajfel (1982), *l'identité sociale ou collective* est la conscience d'appartenir à une collectivité (Bourhis et Leyens, 1994, p. 31 et suiv.). Elle englobe l'ensemble des représentations et des éléments symboliques partagés de manière consensuelle par les membres d'un groupe ; cet ensemble de critères contribue à la position sociale de la collectivité. En d'autres termes, l'identité sociale est la somme des relations d'inclusion et d'exclusion par rapport aux sous-groupes constitutifs d'une société. Le sentiment d'identité est généré par différents processus sociocognitifs fondamentaux ; il est susceptible de manipulations et de transformations, et, enfin, influence les comportements tels que la participation sociale, l'acceptation ou le rejet des autres (Mucchielli, 1994).

Selon Tajfel (1978, 1981, 2003) et Turner (1982), la construction identitaire se fonde sur le processus de *catégorisation* des êtres et des choses, considéré comme un mode important de fonctionnement cognitif chez l'humain : ce terme renvoie à l'aptitude indispensable à l'organisation des innombrables perceptions qu'accumule l'individu à chaque instant. Claude Lévi-Strauss avait déjà montré, dans la *Pensée sauvage* (1962), l'universalité du processus de catégorisation qui, partant de l'observation du monde, l'analyse, le classe, le combine, l'oppose, l'interprète … Issue de la saisie ininterrompue du réel, la pensée sécrète une logique dont les lois reflètent, selon l'auteur, les propriétés du monde et qui, pour cette raison, permet aux hommes d'avoir une prise sur lui.

Plus spécifiquement, la *catégorisation sociale* fait référence, chez Tajfel et Turner, au processus cognitif d'ordonnancement des individus qui entourent le sujet, en fonction de critères objectifs ou symboliques culturellement disponibles : âge, sexe, données physiques, qualifications, intérêts, …

Jamais exhaustive, cette classification à valeur adaptative oriente les perceptions, les actions et donc le type de rapports entre individus (vouvoiement, évitement, acceptation, sympathie, ...). Les catégories les plus couramment utilisées dans les interactions entre acteurs sociaux sont (Mucchielli, 1994) :

- les items matériels et physiques (aspect extérieur, notamment vestimentaire) ;
- les items socioculturels et historiques (croyances, idéologies, valeurs morales et culturelles, attitudes, ...) ;
- les items sociopsychologiques (références sociales, projets, potentialités de devenir, ...).

En général, seuls les items du premier type sont aisément visibles lors d'une transaction sociale. Bien souvent, les contenus et la valeur relative des autres types d'items sont estimés par les acteurs sociaux à la faveur d'un mécanisme d'attribution, d'interprétation ou de jugement social. De nombreuses situations de la vie quotidienne permettent d'expérimenter ces mécanismes. La catégorisation sociale peut ainsi être considérée comme la première étape de la définition de l'endo- et de l'exo-groupe, qui servent à réguler la nature et l'intensité des relations sociales, de l'acceptation ou de l'évitement de l'Autre (Jacquemain *et al.*, 1994 ; Yzerbyt, 1995) : il s'agit, bien entendu, du mécanisme de *différenciation sociale* dont l'ethnicisation est une des modalités particulières (Bastenier, 1992).

Parce que le sujet se place lui-même dans diverses catégories, la différenciation est aussi à la base de la définition de *l'identité sociale* de l'individu. Les recherches inspirées par Tajfel distinguent volontiers deux composantes du *self :* les identités personnelles formées notamment par les attributs physiques et les traits de personnalité, d'une part, et les identités sociales correspondant aux attributs des groupes auxquels appartiennent les sujets, d'autre part. Le mode de fonctionnement des deux types d'identités est supposé identique : elles constituent les deux pôles d'un même continuum (Azzi, 1996 ; Camilleri et Vinsonneau, 1996).

Aussi, l'identité sociale est conçue chez Tajfel et Turner comme la partie du sentiment de soi qui est directement dérivée de la conscience de l'appartenance à des groupes sociaux. Elle reflète également la valeur et la signification émotionnelle attachée à cette appartenance : Tajfel (1981) compare l'étude de l'identité sociale à *« l'étude du groupe dans l'individu »*.

L'idée d'appartenance peut impliquer l'existence d'un lien biologique entre les détenteurs d'une même parcelle d'identité collective (une famille e.a.). Mais, le plus souvent, l'appartenance est culturelle ; elle est surtout d'ordre rhétorique, fantasmagorique et mythique, parfois purement arbitraire, même si elle peut, dans certains cas, mobiliser des éléments « objectifs » qui permettent de se définir (localisation géographique, utilisation d'une langue donnée, exercice d'une profession précise, etc.). Bien entendu, le plus important reste la reconnaissance interne et externe de cette appartenance. La « réalité » importe donc peu face au poids des représentations, des expériences (positives et négatives), des contextes et des intérêts particuliers.

Les tenants de la théorie de l'identité sociale ne prétendent pas définir le sujet entièrement en fonction de ses appartenances sociales, mais ils estiment que l'identité sociale peut correspondre à « la somme » des identifications possibles à des catégories données. Chacun possède ainsi simultanément un certain nombre d'identités différentes, susceptibles d'être « activées » dès lors qu'elles se révèlent souhaitables et pertinentes par rapport à un contexte et à des objectifs définis.

Pour qu'une identité puisse être exprimée, il faut donc qu'elle soit « disponible » à l'état latent et acceptée ; il faut enfin qu'elle soit jugée opportune par l'acteur en situation. C'est alors qu'elle sera activée ou mobilisée. Lè Thành Khôi (1992) insiste avec raison sur la diversité de ces « expressions » : identité (d'orientation) sexuelle, régionale, ethnique, nationale, supranationale, linguistique, religieuse ou philosophique, socioprofessionnelle, etc. Ces parcelles d'identité sont dynamiques et interagissent entre elles dans le cadre d'une « équation personnelle » ou mode de gestion identitaire particulier à un individu.

Selon Turner et Tajfel, l'identité sociale est perceptible à un moment donné, grâce à ses sous-ensembles activés selon un contexte et un dosage précis. En fonction du contexte, l'identité sociale exprimée (et donc mesurable) est sujette à des transformations, dans les limites fixées par le nombre des parcelles d'identité disponibles, dont la quantité peut varier selon les expériences de l'individu.

Par ailleurs, la perception de la qualité d'une identité (la représentation que l'acteur s'en fait) est elle-même altérable. Une même identité sociale (par exemple : être « Marocain ») peut être liée à de nombreuses représentations stockées dans la mémoire. D'après Azzi (1996, p. 3), chacune de ces représentations est associée à une *comparaison sociale* particulière : la perception que le porteur a de son identité de « Marocain » ne se définit donc pas de la même manière selon que le groupe de contraste soit « les Français » ou « les Turcs »… La représentation identitaire mobilisée à un moment donné dépend aussi de la nature de l'exo-groupe de référence et de la « signification » de l'Autre.

L'exemple cité montre que l'image d'une identité sociale n'est pas nécessairement précise, nette et stable. Elle s'avère plutôt diffuse et flexible, associée à des affects mouvants en fonction des contextes et des comparaisons sociales dont cette image est le reflet. Ces perceptions multiples et changeantes entraînent l'adoption ou le rejet de normes, de valeurs et de stéréotypes propres aux groupes faisant l'objet d'une identification ou d'une occultation. Lorsqu'une identité particulière est activée, le comportement de l'individu serait essentiellement guidé par la normativité de la catégorie sociale à laquelle il s'identifie. Selon la théorie de l'identité sociale, le principal lieu du changement identitaire s'avère ainsi être l'individu lui-même, guidé par son intentionnalité et les caractéristiques de son contexte.

Pour Tajfel (1982) et Turner (1982), la création des catégories sociales se double d'un phénomène de *favoritisme endo-groupal* concourant au maintien d'une estime de soi positive. C'est en effet de manière quasi axiomatique que les auteurs admettent l'existence d'une motivation particulière chez l'individu à développer une image toujours positive ou satisfaisante de soi, qui soit parallèle à une perception moins positive d'autrui *(notions de compétition sociale) :* ainsi, les acteurs sociaux chercheraient en permanence à préserver ou à acquérir une image positive d'eux-mêmes (du moins dans certains secteurs de la vie) et à se forger une « immunité morale » face aux affects négatifs qu'ils pourraient recevoir d'autrui (Camilleri *et al.*, 1990, p. 188). Ils y arrivent grâce à la compétition sociale – entre individus ou groupes – qui permet la valorisation des acteurs et la maximisation des bénéfices symboliques (Born, 1983). Festinger (1965) et Sherif (1966) avaient en effet déjà montré que les individus se comparent et se situent constamment les uns par rapport aux autres. La réussite, la distinction positive à travers la confrontation à l'autre, est en effet une des conditions importantes de la mobilisation identitaire. L'identification des supporters à leurs clubs favoris et le chauvinisme sportif ne sont que quelques-uns des modes de valorisation de soi qui illustrent ce fait (Güvenç, 1995).

Ce « besoin » de valorisation peut se heurter au caractère incontournable de certaines appartenances à des catégories sociales peu en vue. De même, la référence à plusieurs catégories sociales antagonistes peut poser des difficultés à l'individu : la problématique identitaire au sein des populations minorisées ou discriminées est, à cet égard, exemplaire. Des recherches sur cet aspect ont notamment mis en évidence l'existence de *stratégies de scotomisation, d'articulation, ou de repli identitaire* parmi les groupes frappés d'une identité « peu avantageuse » : si aucune de ces tentatives ne parvient à rétablir la confiance fondamentale de l'individu, une situation dommageable peut survenir.

Selon les approches expérimentales de la théorie de l'identité sociale, la discrimination exo-groupale est un phénomène directement engendré par la catégorisation sociale. Les études dans ce domaine tendent à montrer que la discrimination n'est pas liée aux caractéristiques des acteurs en présence ni aux éventuelles relations précédentes qu'ils peuvent entretenir les uns avec les autres. Liée au contexte concurrentiel du contact, la discrimination serait un corrolaire de la valorisation de soi entrainant *de facto* la marginalisation du groupe « adverse ». D'un point de vue plus global, il est possible de tenter un parallélisme entre la tendance à la valorisation personnelle et la lecture spontanément auto-centrée identifiable au sein de chaque culture. La réaction sociale et politique face à la discrimination et l'endo-favoritisme ne semble dès lors jamais aller de soi et nécessite toujours un effort particulier de lutte contre la stéréotypisation, la dépersonnalisation et l'exclusion.

D'un point de vue empirique et opératoire, enfin, la théorie de l'identité sociale a déjà engendré (Jacquemain *et al.*, 1994) :

- des investigations expérimentales (notamment, l'observation de la scission des groupes en fonction de distinctions introduites de façon aléatoire ou de comparaisons avec un groupe virtuel) ;
- des observations de type ethnologique ;
- des enquêtes par questionnaire.

Dans ce dernier cas, les indices mesurés sont l'intensité, la fréquence et la valorisation des identifications passées et actuelles. Les charges émotionnelles se mesurent en fonction de l'intensité de l'attachement à l'endo-groupe. Elles sont associées à des valeurs relatives attribuées à l'endo-groupe en fonction des comparaisons (Azzi, 1996).

Il est possible également d'interroger un échantillon sur ses perspectives et projets identitaires (stabilité et équilibre des modèles). Enfin, des études de type sociométriques (Moreno) peuvent également aider à identifier les schémas catégoriels et valoriels des sujets. Parmi ces approches, il convient également de citer le test « Qui suis-je ? » (Rodriguez-Tomé, pour la version française), l'étude de l'idéal du moi (Lutte) et l'inventaire psychosocial de Zavalloni, basé sur la différence des réponses données à des questions qui cherchent à décrire différents groupes d'appartenance. Ces procédés permettent d'analyser comment l'appartenance à des groupes donnés (nations, classes sociales, ...) affecte la représentation de soi, des autres et les valeurs personnelles (Moscovici, 1973).

Malgré ces développements, on peut se demander si la théorie de l'identité sociale ne pêche pas par un excès de rationalisation des dynamiques identitaires – qui restent avant tout des processus socio-affectifs. En effet, quand cette théorie définit l'identité comme la somme des identifications disponibles et mobilisables, elle sous-entend un mécanisme cognitif de valorisation qui, au niveau individuel, coordonne les images et les processus identificatoires, dont l'élasticité apparaît alors théoriquement infinie ... En revanche, les « unités » d'identification elles-mêmes semblent échapper au processus d'altération.

L'école de Genève en psychologie sociale animée par W. Doise et ses collègues semble offrir une analyse « plus souple » : l'existence des oppositions entre groupes dépendrait davantage des représentantions que les porteurs de diverses catégories identitaires auraient les uns des autres (stéréotypes) et aussi d'eux mêmes (préférences). Le rôle de la subjectivité des acteurs aurait ainsi été quelque peu négligé par l'école de Bristol.

La construction identitaire vue davantage en termes de synthèse et d'équilibre psychosociologique semble donc accorder une plus large place à la détermination socio-affective des dynamiques identitaires, ainsi qu'à l'importance de la recherche collective de sens : ce qui limite de manière conséquente l'univers des combinaisons identitaires possibles. En revanche, les réactions appropriées contre la *dépersonnalisation* d'autrui ou la réduction de sa personnalité à seulement certaines de ses caractéristiques catégorielles discriminées apparaît comme une des voies les plus efficaces de lutte contre le racisme, l'ostracisme et l'exclusion socioculturelle. Il s'agit de sensibiliser les uns et les autres à la grande diversité qui malgré tout caractérise l'humain et offre à chaque groupe socioculturel autant de points communs que de différences avec un autre.

4.2.4 Conclusion

En dépit de ces quelques remarques, il est important de retenir l'apport de la psychologie sociale dans l'examen de la problématique identitaire. Cette discipline contribue à clarifier les relations entre identité personnelle et identités collectives, ainsi qu'entre l'identité du moi et l'identité d'autrui intériorisée. Elle indique aussi le poids des groupes d'appartenance dans la définition de l'identité. Les apports conjoints des disciplines telles que l'anthropologie culturelle, la psychologie dynamique et la psychosociologie permettent ainsi de mieux apprécier l'influence de l'origine culturelle et des phénomènes de sous-cultures dans l'accès à des identités spécifiques, tant pour les individus que pour les groupes (Born, 1983).

4.3 Le développement identitaire

Il s'agit ici d'aborder l'émergence et le développement de cette fonction psychologique. La genèse de l'identité a été analysée selon divers points de vue mettant l'accent soit sur l'importance des mécanismes individuels, soit sur l'importance d'une dialectique sociale. Les réflexions en cette matière ont abouti à la mise en œuvre de recherches tentant d'opérationnaliser et de mesurer la maturité identitaire. La période centrale considérée par l'ensemble de ces travaux est *l'adolescence*.

L'adolescence joue en effet un rôle crucial dans le développement de l'individu. Les transformations physiques, psychologiques et socio-économiques que le sujet traverse durant cette période (développement des caractéristiques sexuelles, du moi et de ses défenses, de la perspective temporelle, de l'image de soi, du sentiment de contrôle, des relations sociales, etc.) lui donnent l'apparence et les possibilités d'un adulte. Le fonctionnement cognitif, par exemple, atteint un niveau de développement compatible avec le traitement des questions abstraites comme les choix philosophiques et professionnels. Par ailleurs, l'adolescent devient progressivement conscient de l'irréversibilité de bon nombre des choix qui l'attendent (Claes, 1986 ; Bosma, 1994).

Les changements qui se produisent dès 12 ans contribuent en effet à une restructuration importante de la personnalité : ils rendent possible une nouvelle vision plus personnelle de l'environnement. Le statut de dépendance vis-à-vis des parents devient alors de moins en moins acceptable (Lutte, 1985). Il peut s'ensuivre une crise des valeurs et d'adaptation qui doit normalement déboucher sur une stabilisation. Selon Piaget (1964), les oscillations entre la conformité et l'originalité sont de fait le propre de l'adolescence ; durant cette période les schèmes de pensée nouveaux (ou modes d'organisation de l'activité mentale) s'intègrent à des structures cognitives plus anciennes et tendent, sur le mode du paradoxe, vers un état d'équilibre. Moment privilégié de la construction identitaire, la période envisagée connaît également des risques importants de décompensations pathogènes.

Outre ces évolutions qui concernent l'individu, Bosma (1994, p. 292-293) remarque que se produisent également des changements contextuels importants. Une série d'exigences et de devoirs nouveaux sont imposés à l'adolescent par la société : autonomisation économique et affective, préparation professionnelle, maturité civile, etc. Ces exigences doivent cependant être appréciées dans leur contexte sociohistorique particulier (Oosterwegel et Wiklung, 1994) : les sociétés occidentales contemporaines sont ainsi marquées par une tendance à l'individualisation qui met l'accent sur l'autonomie et les spécificités personnelles. De même, ces sociétés sont marquées par la multiplicité des modèles de socialisation et le polymorphisme des processus identificatoires. Dans pareil cadre culturel, le passage à la vie adulte n'est plus réellement encadré et rythmé par des *rituels initiatiques formels et tranchés,* comme tel est encore le cas dans certaines sociétés dites « traditionnelles » (Tap, 1980) : les jeunes Occidentaux sont quasiment appelés à construire leurs mythologies eux-mêmes. Le passage à l'âge adulte y est alors extrêmement progressif et renvoie à des réalités très diverses selon les cas.

Enfin, le contexte socioculturel occidental offre des opportunités inégales – et de plus en plus fragiles en période de crise économique – pour différents groupes d'adolescents : les jeunes favorisés et les jeunes moins aisés, les jeunes autochtones et les jeunes issus de l'immigration, les jeunes hommes et les jeunes filles ne disposent pas nécessairement du même potentiel de développement socio-économique. Cette situation influence l'évolution du sentiment d'identité.

L'adolescence, entre l'enfance et le début de l'âge adulte, est ainsi la première étape de l'existence où tous les éléments (maturation biologique et cognitive, demandes socioculturelles) sont enfin assemblés pour la construction d'une identité personnelle. L'ensemble des sentiments, croyances et projets rapportés à soi subit, lors de cette période, une profonde transformation (Claes, 1986 ; Bosma, 1994). Bien entendu, l'évolution de l'identité a cours durant toute la vie : des défis et des modèles nouveaux surgissent à tout âge et imposent à l'individu de réadapter son idéal du moi et, par voie de conséquence, son identité. Mais, en raison de la densité des phénomènes identitaires, l'adolescence reste une des périodes les plus intéressantes à observer (Mucchielli, 1994).

C'est pour cette raison qu'Erikson (1972) considère l'adolescence comme particulièrement propice aux conflits dus à la réalisation de l'identité individuelle et à l'anticipation de l'âge adulte : il évoque un intense « travail d'identité » visant à la récapitulation des conflits de l'enfance, à l'équilibration entre diverses tendances et au dépassement des crises ou des risques de « diffusion identitaire ». Cet auteur est un des rares psychologues généticiens à s'être explicitement intéressé à l'expérience adolescente, comprise comme *le « moment pivot » du développement humain* (Claes, 1986, p. 160 et 162).

4.3.1 Les étapes du développement individuel selon Erikson

Selon Erik Erikson (1972), l'acquisition de l'identité personnelle constitue la tâche majeure du développement psychologique. L'auteur propose un schéma retraçant en *huit étapes* le cycle de la vie, de la naissance à la vieillesse. Chaque étape correspond à un moment critique de la vie caractérisé par des prises de décision « entre progrès et régression, intégration et stagnation ». L'auteur présente ces « étapes » comme autant de conflits normatifs ordinaires par lesquels chaque individu passe afin de construire sa personnalité.

Les *quatre premières étapes* d'Erikson reprennent grosso modo les stades classiques du développement psychosexuel freudien. Ainsi, l'expérience des échanges avec la mère permet au jeune enfant de bâtir un premier noyau du moi autour du sentiment de confiance fondamentale. La qualité de la relation et les soins reçus par l'enfant lui permettent de structurer peu à peu une identité individuelle confiante (quiétude, estime de soi) et une identité sociale positive (certitude de compter pour la mère). Cette réciprocité relationnelle est relayée par les identifications permettant au moi de se former à partir des rôles parentaux. Mais, selon Erikson, la somme des identifications ne peut suffire à elle seule à la construction de la personnalité. Ce sont en fait les processus conflictuels qui contribuent graduellement à la constitution du moi.

Dans chacun des stades traversés par l'individu domine, selon l'auteur, un mode privilégié de contact avec l'environnement (par exemple, le mode incorporatif est le mode privilégié de contact lors du stade oral). Chacun des stades est marqué par l'élargissement de la maîtrise des fonctions locomotrices qui coïncident avec le déploiement de plus en plus large du rayon des relations sociales. La résolution des conflits caractéristiques de chacun des stades contribue à l'acquisition de nouvelles compétences et, ainsi, à l'élaboration des forces du moi (Erikson, 1972).

La description par Erikson de ces premières étapes s'appuie sur de nombreuses observations cliniques (Claes, 1986, p. 167-168). Par contre, les *trois dernières étapes* (âge adulte, maturité, vieillesse) qu'Erikson explore relèvent surtout de la spéculation : l'auteur y voit le déploiement de conflits psychologiques caractéristiques (respectivement, recherche d'intimité opposée à isolement, « générativité » ou préoccupation pour autrui opposée à stagnation, intégrité opposée à désespoir). Cependant, la portée générale de ces oppositions n'est guère vérifiée.

La *période centrale*, *l'adolescence*, est pour Erikson caractérisée par le conflit *identité-confusion*. La personnalité se constitue, lors de cette période, par l'équilibration des identifications et des différenciations. L'adulte en devenir s'ouvre alors à d'autres modèles que les schémas familiaux et il peut se déclencher une crise d'originalité contre les modèles domestiques (Mucchielli, 1994). Certaines des oppositions vécues à l'adolescence sont des récapitulations des conflits de l'enfance (déploiement de perspectives temporelles *vs* confusion du temps, certitude de soi *vs* confusion de soi, expérimentation de rôles *vs* confusion des rôles, ...). Les autres oppositions portent un caractère plutôt anticipatif : polarisation sexuelle *vs* confusion sexuelle, engagement idéologique *vs* confusion des valeurs, etc.

Selon l'auteur, le développement du moi à l'adolescence passe, lors de ces conflits, par de brèves périodes de diffusion permettant à la personne d'expérimenter ses propres limites sur les plans émotionnel, cognitif et idéologique. Le fruit de ces expériences est finalement intégré dans une expression élargie de l'identité du moi (Claes, 1986, p. 172). L'adolescent doit impérativement solutionner ces oppositions interconnectées pour pouvoir accéder à des compétences psychosociales (des « vertus », selon la terminologie d'Erikson) telles que l'intentionnalité, la préoccupation d'autrui, la « sagesse », etc. Ces « compétences » contribuent à l'élaboration des identités personnelle et collective et anticipent la vie adulte.

L'œuvre d'Erik Erikson est essentiellement consacrée à la notion du développement identitaire à l'adolescence. Force est de reconnaître que malgré les limites de ce travail, il n'existe que peu d'alternatives théoriques à l'apport – fût-il spéculatif – du célèbre psychanalyste. Cet apport inspire encore de nombreux chercheurs, dans le champ complexe de l'identité individuelle.

4.3.2 Wallon, Zazzo : la dialectique de l'identité sociale

D'autres psychologues ont également approché la question du développement identitaire. Parmi ceux-ci, on retiendra surtout les travaux d'Henri Wallon (1970) et de René Zazzo (1980) qui se focalisent, davantage qu'Erikson, sur le développement sociocognitif et ont de l'identité une conception plus collective.

En effet, selon *Wallon*, le développement ontologique prend sa source dans l'état de fusion primitive entre la mère et le nourrisson : à partir de cette situation émerge peu à peu une conscience propre à l'enfant, à travers le processus de différenciation psychologique (Malrieu, 1980). Les progrès accumulés en matière de différenciation-individuation sont à mettre en parallèle avec le développement psychomoteur du bébé qui lui permet d'interagir de plus en plus avec son environnement.

L'étape suivante voit l'enfant s'opposer à son milieu. Le processus d'affirmation de soi est cette fois soutenu par le développement des capacités cognitives et langagières de l'enfant. Mahler *et al.* (1980) ont en effet bien montré le rôle d'organisation du moi que joue, dès la deuxième année de l'enfant, l'utilisation des vocables comme « je » ou « non ». L'imitation en tant que modalité de participation à la vie familiale est également signalée comme un indicateur important des procès d'identification en cours. Pour Wallon, il n'y a donc pas d'introjection de l'autre ni d'éjection du moi, l'autre s'impose dans la conscience de soi tout autant que la conscience de l'autre s'imprègne de celle de son partenaire (Rodriguez-Tomé, 1972).

Zazzo (1980) considère la participation affective à une entité sociale (famille, communauté) comme le véritable fondement du sentiment d'identité. Celle-ci procure une appartenance, une base de valeurs et un capital de confiance indispensables à l'émergence de l'individu dans la société : selon l'auteur, *l'identité individuelle procède de l'identité collective.*

Le rapport opposition-identification que l'enfant noue avec sa famille et son milieu immédiat préfigure ainsi sa socialité future, c'est-à-dire sa capacité à échanger avec autrui, ses possibilités de se solidariser avec des objectifs collectifs, etc. L'évolution future du jeune est de fait marquée par la dialectique entre le « moi individuel » et le « moi communautaire ». Si la tendance est déséquilibrée en faveur du moi communautaire, on peut assister à l'éclosion d'une « identité repliée » sur la collectivité d'origine. En revanche, dans le cas d'une suprématie du moi individuel, peuvent surgir des problèmes de socialité (Mucchielli, 1994).

4.3.3 Mesure du développement identitaire

Diverses études ont tenté, notamment à partir de ces propositions, de mesurer la progression de l'identité, en particulier à l'adolescence.

Certaines recherches ont ainsi essayé d'évaluer le degré de cohérence entre divers rôles sociaux ou de mesurer la distance entre rôles idéaux et réels, rôles actuels et expectés, etc. (Claes, 1986, p. 172). Il fut supposé une relation inverse entre l'ampleur de cette distance et le degré de maturation de l'identité. Ces travaux ont posé une série de problèmes, parmi lesquels la nature exacte des « inconsistances identitaires » (par ex. faire une chose et puis son contraire) révélées n'est sans doute pas le moins important. En effet, les investigations ont montré l'existence générale d'un certain degré de confusion parmi les publics étudiés. On a également constaté plus de stabilité et de cohérence dans la définition identitaire d'individus qui produisent une approche rationnelle et systématique de la question de l'appartenance. Mais il semble cependant difficile de distinguer la part, dans ce constat, d'un déploiement d'attitudes désirables et d'une rationalisation *a posteriori* (Mucchielli, 1994). *La question est alors de savoir si l'état d'incohérence identitaire témoigne réellement d'une immaturité ou s'il est le signe de la flexibilité ordinaire d'une identité jamais achevée.*

D'autres investigations (ex. Rodriguez-Tomé, 1972 ; Zavalloni, 1973) ont tenté d'approcher le développement de l'identité par le biais des outils autodescriptifs ou encore à l'aide de questionnaires « croisés ». Elles ont tenté d'évaluer la congruence entre l'image que le sujet se fait de lui, l'image qu'il suppose que d'autres se font de lui et, enfin, l'image que les autres ont réellement de lui. Or, l'identité est précisément le fruit de la rencontre de ces diverses images (Güvenç, 1995) et il est difficile de déterminer si la maturation identitaire entraîne effectivement un rapprochement entre ces différentes représentations.

Marcia (1980) s'est lui aussi attaché aux aspects développementaux de l'identité qu'il considère comme « l'intériorisation d'une structure de soi », selon les décisions que prend l'adolescent. L'auteur constate en général que les jeunes classés dans les catégories « identité réalisée » ou « moratoire identitaire » ont de meilleures performances dans les différentes mesures de la maturité identitaire que les jeunes des groupes « forclusion » ou « diffusion » ; ce qui semble indiquer que les premiers *« internalisent plus ou mieux »*. Ces résultats confirment l'hypothèse selon laquelle *le passage à l'âge adulte implique un renforcement du sentiment d'identité* (Bosma, 1994, p. 295).

La plupart des changements dans les statuts d'identité de Marcia (1980) interviennent à l'issue des études secondaires ; les schémas évolutifs les plus fréquents sont la transition de l'état diffus ou forclos vers l'état moratoire et le passage du moratoire identitaire vers l'identité réalisée. Mais la question du pourquoi de ces dévelopements reste entière. Sont-ils dus à une certaine évolution liée au temps, à une adaptation à des contextes changeants ou sont-ils proprement l'effet de la maturation physique et psychologique ?

Comment, dès lors, qualifier la maturité identitaire ? Selon la perspective d'Erikson (1972), le sentiment identitaire optimal est *un état de bien-être psychosocial.* L'identité « saine et accomplie » correspondrait de fait à une certaine *souplesse* et une *dynamique* internes. L'identité est la cheville ouvrière d'une synthèse intégrative incessante, sachant s'adapter tout en se préservant.

D'autres auteurs, Blos (1988), Scotto et Antoni (1989) notamment, insistent davantage sur les dimensions de *stabilité* et de *robustesse* de la maturité identitaire. Selon ces auteurs, l'adolescence est dépassée si les fonctions et les intérêts du moi ont été consolidés. L'état de consolidation correspond à l'affirmation non-conflictuelle de l'autonomie, à la relative irréversibilité des principales options identitaires (notamment sexuelles et morales) et à la stabilité relative de la représentation de soi et des objets d'amour (Kohlberg). Avec l'usage pertinent des habiletés logiques et intellectuelles, notamment, le moi consolidé est capable de préserver son intégrité.

L'approche de Marcia (1980), enfin, s'oriente vers une synthèse entre ces deux positions. La genèse identitaire est essentiellement fondée sur l'expérience individuelle : aussi, l'individu adulte a besoin tant d'une identité suffisamment solide que d'une certaine souplesse psychologique pour s'accommoder d'une quantité importante d'incertitude, de stress et d'angoisse ou pour affronter les crises et préserver sa santé mentale. La démarche clinique en psychologie souligne en effet l'importance du processus de *prise de décision* dans la définition de la maturité : est « adulte » l'individu qui décide de ses choix de vie, mettant en œuvre des mécanismes de compromis entre forces contradictoires. Le passage à l'identité adulte se déroule lorsque la crise identitaire de l'adolescence est dépassée, lorsque le jeune s'engage dans des rôles stabilisés et mobilise, à travers ses projets, les possibilités que lui offre son environnement, dans des domaines variés tels que l'éducation, la vie socioprofessionnelle, la vie spirituelle, les rapports interpersonnels et intimes.

Un tel point de vue rejoint somme toute les intuitions des « éducateurs » (Osterrieth, 1978) pour lesquels l'identité adulte est synonyme :

- de capacité d'accommodation et de changement ;
- d'aptitude à intégrer les expériences neuves ;
- de faculté de projection dans l'avenir ;
- de sens de l'initiative et de la responsabilité ;
- de tolérance face aux frustrations ;
- d'empathie, de solidarité et de décentration sur autrui.

La maturité identitaire peut dès lors être considérée comme la capacité à dépasser positivement les crises existentielles, les blocages, les conflits.

4.4 Les conflits d'identité

Il s'agit ici de mieux cerner le concept de *conflit d'identité* dont l'émergence et la résolution semblent jouer un rôle important dans la maturation et la transformation des postures identitaires. Cette tentative est précédée d'un bref survol du concept de conflit tel qu'il est employé généralement en sciences sociales.

4.4.1 Le conflit en sociologie et en psychologie

De manière générale, on peut définir le conflit comme une opposition morale ou physique entre motivations incompatibles qui peuvent dégénérer en actes de violence. La crise engendrée par cette opposition peut aussi générer une innovation sociale grâce à des processus de négociation directe ou à des processus de médiation, nécessitant l'arbitrage de tiers. En ce sens, le conflit est considéré par les sciences sociales comme un facteur important de changement dans la société. Son dépassement permet ainsi d'atteindre un nouvel équilibre social par l'action réciproque des diverses composantes d'une population forcément hétérogène.

Moscovici (1979) montre ainsi que les minorités peuvent convaincre la majorité de la « justesse » de leur point de vue. L'auteur y voit une source de créativité pour la société dans son ensemble et met ainsi en question la pertinence du modèle de l'assimilation qui explique le changement par un processus de normalisation. La divergence exprimée par le groupe minoritaire par rapport à la norme existante force l'ensemble des protagonistes à la négociation. Pareil conflit est générateur d'inconfort psychologique et appelle à des concessions bilatérales : les flux d'influence sont réciproques. À travers cette description du développement conflictuel des rapports entre minoritaires et majoritaires, Moscovici propose une vision génétique du changement social qui implique la construction négociée d'une normativité partagée (Yzerbyt, 1995).

En effet, pour les sociologues constructivistes, le conflit annonce une gestion et une articulation des différences, et non leur annulation : le conflit sert de lieu de négociation (Touraine, 1992). Ainsi, la connaissance des pratiques individuelles, la connaissance des structures de la personnalité et la connaissance des formations sociales dépendent de la compréhension des contradictions, notamment dans les processus de quête identitaire (Pourtois et Desmet, 1993, p. 25-26).

En psychologie dynamique, le conflit (latent ou manifeste) est défini comme une contradiction entre pulsions individuelles et interdits sociaux pouvant donner lieu à un mouvement dialectique (négociation intime) capable de dépasser l'opposition. Des psychologues sociaux, tels que Festinger (1965), ont ainsi abordé l'étude des tensions psychologiques en termes de *« dissonance »*.

La dissonance correspond à une rupture entre deux schèmes mentaux, les implications de l'un s'opposant aux implications de l'autre. Cette absence de cohérence entraîne un inconfort intellectuel et le désir de restaurer la consonance cognitive. Les stratégies de réduction de la dissonance tendent à augmenter le nombre d'éléments consonants et à diminuer celui d'éléments dissonants, afin d'atteindre un degré d'unité satisfaisant (Yzerbyt, 1995). Ce processus est appelé « équilibration structurelle ». La notion se réfère aux « mouvements » cognitifs successifs grâce auxquels les tensions divergentes sont ajustées et l'individu passe d'un état d'incompatibilité à un état d'équilibre cognitif provisoire (Dubar, 1991, p. 28) :

- premièrement, l'individu tente une *« adaptation simple »* à la situation nouvelle ayant causé la destructuration des schèmes de pensée antérieurs : de manière pragmatique, il essaye de s'en accommoder sans l'assimiler. C'est le cas de la jeune fille musulmane qui porte le voile lorsqu'elle est en famille, à la maison mais qui le retire discrètement une fois qu'elle est en dehors. Une telle tentative peut ne pas répondre entièrement à l'exigence de cohérence ;

- deuxièmement, l'individu tente une *« croissance simple »* et essaye d'assimiler la situation nouvelle sans s'en accommoder. Reprenons l'exemple de la jeune fille musulmane qui cette fois tient un discours approbatif vis-à-vis du foulard mais qui, dans les actes, ne le porte pas. Une telle position satisfera certes le besoin ontologique de cohérence mais risque, par contre, de poser des difficultés d'adaptation à l'environnement ;

- enfin, troisièmement, l'individu équilibre les deux stratégies précédentes et tente une *« restructuration complexe »*. La jeune fille tient un discours cohérent qui explique les rasions pour lesquelles elle ne porte pas son foulard actuellement, mais stipule que cette décision n'est que temporaire et qu'elle pourra être modifiée. Ainsi, cette stratégie permet de dépasser la crise de manière satisfaisante tant du point de vue de la cohérence interne que du point de vue de la cohésion avec l'extérieur. Le renforcement de la cohérence interne (ou appropriation psychologique de la diversité socioculturelle) recourt aux mêmes mécanismes de médiation que la construction de la cohésion sociale (ou gestion collective de la diversité psychologique).

Le dépassement des conflits est, selon les psychologues généticiens, le mode ordinaire de fonctionnement qui permet au moi d'atteindre une nouvelle unité synthétique et ainsi de se développer par sauts qualitatifs. La crise normative est en général un tournant, un moment important dans la transition vers un niveau supérieur d'intégration (Abou, 1981, p. 91 ; Bosma, 1994, p. 291).

4.4.2 Le conflit et le paradoxe dans la théorie de l'identité

B. Sellak (1990), comme la plupart des psychothérapeutes travaillant dans le domaine des troubles de l'identité (ici, parmi les jeunes issus de l'immigration), définit le *conflit identitaire* comme le symptôme d'un état critique dépendant de l'interaction entre deux milieux distants et des pressions conjuguées de ces milieux sur l'individu. Le conflit d'identité n'est donc pas nécessairement l'indice d'un blocage individuel : il peut être le reflet d'un conflit social général. Pour l'anthropologue Güvenç (1995), la crise de l'identité résulte de l'incompatibilité entre le « besoin de fidélité » (conservation d'une certaine représentation de soi) et le « besoin de réalité » (adaptation aux contextes sociaux changeants). L'étendue du conflit et son issue plus ou moins positive sont fonction de l'état de structuration des milieux en présence : le contexte migratoire (comme d'autres contextes d'acculturation) offre ainsi la possibilité d'observations fines en cette matière.

Le *conflit identitaire* est une situation transitoire qui, si elle est dépassée, permet à l'individu de tendre vers la construction d'une identité psychosociale cohérente et valorisante, de définir son appartenance à un ou à plusieurs groupes sociaux et de se projeter dans l'avenir. La crise d'identité peut être accentuée de manière circonstancielle mais tout processus identitaire est, par définition, caractérisé par un certain degré de *« conflictualité permanente »*. Par conséquent, conflit identitaire n'implique pas nécessairement détresse (Sabatier et Berry, 1994, p. 288). Par ailleurs, certains se sont demandés si l'exigence de « cohérence identitaire » n'était pas culturellement orientée, si elle n'était pas le propre de cultures occidentales ou, à tout le moins, une préoccupation surtout visible au sein des civilisations monothéistes.

Toutefois, le conflit d'identité peut entraîner une difficulté d'intégration psychosociale si le sujet n'a pas la possibilité de réduire, à plus ou moins brève échéance, l'incohérence identitaire et de différer vers un futur proche la valorisation de son image personnelle (Malewska-Peyre, 1982). Selon Erikson (1972) et Marcia (1980), la confusion des valeurs caractérisée par l'absence d'option idéologique cohérente, de vision du monde signifiante et d'engagements valorisants fragilise l'individu. *Ce n'est donc pas tant la proximité avec plusieurs groupes socioculturels qui crée l'inconfort psychologique mais bien l'impossibilité d'articuler les différences éventuelles entre ces groupes.*

En revanche, l'articulation des idéaux offerts par la société globale et la communauté proche permet de s'engager dans une multitude de tâches allant du développement d'une perspective future à la construction d'une image convaincante du monde. Cette articulation oriente le sujet vers une certaine créativité (Claes, 1986).

L'acteur individuel ou collectif peut répondre aux conflits d'identité par différents types de manœuvres sociopsychologiques :

- les conduites d'évitement ;
- les postures défensives ;
- les stratégies de gestion active.

Les conduites du premier type permettent d'annuler subjectivement les termes de la confrontation, les conduites du second type correspondent à des attitudes protectionnistes et, enfin, les conduites du troisième type renvoient à la possibilité pour les acteurs sociaux de manier les contradictions de manière offensive (Born, 1983, p. 106). Chacune de ces attitudes représente des coûts et des bénéfices psychologiques différents.

Les stratégies identitaires sont des comportements qui permettent d'accéder à la « *dimension créatrice* » des conflits (Yahyaoui, 1990 ; Lê Thành Khôi, 1992 ; Tap, 1995) : elles mobilisent des valeurs spécifiques en fonction de projets d'adaptation ; elles naissent du conflit et tendent à le résorber. Les stratégies identitaires aboutissent ainsi à la définition d'identités hybrides, neuves et « *paradoxales* » (Abou, 1981, p. 94) : pouvant satisfaire tant les « besoins de fidélité » que les « besoins de réalité » des acteurs sociaux. *La conflictualité et la paradoxalité identitaires apparaissent dès lors comme antagoniques l'une par rapport à l'autre.*

4.4.2.1 *La « conflictualité »* – L'état de conflictualité manifeste ou latent d'un acteur social est signalé par l'importance des hésitations, des dissonances et des contradictions contenues dans son discours, dans ses actes, dans la manière dont il s'approprie son passé ou énonce ses projets futurs. Les oppositions entre les actes et les attitudes, entre les projets d'avenir et les souvenirs du passé, ainsi qu'entre divers sous-systèmes de valeurs contribuant à l'identité globale, indiquent également un degré plus ou moins ample de conflictualité (Manço, 1998, 2002).

La conflictualité du système identitaire est sensible à l'évolution et aux effets du contexte sociohistorique. Ce dernier peut en effet être plus ou moins hétérogène (contacts de cultures), les différences socioculturelles entre les groupes en présence peuvent être plus ou moins importantes. Le contact entre les cultures peut être ancien ou récent, la hiérarchisation des groupes en contact peut être accentuée ou non. La rencontre entre ces collectivités peut être aménagée (actions interculturelles) ou, à l'inverse, tout à fait contrainte (assimilation forcée). Certains individus sont, par ailleurs, plus ou moins sensibles aux contradictions et peuvent ainsi, face à des oppositions, développer un tableau de réactions très contrasté par rapport à d'autres. Plus particulièrement enfin, on constate une évolution notable de la conflictualité culturelle entre la génération des immigrants et celle des jeunes nés dans le pays d'accueil (Camilleri et Vinsonneau, 1996). Ainsi, les jeunes d'origine étrangère évoluant dans des milieux sociaux (d'origine et d'accueil) mal maîtrisés, peu structurants et peu valorisants risquent davantage de se montrer vulnérables face aux conflits que les jeunes issus des familles pouvant s'adapter aux différents registres de communication (Sellak, 1990).

La confrontation entre cultures, accélérée, généralisée et approfondie par l'immigration, implique une prise de conscience parfois violente (« choc des cultures ») d'une identité propre, jusqu'alors implicite et, donc, fonctionnelle. L'identité démystifiée par le contact culturel soudain et global peut ainsi revêtir un aspect dysfonctionnel, car elle risque de mettre à nu ses inévitables incohérences et contradictions, qui seraient restées imperceptibles ou qui auraient été gérées « en silence » si l'identité culturelle avait pu conserver sa forme implicite ordinaire : une mise en question brusque de l'identité culturelle peut en effet déranger son subtil équilibre (Sabatier et Berry, 1994 ; Güvenç, 1995 ; Azzi, 1996).

Pareil développement est d'autant plus probable que le contact de culture qui est à son origine est vécu dans un contexte sociologique *inégalitaire* (Vinsonneau, 1996). La dévalorisation de la culture minoritaire précipite la mise en question de ses valeurs et croyances, d'autant plus que la mobilité sociale du groupe minoritaire est bien souvent conditionnée par l'adoption ostentatoire des normes dominantes.

L'immigration issue des pays en développement vers l'Europe occidentale constitue l'illustration d'un *contexte d'acculturation largement inégalitaire* tant sur le plan socio-économique que sur les plans culturel et politique. Les différences importantes de structures et de codes, d'une part, et les changements socioculturels rapides imposés aux populations ouvrières transplantées, d'autre part, offrent ainsi l'opportunité d'observer l'évolution des comportements adaptatifs.

Quand on sait que les normes culturelles sont surtout intériorisées progressivement lors de l'enculturation et ne sont que rarement transmises de manière explicite, on mesure mieux les difficultés psychologiques que peuvent vivre des migrants ou des « post-migrants ».

Selon Abou (1981) et Philip-Asdish (1995), les transitions socioculturelles à gérer en situation migratoire sont multiples et variées : ainsi, les personnes issues de l'immigration (ou les enfants nés de couples « mixtes ») doivent faire face aux différences dans les conceptions du temps, de l'espace (privé, public, proximité), des rôles sexuels, de la religiosité, de la sociabilité, de l'idéal du moi, etc. Carmel Camilleri et Geneviève Vinsonneau (1996) insistent aussi sur les stratégies d'ajustements psychosociaux que doivent générer les autochtones (majorité), face à l'installation sur leur territoire de groupes d'étrangers (minorités) (cf. également Moscovici, 1979, p. 111). Les auteurs évoquent encore les problèmes culturels engendrés par la colonisation et la modernisation de sociétés traditionnelles.

Pour Malewska-Peyre (1985), les difficultés du développement identitaire des jeunes issus de l'immigration sont de divers ordres. Si l'identité (personnelle) est un ensemble organisé de sentiments, de représentations, d'expériences du passé et de projets d'avenir se rapportant à soi, si cet ensemble articulé est sous l'influence du « regard » des autres, proches ou lointains (l'identité sociale), alors certaines situations engendrées par le fait migratoire doivent – « par définition » – poser des problèmes particuliers aux jeunes descendants d'immigrants. L'auteur relève, parmi ces situations, quelques cas exemplaires :

- les différences entre l'expérience des parents immigrés et celle des enfants nés dans le pays d'accueil ;
- la dévalorisation de fait du groupe issu de l'immigration, éventuellement objet d'actes racistes ou discriminatoires (anomie, crise de valeurs, atteinte des figures parentales, falsification de l'identité) ;
- l'ambiguïté des rapports à la « culture d'origine », décontextualisée par la transplantation et souvent vidée de son sens, idéalisée mais peu propice à proposer des modèles valorisants ;
- l'ambiguïté des rapports à la « culture du pays d'accueil », hétérogène, éclatée en sous-cultures cloisonnées, peu encline à fournir des modèles synthétiques.

Pour Camilleri (1991), les situations présentées occasionnent l'accentuation d'une double distorsion entre :

- d'une part, l'identité souhaitée (moi idéal) et l'identité perçue (image de soi)
- et, d'autre part, le rapport réflexif à soi (la fonction ontologique de l'identité, l'identité pour soi) et le rapport aux autres (la fonction pragmatique de l'identité, l'identité pour autrui).

Ces oppositions sont à la source des conflits de valeurs et de sens. Dans un tel contexte critique, certains individus sont tiraillés entre des aspirations contradictoires, comme (Camilleri, 1991 ; Azzi, 1996) :

- l'affirmation de la loyauté à une identité « mono-culturelle et exclusive »
- ou l'ouverture aux autres expressions culturelles et au contact interculturel, l'ouverture, autrement dit, *« à l'intégration dans leur concept de soi d'identités plurielles »*.

Chacune de ces orientations risque d'entraîner, à son tour, des contrariétés et tensions au niveau intra-individuel, familial et intergroupal. Mais *il ne faut pas sous-estimer la capacité des sujets à intégrer, à synthétiser ou à alterner, avec le temps et l'apprentissage, des gammes de valeurs provenant de cultures différentes* (Sabatier et Berry, 1994, p. 288).

Azzi (1996) tente à ce propos une comparaison avec la capacité à maîtriser plusieurs langues à la fois. Il n'existe en effet aucune raison *a priori* pour qu'un processus d'intégration interculturelle soit intrinsèquement difficile, dramatique, problématique ou générateur de dysfonctionnement. La plupart des difficultés enregistrées sur ce terrain ont d'ailleurs pour origine des blocages sociopolitiques ou économiques, et non psychologiques.

À l'inverse, les recherches empiriques originales présentées dans ce volume soutiennent que la dynamique identitaire contribue de manière appréciable à l'équilibre de l'individu placé sur un tel terrain de dissonance culturelle et, donc, contribue par ce biais à son intégration sociale.

En fonction de la vulnérabilité face aux contradictions, en fonction des possibilités d'évitement des conflits, en fonction des capacités à les gérer et, surtout, en fonction du degré de maturité identitaire, la « conflictualité » peut :

- soit tendre vers une issue négative, critique où, selon Vassileff (1992), le conflit peut devenir paralysant ;
- soit tendre, au contraire, vers une issue positive, créative où le conflit peut enfin se muer en « *paradoxe* ».

4.4.2.2 *La « paradoxalité »* – La paradoxalité des conduites identitaires est l'indice non pas d'une absence de conflits mais de la capacité à les gérer et/ou à les digérer (Manço, 2002). On pourrait ainsi dire que la paradoxalité des conduites identitaires correspond à la capacité à manipuler efficacement les contradictions entre valeurs et projets. Les identités paradoxales apparaissent comme l'expression d'une autogestion créative aboutissant à des positions identitaires cohérentes parce que synthétiques et inattendues parce qu'originales. Les identités paradoxales semblent pouvoir favoriser l'intégration psychologique d'individus soumis à la diversification de référents culturels, parce qu'elles leur permettent de dépasser les conflits symboliques. Elles pourraient également permettre un ajustement social plus ample (Manço, 1998).

C'est par le développement de *stratégies identitaires actives* que l'acteur minoritaire peut identifier, contrôler, dépasser ses conflits culturels et peut se positionner utilement dans la société. Claes (1986) note, à ce sujet, que la réconciliation du passé et du présent s'impose dans une démarche d'intégration sociale. L'intégration fait également appel à la capacité de se projeter dans le futur : c'est précisément ce que Tap (1995) appelle « aptitude à se singulariser, à s'adapter et à se dépasser ». Un autre processus mis en lumière par Camilleri est la balance identitaire ou la compensation d'une « attitude d'assimilation » par un « accès de conservatisme » dans un autre domaine … ce qui permet de rétablir l'équilibre.

La positivation du conflit culturel, l'éclosion de stratégies identitaires efficaces et le « passage vers la paradoxalité » peuvent être favorisés par une action socio-éducative interculturelle. Cette action doit à tout le moins promouvoir les échanges entre catégories socioculturelles contrastées, valoriser les projets des uns et des autres et engendrer des processus de négociations portant sur les valeurs et les symboles. L'important ici sera d'aider les sujets à rechercher une solution intégrative des éléments contradictoires en créant des espaces-temps où développer une maîtrise des réalités socioculturelles, exercer pleinement la liberté et « inventer sa vie » au travers de multiples expériences et liens suggérés par l'environnement (Millet, 1987 ; Honor, 1996).

5 Des stratégies identitaires comme supports de l'intégration psychosociale

Dans la partie précédente, les contributions théoriques ou pratiques de nombreux chercheurs ont permis d'exposer la perspective adoptée en matière d'étude de l'identité : *la construction identitaire émerge de la jonction du processus d'acculturation et du processus de personnalisation.* Selon cette perspective, c'est notamment de la mise en relation des *valeurs* (y compris des valeurs portées à soi) et des *projets* que résulte le sentiment d'identité, considéré ici en tant qu'état, résultat provisoire de *stratégies d'identisation.*

La fonction identitaire permet aux individus et aux groupes de manipuler leurs perceptions afin de dépasser les conflits psychosociaux et les sentiments de rupture. Elle contribue de la sorte *à l'équilibre individuel, au sentiment de bien-être et à l'intégration psychosociale.*

Il s'agit présentement d'appliquer cette perspective à l'examen des *modalités de gestion identitaire parmi les jeunes issus de l'immigration en Europe.*

Les conduites d'évitement des conflits, les modalités passives de gestion des contradictions et les stratégies identitaires actives sont les trois modes de traitement principaux des questions d'identité. Les comportements du premier type permettent de refouler les termes de la confrontation identitaire, les comportements du second type correspondent à des attitudes défensives et, enfin, les comportements du troisième type renvoient à la possibilité d'actions offensives.

Les *stratégies identitaires actives* peuvent être comparées à une dynamique et à des outils symboliques élaborés permettant aux jeunes, plongés dans un contexte multiculturel, parfois peu favorable, de construire une démarche positive d'ajustement psychosocial. Ces stratégies identitaires offensives sont dites « *complexes* ». Elles tentent de dépasser définitivement les conflits culturels en tenant compte *à la fois* des deux termes opposés. Elles essayent ainsi d'aboutir à des élaborations synthétiques.

Les *conduites d'évitement ou d'occultation des confrontations* (Camilleri *et al.*, 1990 ; Mucchielli, 1994 ; Philip-Asdish, 1995 ; Camilleri et Vinsonneau, 1996 ; Azzi, 1996) ont en commun la simple mise à distance ou scotomisation de l'interrogation qui pèse sur le sens et la valeur de caractéristiques identitaires. Ces comportements de déréalisation visent ainsi à changer les termes de la comparaison sociale défavorable pour l'individu, simplement en refusant la confrontation, en en refoulant les termes ou en ignorant les protagonistes. Les conduites d'évitement des conflits et du sentiment d'incohérence permettent de défendre, de manière provisoire et partielle, l'intégrité de l'identité face aux transformations, angoisses et aliénations.

Les *modalités de gestion défensive de l'identité* correspondent, enfin, à des « postures identitaires » intermédiaires entre les deux précédentes : elles admettent l'existence d'un conflit mais refusent de le traiter. Les porteurs de telles conduites de gestion identitaire tentent d'épouser au plus près les arguments d'une des expressions culturelles en présence, en refusant les apports potentiels de l'autre. Il s'agit d'un mode conformant de gérer les problèmes de dissonance culturelle. Les modalités de gestion identitaire défensives sont en principe *« simples »* et, dans la même mesure, plus courantes. Elles sont également plus superficielles. Il arrive qu'elles juxtaposent et alternent de manière syncrétique des items identitaires différents, parfois opposés, afin de diminuer provisoirement la portée des situations conflictuelles. En fonction des contextes, ces modalités peuvent néanmoins présenter un rapport coût/bénéfice favorable (Camilleri et Vinsonneau, 1996, p. 56).

5.1 La notion de stratégie en psychologie

5.1.1 Définitions

De manière générale, une *stratégie* peut être définie comme un ensemble d'actions et de manœuvres coordonnées en vue d'une victoire, d'un but à atteindre ou en fonction d'objectifs comme l'orientation positive des conflits (Robert). Une *tactique* est, quant à elle, la partie exécutive et circonstancielle d'une stratégie générale. Ces notions, originaires des domaines militaire, politique et économique, s'avèrent également opérationnelles en psychologie et en sociologie (Tap, 1995).

En psychologie, plus particulièrement, il arrive qu'une conduite qualifiée de « stratégie » soit, par extension de sens, assimilée à un *mécanisme de défense ;* alors, la « stratégie » ainsi désignée est individuelle, souvent inconsciente, « automatique » et orientée de façon à diminuer l'angoisse, le stress, la dévalorisation psychologique ou la souffrance morale (Philip-Asdish, 1995). Cependant, le plus souvent, stratégie désigne un acte raisonné, intentionnel, finalisé, individuel ou collectif, visant le déploiement d'actions particulières, l'appropriation de valeurs ou de biens souhaités, la réussite de projets déterminés ou le dépassement de situations vécues comme non-pertinentes : ici, on parlera, de préférence, de *stratégies de positionnement.*

Celles-ci correspondent à une intention et à des conduites *ad hoc*, déployées dans un *contexte donné* (Tap et Oubrayrie, 1992). Elles se caractérisent par l'articulation de trois paramètres principaux. Ainsi, une stratégie de positionnement sous-entend l'existence à tout le moins :

- de *compétences* et de *ressources* (matérielles ou symboliques), investies (énergie, motivation) ...
- ... en fonction d'un *projet* (résolutions, objectifs à termes divers) ...

- … potentiellement compatible avec les *valeurs* de son auteur.

La portée de ce dernier aspect est plus importante encore si, sous l'influence de normes socioculturelles différentes, les conduites à adopter sont divergentes, voire contradictoires entre elles : cette situation est couramment rencontrée en contexte migratoire.

Une stratégie est une *dynamique* (parfois secrète ou discrète) qui se déploie dans un environnement plus ou moins favorable, en fonction d'enjeux divers. Elle s'oppose à la notion d'état, défini comme une situation donnée. Son observation nécessite des méthodes et des focalisations sensibles à la diversité, au mouvement et au changement.

Pour Tap *et al.* (1991), c'est la période de *l'adolescence* qui s'avère être la plus propice à l'observation des « dynamiques stratégiques ». En effet, l'adolescence est une période caractérisée par l'intervention de multiples agents stressants dans le cadre de transitions physiques, scolaires, socioculturelles et socioprofessionnelles. Pour faire face à ces difficultés et s'adapter aux réalités et espaces nouveaux, l'adolescent met en œuvre un système de stratégies. Il se donne des objectifs à atteindre, se fixe des défis, construit des projets et trouve à travers eux un itinéraire lui donnant le sentiment de « se réaliser ».

Les stratégies particulières intervenant dans le processus de développement psychologique et d'intégration sociale sont multiples. Tap (1991, 1995) en relève plusieurs, conçues comme autant de réponses aux demandes de reconnaissance et d'appartenance, de soutien et de compétition :

- *les stratégies de « coping »* orientées de façon à faire face aux stress, à trouver la parade aux problèmes posés par des situations angoissantes, à gérer les émotions et à atténuer autant que faire se peut les réponses psychosomatiques inadéquates ;

- *les stratégies d'identification* orientées de façon à permettre l'ancrage dans l'environnement familier, la valorisation psychologique, la stabilité affective, la recherche de sens et un engagement socioculturel (être aimé, reconnu, accepté, pouvoir adhérer à des groupes, jouer un rôle dans des actions collectives, …). Comme l'ont montré les tentatives de Camilleri *et al.* (1990) et de Vinsonneau (1996), ce champ est extrêmement riche, en particulier sur son versant interculturel. Ces stratégies peuvent être considérées comme des manières diversifiées de répondre aux défis de *l'intégration sociale/acculturation (assimilation-différenciation)* ;

- *les stratégies de projection,* enfin, orientées de façon à permettre la définition de projets et d'itinéraires personnels, d'objectifs et de buts à atteindre, de façon à pouvoir se réaliser, s'affirmer, s'exprimer (rester soi-même, être soi-même, vivre sa vie) en relation avec autrui et en accord avec les opportunités environnementales. Les stratégies de projection constituent précisément la mise en actes du processus *d'intégration psychologique/personnalisation (conformation-individuation).*

La combinaison des deux derniers types de stratégies, au moins, permet d'atteindre le niveau complexe et global des *stratégies identitaires actives*. Différents psychologues (Tap, 1988 ; Camilleri *et al.*, 1990) définissent les stratégies identitaires comme *des opérations mentales et des conduites contribuant à la construction d'une identité socialement acceptable et respectueuse des valeurs particulières de l'individu, sachant que tant les critères de « l'acceptation sociale » que les valeurs personnelles sont susceptibles d'évoluer.*

Lors de son développement, toute personne a en effet des possibilités plus ou moins grandes de se forger une identité cohérente, de se construire une *self-image* valorisante et, enfin, de formuler des projets de vie (condition nécessaire à l'acquisition de l'autonomie et au passage au statut d'adulte). Les stratégies identitaires sont le vecteur principal de ce développement, elles sont le produit des finalités et des ressources de l'individu. Elles correspondent au *« résultat de l'élaboration individuelle et collective des acteurs et expriment, dans leur mouvance, les ajustements opérés, au jour le jour, en fonction de la variation des situations et des enjeux qu'elles suscitent »* (Taboada-Leonetti, 1991). C'est pourquoi les recherches dans ce domaine devraient, selon Tap (1995), comprendre également l'étude des phénomènes paradoxaux tels que, par exemple, le rôle positif de l'anxiété dans le développement psychosocial ou les valeurs adaptatives des comportements « asociaux » et « déviants ».

Aussi n'est-il pas étonnant de constater, sous la plume des sociologues tels que Touraine (1984), Dubet (1987) et Lapeyronnie (1993), la fusion entre la notion de *mouvements sociaux* et celle de *stratégies identitaires* dont l'objet est la recherche de soi, le refus des rôles prescrits, la gestion sociale des tensions et la construction de l'intégration.

5.1.2 Fonctions des stratégies identitaires

Pour Kastersztein (1990, p. 188-201), les stratégies identitaires concourent au maniement des oppositions psychosociales (interpersonnelles, intergroupales) de telle façon que celles-ci engendrent le moins possible de conflits intra-subjectifs ou de sentiments de rupture avec soi. Le sentiment d'unité, l'évanouissement des tensions nées des conflits entre codes, valeurs ou représentations antagonistes, la gestion active des disparités culturelles sont parmi les facteurs les plus importants contribuant au bien-être psychique.

Les stratégies identitaires ont pour fonction principale la (re)structuration et l'articulation des divers aspects de l'identité, d'une part, assignés par l'extérieur et, d'autre part, souhaités par l'individu (Vinsonneau, 1996). Selon la conception constructiviste, elles interviennent dans la gestion des contradictions inhérentes à la personne, à la fois « acteur agissant » et « sujet agi » (Camilleri *et al.*, 1990) :

- Les stratégies identitaires contribuent, au niveau collectif, à la *régulation sociale*, en effectuant des réappropriations sélectives et des modifications partielles parmi les identifications et les symboles disponibles. Elles rendent possible l'interaction sujet-autrui.

- Les stratégies identitaires favorisent, au niveau individuel, la *régulation cognitive*, en rétablissant une unité de sens. Elles rendent possible l'interaction sujet-normes.

Il existe une relation dialectique entre les régulations cognitives et les régulations sociales : l'état des unes interférant dans le devenir des autres.

Comme le montrent les développements théoriques présentés, les identités sont donc susceptibles d'être manipulées et instrumentalisées par les orientations stratégiques de l'individu en tant qu'outils d'intégration psychosociale et en tant que mécanismes de protection contre les tentatives de dévalorisation pouvant venir de l'extérieur. La gestion identitaire au moyen de stratégies garantit ainsi une transaction positive entre l'individu et son environnement ; elle rend possible la « négociation » de l'acteur avec lui-même (Camilleri et Vinsonneau, 1996, p. 24).

La fonction de « pacification » des stratégies identitaires peut néanmoins souffrir de complications :

- Les stratégies d'un acteur ne sont pas toujours claires et cohérentes entre elles ; elles peuvent en outre découler de représentations sociales biaisées ou être partiellement déterminées par le milieu. Peuvent ainsi surgir des incompatibilités, d'une part, entre les perceptions et les stratégies identitaires et, d'autre part, entre les stratégies générales et les tactiques particulières. Ces incompatibilités, dues notamment à des erreurs de jugement ou à des échecs dans les tentatives de synthèse, peuvent influencer l'issue des interactions sociales et occasionner de fortes polarisations, voire des situations de crise (Kastersztein, 1990 ; Camilleri, 1991).
- Pour Azzi (1996), les besoins d'affirmation symbolique des acteurs sociaux sont parfois en contradiction avec leurs propres intérêts et objectifs : cette situation est également source de dilemmes.
- Enfin, les finalités des groupes, dans leur ensemble, et les objectifs individuels des membres qui les composent, peuvent différer partiellement, voire s'opposer totalement : ces contradictions entre stratégies personnelles et stratégies collectives sont, à leur tour, susceptibles d'engendrer des situations critiques.

Mais, en général, on peut dire que les stratégies identitaires mobilisent les caractéristiques personnelles ou collectives *jugées positives et/ou opportunes*, afin de contribuer à l'ajustement social au quotidien. Elles peuvent en effet être considérées comme le support d'(inter)actions supposées viser l'intégration psychosociale, la valorisation, la « réalisation de soi » ou, à tout le moins, le positionnement utile de leurs auteurs.

Les stratégies identitaires remplissent ainsi une double fonction *ontologique* (idéal de soi, conservation de soi, ...) et *pragmatique* (négociation de l'influence sociale, acceptation d'autrui, ...) répondant respectivement à deux préoccupations fondamentales pour l'humain (Camilleri *et al.*, 1990) :

- la préoccupation générale de sens et de valeur personnelle (« être » ou « en être ») ;
- la préoccupation concrète de l'accord avec les autres (« paraître »).

Selon Camilleri *et al.* (1990), toute personne culturellement transplantée est en effet l'artisan obligé d'une *assimilation pragmatique, minimale et instrumentale :* sa survie en dépend. Mais, comme le montre Abou (1981), les primo-migrants et leurs descendants ne peuvent adopter le style de vie et les valeurs principales de la société d'accueil qu'à partir de leur *position ontologique*, autrement dit à partir de ce qu'ils sont, de « leur propre personne », de leur « propre identité » : le contraire n'est tout simplement pas pensable. Ainsi, la construction de l'identité en situation fortement multiculturelle est – sans doute plus que dans des contextes moins hétérogènes – *un jeu d'équilibres entre la tendance ontologique et la tendance pragmatique du moi :* au niveau d'une population, l'éventail des nuances entre ces deux pôles est pratiquement infini (Camilleri et Vinsonneau, 1996, p. 51).

5.2 Systématique des modes de gestion identitaire en situation multiculturelle inégalitaire

De multiples efforts de systématisation se sont focalisés sur les modalités de la gestion des problèmes identitaires parmi les jeunes issus de migrants (Manço, 2002). Ainsi ont été présentés différents inventaires descriptifs et théoriques de stratégies, de postures et d'attitudes d'évitement. Ces travaux se fondent sur un vaste corpus de recherches empiriques – essentiellement qualitatives, cliniques ou expérimentales – dont certaines seront mentionnées dans les paragraphes qui suivent ; notre attention portera cependant exclusivement sur les *stratégies identitaires offensives* et les *postures identitaires défensives*.

Les recherches en question permetteront ainsi d'illustrer la définition des stratégies identitaires actives ou des modalités de gestion défensives en situation multiculturelle inégalitaire : il y apparaît notamment des détails à propos des conduites portant sur des domaines diversifiés tels que la pratique religieuse, la maîtrise linguistique, l'investissement économique, etc.

5.2.1 Vers un schéma global de la gestion identitaire

Dans le monde scientifique francophone, l'application au public migrant des interrogations liées à l'identité date du début des années '70. L'approche de l'intégration des jeunes issus de l'immigration à travers l'étude de leurs stratégies identitaires est plus récente (Abou, 1981 ; Malewska-Peyre, 1982).

D'après Carmel Camilleri et Geneviève Vinsonneau (1996, p. 38), la recherche francophone en cette matière se différencie légèrement des travaux anglo-saxons, par un intérêt plus analytique, surtout attaché à la systématisation des stratégies et postures, ainsi qu'à l'examen de leurs aboutissements. Les stratégies identitaires sont ici considérées comme une recherche de *sens* et de *valeur* par laquelle les sujets peuvent tendre vers le rétablissement d'un équilibre mis à mal par les affrontements culturels.

Toutefois, il semble qu'une évaluation de ces stratégies et postures en termes d'incidence statistique dans la population et en termes d'efficacité par rapport à l'insertion sociale, scolaire, etc. n'a été que rarement finalisée.

Les stratégies et postures identitaires des personnes issues de l'immigration seront présentées selon le modèle (croisement des axes d'acculturation et de personnalisation) et la nomenclature adoptés dès le deuxième chapitre de ce travail. L'uniformisation du vocabulaire qualifiant les stratégies et postures contribue, malgré ses limites, à une comparaison plus aisée entre auteurs différents qui utilisent des termes variés pour désigner les différents types de stratégies et d'attitudes identitaires.

Les stratégies et postures décrites seront ainsi déclinées en fonction de leurs options :

– « *assimilationnistes* » ou « *différencialistes-conservatrices* » (axe de l'acculturation) ;

– « *individuantes* » ou « *conformantes* » (axe de la personnalisation).

Les quatre combinaisons ainsi obtenues sont :

1 les postures d'assimilation conformante ;

2 les postures de différenciation conformante ;

3 les stratégies d'assimilation individuante ;

4 les stratégies de différenciation individuante.

On remarquera d'emblée qu'une distinction majeure oppose, d'une part, les *postures conformantes* « simples », « passives », « défensives », alternant les traits culturels de manière syncrétique, et d'autre part, les *stratégies individuantes* « complexes », « actives », « offensives », tendant vers la construction de synthèses identitaires nouvelles.

5.2.1.1 *Postures d'assimilation conformante* – Une posture identitaire de type « assimilation-conformation » est une tentative souvent individuelle de similarisation avec le système socioculturel dominant (ici, la société d'accueil) afin d'augmenter les chances d'une adaptation socio-économique : on peut également parler d'une « socialisation normalisatrice ». *Celle-ci correspond à une sur-valorisation de la fonction pragmatique.* Elle résulte de l'acceptation du conflit culturel société d'installation/groupe migrant et du diagnostic de la situation défavorisée de ce dernier. L'abandon par dépit du groupe d'origine apparaît comme étant la seule manière de maintenir positive l'image propre (pour exemples, cf. Douville, 1982 ; Beauchesne ; 1989 ; Vinsonneau, 1996).

L'objectif de la posture d'assimilation conformante est donc de « changer de groupe à tout prix » (conformation unilatérale) afin de bénéficier des conditions favorables propres à la catégorie privilégiée – si tant est que ce changement soit physiquement et politiquement possible (Philip-Asdish,

1995). Une telle transformation nécessite notamment que la société d'accueil soit suffisamment perméable aux éléments d'origine étrangère. Elle nécessite également une certaine malléabilité psychologique de la part du candidat à l'assimilation.

L'individu se conduit selon une démarche d'hyper-adaptation qui ne supprime certes pas totalement ses projets personnels mais leur attribue un rôle forclos, consistant à rendre ses aspirations conformes avec ce que le milieu attend de lui (Vassileff, 1992). Dans cette catégorie, les sujets tentent en effet de diminuer au maximum l'écart comportemental et idéologique qui les sépare de ce qu'ils pensent identifier comme étant le propre de la cible de l'assimilation. L'intériorisation des éléments qui font l'identité du groupe convoité est tactique, mimétique et non-critique.

Il s'agit aussi de rendre *invisibles* les caractéristiques individuelles qui rappellent l'origine étrangère : changement de nationalité, d'aspect physique et vestimentaire, de nom et de prénom, de lieu d'installation, de fréquentations, etc. Par ailleurs, l'individu doit s'isoler par rapport au groupe d'origine, ce qui le conduit souvent à une dissociation culturelle : absence de maîtrise de la langue d'origine, non-participation aux pratiques communautaires ou religieuses, dénigrement du groupe d'origine, polarisation des rapports et rupture avec ce groupe (Douville, 1982 ; Philip-Asdish, 1995).

Théoriquement, cette attitude devrait rapidement aboutir à une incorporation totale de la « culture d'Origine » par la « culture du pays d'Accueil » (O + A ⏩ A) mais plusieurs auteurs mettent en doute la possibilité même d'une telle phagocytose (Abou, 1981). Les observations montrent en effet que la tentative d'assimilation n'est jamais totalement effective (Leman, 1979 ; Tajfel, 1982 ; Camilleri *et al.*, 1990 ; Vassileff, 1992 ; Azzi, 1996). On constate plutôt une juxtaposition superficielle entre, d'une part, l'identité du groupe convoité stéréotypée, parfois mal assimilée (« face publique », image de soi, « le paraître ») et d'autre part, l'identité du groupe d'origine (« face cachée », image pour soi, « l'être »). Cette dernière est souvent décontextualisée et vidée de son sens (pour des exemples dans le domaine religieux, cf. Douville, 1982 ; Megdiche, 1988) : composée de repères flous, elle ne permet guère de régénérer une unité psychologiquement fonctionnelle (Beauchesne, 1989).

L'entreprise d'assimilation-conformation est souvent synonyme de contournement des normes de la société d'accueil. Cette entreprise consiste en une alternance diachronique (oscillations hésitantes) des codes culturels, ce qui aboutit à une « plurinomie » : l'individu manipule les normes afin de maximiser ses avantages dans différents domaines (Abou, 1981 ; Gailly, 1992 ; Philip-Asdish, 1995). Pareille ambiguïté pourrait se montrer fonctionnelle à court terme par rapport à l'objectif d'insertion sociale. Mais, poussée à son paroxysme et à long terme, elle risque de poser de graves problèmes de cohérence individuelle (« anomie ») et des problèmes de relations avec l'entourage. Ainsi, la posture examinée ressemble à une gestion courante, au jour le jour, des problèmes d'identité et ne prétend rien construire à long terme.

Si l'entreprise d'assimilation-conformation échoue sur le plan matériel (exclusion socioprofessionnelle), le risque d'aliénation psychosociale est encore plus important (assimilation marginalisante, perte d'identité sans intégration, déculturation, dépersonnalisation) (Abou, 1981 ; Martucelli, 1995 ; Azzi, 1996, etc.). Aussi, des cas bien documentés de décompensation psychique menant vers des comportements inadéquats (hyperactivité, délinquance, vandalisme, violence centrifuge) ou autodestructeurs (intériorisation de l'identité négative, repli, mutisme, toxicomanie, tendances dépressives-suicidaires, somatisations, psychopathologies, haine de soi, violence centripète) ont été constatés.

La délinquance acquisitive (Malewska-Peyre, 1982 ; Bastenier *et al.*, 1988), la toxicomanie (Beauchesne, 1989 ; Appart, 1995) et le décrochage scolaire (Régnier, 1986) apparaissent de fait comme caractéristiques d'une jeunesse déliée de son milieu d'origine et à la recherche d'une assimilation rapide à la société d'accueil. Le vol, par exemple, parfois lié à l'usage de drogues, est la forme la plus courante de délinquance parmi ce type de jeunes issus de milieux socio-économiquement défavorisés. Il permet l'appropriation immédiate d'objets symboliquement chargés (véhicules, appareils électroniques, vêtements, ...). Cette consommation illicite est l'expression d'une « déviance assimilationniste » qui donne l'illusion de participer à la « société d'abondance », telle qu'elle est présentée à travers les médias (Mançо, 1992).

5.2.1.2 *Postures de différenciation conformante* – Une posture identitaire de type « différenciation-conformation » est une tentative souvent collective de conservation des normes culturelles du groupe d'origine (contre-acculturation). *Elle correspond à une sur-valorisation de la fonction ontologique* (« être »). Elle résulte de l'acceptation du conflit culturel société d'installation/groupe migrant et conduit à une attitude de surenchère par rapport à la différence culturelle.

Par réaction à l'exclusion sociale vécue, tout indice de différence ethnique ou culturelle par rapport à la société d'accueil est rendu ostentatoire (pratique religieuse, choix vestimentaires, endogamie-polygamie, concentration communautaire, ...) et est instrumentalisé dans un rapport de force avec les institutions du pays d'accueil. La stigmatisation sociale est refusée et « retournée à l'expéditeur » ; le conflit est repoussé aux confins de la « communauté » (Beauchesne, 1989).

En fortifiant de la sorte leurs défenses culturelles, les familles et les collectivités issues de l'immigration, essentiellement mobilisées par une certaine idée de leur passé, évitent sans doute la déculturation (Abou, 1981, p. 93). Mais la revendication d'une différence exacerbée conduit à l'isolement et à des attitudes ethnocentriques : les attributs de l'endo-groupe/Origine (qui mobilisent une charge émotive importante) sont en effet perçus comme étant supérieurs à ceux de l'exo-groupe/Accueil. Selon Abou (1981), le modèle de rencontre culturel alors mis en œuvre est la « division » (O + A ⏩ O).

Par ailleurs, avec pour objectif de « réveiller, purifier, homogénéiser au mieux la culture ethnique », cette posture fige ses auteurs dans une identité certes rassurante mais sans prise réelle sur la société d'accueil : le système symbolique qu'il implique s'y révèle inopérant. La différenciation-conformation suscite une idéalisation et une réification de la culture d'origine ; elle aboutit à une « identité de principe » (Beauchesne, 1989 ; Camilleri *et al.*, 1990). Le rejet catégorique du regard d'autrui peut ainsi provoquer une situation de blocage et de repli utopique sur une appartenance collective, par exemple religieuse ou politique, qui évite de devoir opérer des choix individuels. Le stade extrême de ce phénomène risque d'engendrer des êtres qui vivent en adhérence totale à leur communauté, jusqu'à une identification pure et simple aux objectifs qui leur sont assignés. Cet « hyper-conformisme » pathologique entretient son auteur dans l'illusion d'être en danger en cas d'assouplissement de son adhérence identitaire (Vassileff, 1992).

On mesure la difficulté de maintenir longtemps une telle attitude ; aussi, le groupe conservateur fondamentaliste est poussé à accepter des concessions sous peine de graves problèmes. En fait, dans pareille situation, on constate qu'une transaction est menée avec l'exo-groupe par « délégation », grâce à la médiation des membres « périphériques » de la communauté issue de l'immigration (Lapeyronnie, 1993). Ces derniers interviennent en instrumentalisant, à leur tour, leurs « handicaps sociaux », afin d'accéder aux aides sociales, par exemple.

5.2.1.3 *Stratégies d'assimilation individuante* – Une stratégie de type « assimilation-individualisation » est un ensemble complexe de manœuvres identitaires tâchant *de manière prioritaire de répondre aux exigences de l'assimilation « pragmatique » dans le pays d'installation, sans négliger la conservation « ontologique » de la culture familiale (assimilation qualifiante).*

Ces stratégies sont marquées par une intentionnalité formelle et s'inscrivent dans le cadre de projets à long terme. Dans cette catégorie, le conflit culturel société d'installation/groupe migrant est dépassé par diverses tentatives (Manço, 2002) :

- Le promoteur d'une stratégie d'assimilation-individuation peut, par exemple, tenter de mettre en avant une similitude partielle ou un dénominateur commun entre la société d'accueil et le groupe migrant. Cette appartenance fédératrice peut être un sous-ensemble identitaire commun aux groupes en présence (classe d'âge, groupe d'activité, etc.) ou représenter une « supra-identité universelle » (Abou, 1981 ; Philip-Asdish, 1995) transcendant les appartenances particulières (« Nous sommes tous des Européens ! »).
- L'acteur social peut aussi tenter de déplacer le conflit tout en refusant l'étiquetage qui l'assigne à une identité et à une situation sociales dévalorisées (« individuation-décatégorisation », cf. Bourhis *et al.*, 1994, 194-197) : les tentatives individuelles de mobilité sociale grâce à la réussite scolaire, au mariage « mixte » ou grâce à la participation à des mouvements sociaux (contre le racisme, pour les droits égaux, etc.) sont des exemples illustrant cette position (Abou, 1981 ; Malewska-Peyre, 1982 ; Lapeyronnie, 1993). Le retournement sémantique « arabe » ~ « beur » est aussi exemplaire de cette option : il permet au groupe des jeunes issus de l'immigration maghrébine de revendiquer une certaine singularité (« différence valorisante ») tant par rapport à la société d'accueil que par rapport aux parents primo-migrants, tout en ne refusant pas la constitution de liens éventuels (Bastenier, 1992 ; Philip-Asdish, 1995). Un autre exemple plus ancien est le mouvement *Black is beautyfull* (Bourhis *et al.*, 1994, p. 177-178). Mais l'efficacité de ce type de stratégies de mobilité sociale est limitée dès lors qu'elle devient l'objet d'une nouvelle labellisation médiatique (Withol de Wenden, 1990).
- Enfin, certains individus peuvent « sublimer » le conflit identitaire à travers une activité intense et offensive liée le plus souvent à l'expression et à la création (artistique, sportive, scientifique, médiatique, commerciale, etc.). Cette activité à caractère individuel peut être insérée dans un réseau de personnes partageant les mêmes préoccupations ; elle contribue à approfondir les liens entre la culture d'origine et la culture de la société d'accueil. Pareille stratégie peut en outre permettre une insertion socioprofessionnelle satisfaisante (pour exemples : Zeroulou, 1989 ; Aissi *et al.*, 1990 ; Zahraoui, 1993 ; Bajoit et Franssen, 1995 ; Targosz, 1996).

En définitive, l'assimilation individuante est une forme de gestion des similitudes culturelles à visée participative. La participation sociale est ici revendiquée au nom des ressemblances entre groupes différents. Le porteur de stratégies d'assimilation individuante est en quête de changement social. Il doit tracer sa voie à travers une société qui n'a pas nécessairement prévu de place pour lui.

5.2.1.4 *Stratégies de différenciation individuante* – Une stratégie identitaire de type « différenciation-individualisation » est un ensemble de conduites « paradoxales » tâchant principalement *de rencontrer les exigences de la conservation ontologique et, ce faisant, de répondre également à celles de l'assimilation pragmatique et de l'insertion dans le pays d'accueil.*

Il s'agit de stratégies rationnelles et offensives qui visent l'approfondissement de l'articulation entre les expressions culturelles en présence. Contrairement à la catégorie « différenciation conformante », le concept de différenciation n'est pas compris ici comme « conservation frileuse de la culture d'origine » ; la différenciation par rapport à la société d'accueil peut aussi signifier ouverture féconde vers un troisième terme, synthèse des deux premiers (Lè Thành Khôi, 1992). Ces attitudes sont inscrites dans un cadre temporel, les actions et les projets énoncés devant aboutir au déploiement d'une ethnicité spécifique et valorisée dans le pays d'accueil. S. Abou (1981) désigne cet ensemble comme un modèle de « prolifération culturelle » dans la mesure où la combinaison de la culture d'origine et des normes du pays d'accueil donnent lieu à une expression culturelle « originale », sans que les expressions « originelles » n'aient disparu.

Des travaux comme ceux de Moscovici (1979) ont en effet montré que les groupes minoritaires peuvent être influents dans un contexte socio-économique plus global, s'ils s'impliquent activement au service d'objectifs cohérents, rationnels, crédibles et persistants, sans pour autant être rigides. Le groupe minoritaire doit en outre être confiant en ses possibilités et conscient des difficultés de sa tâche d'innovation.

La stratégie de différenciation individuante est donc fondamentalement sensible à une justification raisonnée des manipulations et des altérations touchant l'identité et la culture. Le conflit né de la rencontre des codes culturels différents peut ici être *dépassé* par divers procédés créatifs, sensés synchroniser les divergences (Bajoit et Franssen, 1995 ; Philip-Asdish, 1995 ; Manço, 2002) :

- Ainsi, la « fusion » identitaire permet à l'auteur de la stratégie d'inclure des éléments « modernes » à l'intérieur d'un ensemble de normes de conduites « traditionnelles » (ou de faire l'opération inverse) : l'idée de « la modernité au service de la tradition » ou de « la tradition puisée au sein de la modernité »... Les codes en présence seront alors l'objet d'une réappropriation ou d'une réinterprétation paradoxale rendant possible leur articulation organique (ex. Targosz, 1996) : l'information dont l'intégration est souhaitée peut ainsi être objectivée. Elle sera « modélisée », simplifiée, « arrondie » et rendue concordante avec la teneur des représentations plus anciennes. Les pratiques religieuses, par exemple, font l'objet de nombreuses réappropriations et réinterprétations ; les croyants, au fil du temps, s'en accomodent pourtant tout en respectant le socle indéfectible de la foi. Une autre tactique est de subjectiver une nouvelle information dont on souhaite assimiler le contenu : l'information nouvelle fera ainsi l'objet d'un ancrage au contenu représentationnel plus ancien. Alors, elle sera interprétée à la lumière des savoirs confirmés, afin de tendre vers un degré de cohérence acceptable avec les contenus précédents.

- Le processus de « fission » identitaire permet le développement de compromis rendant relatif le respect de chacun des codes en présence (par exemple, l'acceptation d'un époux venant du pays d'origine mais « étant capable de s'accommoder d'un mode de vie occidental ») : les approximations dans certains domaines de la vie quotidienne pouvant alors être compensées par l'intégrité assurée dans d'autres (Gailly, 1992). Dans ce même registre, l'acceptation des principes d'un ensemble de normes (du pays d'accueil ou de la culture d'origine) pourra également être dissociée de leur mise en application, pour des raisons personnelles diverses dépendant des circonstances concrètes. La dissociation entre l'allégeance idéologique et la mise en œuvre réelle d'un principe moral permet ainsi de ne mettre en cause aucune des normativités en présence.

- La « critique » identitaire, enfin, permet d'examiner les deux termes de l'identité (culture d'origine *et* culture d'adoption) et d'accéder à une expression véritablement synthétique mariant de part et d'autre les aspects jugés complémentaires et souhaitables (cf. Aissi *et al.*, 1990) : certains auteurs ont ainsi parlé d'une appartenance « bi-catégorielle », d'une « culture à la carte » ou encore d'une « culture personnalisée », notamment dans le domaine religieux (Megdiche, 1988 ; Bourhis *et al.*, 1994). Il s'agit, en tout état de cause, de *l'interprétation de la matrice culturelle d'origine dans les termes de la culture de la région d'installation* (Abou, 1981, p. 93).

La différenciation individuante est une forme de gestion des différences culturelles à visée émancipatrice : l'émancipation est ici recherchée au départ des spécificités des groupes en présence.

Les stratégies de différenciation individuantes semblent donc correspondre à un degré d'autonomisation important où l'acceptation des diverses facettes de l'identité en situation multiculturelle facilite la valorisation de l'ensemble. Cette valorisation passe d'ailleurs souvent par la mobilisation des ressources du groupe d'origine en vue d'une intégration/participation dans la société d'accueil (usages socio-économiques de l'ethnicité). Dans leur tentative de conquérir *« le pouvoir de se définir conformément à leurs propres intérêts »*, les auteurs de ce type de stratégies font référence à une identité collective – fruit d'une synthèse particulière entre le mythe et l'anticipation – qui progressivement prend forme, à travers l'engagement, l'action et l'interaction avec autrui (Bourdieu, 1984).

Le porteur de stratégies de différenciation individuante bénéficie d'un double modèle culturel, nouveau, nourri tant par la culture du groupe migrant que par celles de la société d'accueil. Ce modèle est *« paradoxal » :* il permet de « tendre vers une unité à partir de la diversité » ou, en d'autres termes, de « devenir autre en restant soi-même » (Abou, 1981, p. 94).

5.2.2 Déterminants des stratégies et postures identitaires

Quels sont les facteurs qui influencent la mise en place des stratégies identitaires ? Quel est le profil des personnes qui, confrontées à des transactions en situation multiculturelle inégalitaire, déploient, de manière privilégiée, telle ou telle stratégie identitaire ?

Si les intentions personnelles jouent un rôle important, il apparaît que les « choix » identitaires varient de manière conséquente selon les contextes et les possibilités des individus. La littérature traitant de ces questions distingue ainsi deux principales catégories de « déterminants » ou de facteurs :

- les déterminants socio-économiques et culturels « classiques » ;
- les déterminants liés à la personnalité.

5.2.2.1 *Déterminants généraux* – Selon Camilleri et Vinsonneau (1996, p. 51 et suiv.), l'organisation de la *société d'accueil* exerce une influence importante sur les choix identitaires des groupes issus de l'immigration :

- Cette société favorise-t-elle l'assimilation ou opte-t-elle pour une ségrégation plus ou moins accentuée entre autochtones et migrants ? Quelles sont les possibilités qui permettent aux migrants de s'approprier les valeurs et les modes de vie de la société d'accueil ?

- Quelle est la situation économique et politique générale du pays d'accueil ? Quelles sont les opportunités d'installation et de mobilité sociale offertes aux migrants ? Quelle est le sens et l'intensité de l'inégalité entre les personnes d'origine étrangère et les indigènes ?
- Quelle est la teneur de l'image renvoyée aux immigrants par la société d'accueil ? Les étrangers sont-ils acceptés comme ils sont ou une part d'eux-mêmes est-elle reniée ?
- Quelle fut la nature des contacts entre ces populations avant l'immigration (colonisation, conflits, coopération économique, soutien politique) ?
- Le contact de cultures s'effectue-t-il dans une situation biculturelle ou pluriculturelle ? …

Le potentiel du *groupe migrant*, c'est-à-dire son capital-formation, son pouvoir économique, son niveau d'urbanisation et sa « vitalité communautaire » (développement de réseaux de solidarité et de coopération liés à l'existence d'avantages économiques relatifs ; vivacité des particularismes linguistiques, culturels, etc.), est également un facteur influençant les options identitaires des immigrés (Bonacich, 1973 ; Bourhis et Leyens, 1994). La situation socio-économique de cette population avant son émigration, les causes qui ont présidé à son départ (immigration économique, immigration politique), ses relations actuelles avec le pays d'origine et les représentations qu'elle se fait de la durée de son exil semblent également intervenir dans la détermination des choix stratégiques (e.a. Targosz, 1996, p. 91).

Dans ce cadre, la *famille* et, plus largement, la communauté de vie, à travers lesquelles se structure la personnalité des jeunes, jouent un rôle capital. La structure familiale et communautaire, sa stabilité, sa position face aux ruptures culturelles et angoisses générées par l'immigration, ses capacités à gérer et à négocier les écarts d'identité, ses capacités à proposer des « modèles à suivre » sont les ressources premières grâce auxquelles les jeunes issus de migrants pourront produire leurs propres options identitaires (cf. Abou, 1981 ; Malewska-Peyre, 1982 ; Douville, 1982 ; Petek, 1992 ; Prêteur et de Léonardis, 1995). Les travaux de Devos (1980) et de Beauchesne (1989), en particulier, menés dans les contextes migratoires nord-américain et européen, ont montré que le respect et la valorisation de la tradition familiale et des rôles parentaux – sans pour autant les ériger en principes rigides – sont décisifs pour une construction identitaire positive, confiante et équilibrée. D'après ces recherches cliniques, dans les cas les plus favorables (« familles négociatrices »), les parents remplissent à la fois le rôle d'un refuge affectif et d'une autorité structurante : cet ancrage dans la culture familiale munit l'adolescent de repères clairs et d'un moi « robuste » capable d'affronter la confusion culturelle et les désagréments que l'environnement peut lui causer en raison de ses origines.

Divers auteurs (Abou, 1981 ; Scotto et Antoni, 1989 ; Camilleri *et al.*, 1990 ; Sellak, 1990 ; etc.) soulignent cependant la difficulté pour les familles migrantes de développer un tel encadrement de leurs jeunes. De fait, les familles transplantées sont souvent des familles démunies et en souffrance, où l'effort de cohabitation avec des expressions culturelles autres conduit parfois à une douloureuse mise en question des repères habituels. L'activation des mécanismes de défense qui s'ensuit complique encore les relations intra- et extra-familiales.

Des recherches signalent (Malewska-Peyre, 1982 ; Berry, 1994) l'influence de la proximité entre les *cultures* en contact. Par ailleurs, la possibilité que les porteurs d'une culture minoritaire ont de mettre entre eux et la société d'accueil une distance (« intimité communautaire »), certes limitée et provisoire mais protectrice, pourrait également bénéficier à la définition des stratégies complexes.

Les travaux de Schmitz (1994), enfin, montrent que les stratégies identitaires peuvent se modifier grâce à la médiation de *programmes d'interventions* psychosociales ou sociopédagogiques.

On note en particulier l'importance d'une transmission de la culture d'origine par la voie scolaire, notamment dans ses aspects linguistiques et religieux (Gaudier et Hermans, 1991). Cette transmission doit cependant être critique et réaliste : elle doit se fonder sur l'appropriation d'une *culture familiale réelle*, dans un environnement multiculturel, et non sur son idéalisation à finalité politique. L'existence, dans la plupart des pays européens, de cours de langues d'origine et de religion destinés aux enfants de migrants, cours organisés dans de nombreux cas directement ou indirectement par les États pourvoyeurs de main-d'œuvre, pose la question de la légitimité de cette intervention. Les expériences intégrées, qui se fondent sur la valorisation des ressources des communautés et des familles immigrées elles-mêmes, sont sans doute les plus intéressantes et les plus innovantes en la matière (Lebon, 1983 ; Mouvet et Manço, 1992).

Le *temps* apparaît aussi comme un facteur important à travers, notamment, les distorsions qu'il imprime sur les valeurs et les projets des migrants. Plus particulièrement, il faut noter les nuances importantes entre les choix identitaires des personnes de la première génération et ceux des jeunes nés en immigration, entre les attitudes des aînés et des cadets d'une fratrie, etc. Chaque catégorie est détentrice d'un potentiel différent et cible de pressions très diverses (Sabatier et Berry, 1994, p. 281 ; Camilleri et Vinsonneau, 1996, p. 55).

Enfin, le *sexe* semble intervenir fortement dans la définition des stratégies identitaires (Camilleri, 1980 ; Taboada-Leonetti, 1982 ; Douville, 1982 ; Santy, 1995 ; Camilleri et Vinsonneau, 1996, etc.). Les cultures en présence dans le contexte multiculturel n'attribuent pas les mêmes rôles et les mêmes possibilités aux hommes et aux femmes. Les immigrants ne développent pas toujours les mêmes sensibilités face à l'exil, au pays d'origine, au travail et à l'exclusion sociale selon qu'ils soient hommes ou femmes. En ce qui concerne plus particulièrement la seconde génération, les différences entre filles et garçons se marquent à divers niveaux. Par exemple :

- les jeunes filles issues de l'immigration semblent généralement bénéficier d'une scolarisation mieux réussie que leurs homologues masculins. Par ailleurs, les comportements déviants ne semblent pas les concerner au même degré que les jeunes gens ;
- les jeunes femmes issues de l'immigration semblent tendre vers des choix culturels qui leur accordent une autonomie importante et un rôle socio-économique équivalent à celui de l'homme. En revanche, les attitudes des jeunes hommes de la seconde génération semblent reproduire un schéma davantage traditionnel en ce qui concerne le statut social des femmes ;
- parallèlement à ces constats, on note que le poids du contrôle social pèse lourdement sur les filles, désignées comme les « gardiennes » des traditions familiales. Cette situation est parfois à la source de conflits et de cas de rupture avec le groupe d'origine (Abou, 1981 ; Manço, 2002).

5.2.2.2 *Déterminants psychologiques* – Des travaux mettent en lumière les rapports inédits entre des traits de la personnalité et la définition des stratégies identitaires en situation multiculturelle.

La *personnalité de base*, définie comme l'organisation intime qui module le comportement, est une structure psychologique évolutive, mise sous la pression des conditions de vie générales de l'individu. Elle peut influencer la définition des conduites identitaires : certains auteurs parlent d'ailleurs de « styles adaptatifs » ou de « styles d'ajustement » (Moscovici, 1979). La personnalité interviendrait ainsi à travers la médiation du *mode de fonctionnement cognitif* et du *mode de fonctionnement socio-affectif* de l'individu :

- Pour ce qui est du premier aspect, Berry (1992) et Schmitz (1994) montrent la corrélation entre, d'une part, des caractéristiques telles que l'intelligence formelle, la plasticité mentale, l'intro-détermination, l'indépendance par rapport au champ, la créativité et l'exigence de rationalité et, d'autre part, des conduites se rapprochant des stratégies de *« différenciation individuante »*.
- En ce qui concerne le second aspect, les synthèses de recherches cliniques (Mussen, 1980 ; Abou, 1981 ; Camilleri et Vinsonneau, 1996) montrent que les stratégies de *« différenciation individuante »* semblent être davantage le fait de personnes qui développent un score modéré aux échelles de dépression et d'agressivité-hostilité, une forte estime de soi, une certaine tolérance aux frustrations et contradictions, une forte autonomie, etc. (Sabatier et Berry, 1994, p. 280). En revanche, le cas des personnes à l'origine de postures identitaires telles que la *« différenciation conformante »* correspondrait à une forte tendance égocentrique, à une tendance à l'introversion, ainsi qu'à une tendance à développer des réponses psychosomatiques (Sabatier et Berry, 1994, p. 288).

Par ailleurs, Camilleri et Vinsonneau (1996) proposent d'interroger les liens entre la définition des stratégies et des postures identitaires et les différences interindividuelles de *sensibilité aux fonctions ontologique et pragmatique* qu'on pourrait peut-être rapprocher, sur le plan clinique, du principe de plaisir et du principe de réalité.

Enfin, certaines études déjà anciennes (Malewska-Peyre, 1982) permettent de montrer qu'il n'existe pas de rapports linéaires entre *l'âge* et la définition de stratégies identitaires. Mais notons que les travaux consultés portent essentiellement sur des publics d'adolescents confirmés ou de jeunes adultes ; en conséquence, les connaissances sur les facteurs maturationnels intervenant dans le déploiement de stratégies identitaires sont bien moins développées que celles concernant l'effet des facteurs contextuels ou des facteurs de personnalité.

Quels liens entre identité et intégration ?

1. Une synthèse théorique

L'approche constructiviste adoptée dans cet ouvrage a permis d'aborder la notion de *l'intégration psychosociale* par deux versants complémentaires :

- un versant socioculturel, le processus *d'acculturation* en tant que construction négociée d'un contexte de participation ;
- un versant psychologique, le processus *de personnalisation* en tant que modalité de développement et d'émancipation individuels.

La vision constructiviste de l'acculturation des communautés immigrées ou des personnes nées en immigration aboutit à une lecture en termes d'équilibration entre tendances différentes ; le processus d'acculturation est polarisé par les notions de différenciation et d'assimilation socioculturelles. Une gestion positive de cet aspect de l'identité sociale conforte la participation sociopolitique.

La personnalisation est, quant à elle, une des conditions de l'émancipation de l'individu; elle correspond à l'équilibration de motivations divergentes. L'axe de personnalisation oppose une polarité conformante (appartenance) à une polarité individuante (autonomie). La gestion positive de cette dichotomie - constitutive de l'identité personnelle - contribue le bien-être psychologique.

On a tenté, dans l'ouvrage présent, d'articuler et d'opérationnaliser les concepts d'acculturation et de personnalisation. Ainsi :

- la notion d'acculturation est objectivée à travers l'étude de *l'identification à des valeurs* ;
- le concept de personnalisation est, quant à lui, rendu par l'étude de *la production de projets personnels*.

La notion *d'identité psychosociale* apparaît ainsi comme étant le point de rencontre entre la projection et l'identification.

L'examen de la littérature tout au long du dernier chapitre permet la définition de quatre grandes classes de *stratégies et de postures identitaires* parmi les personnes issues de l'immigration en Europe. Ces conduites identitaires sont définies par le positionnement des acteurs sociaux le long d'un axe des « valeurs » et le long d'un axe des « projets ». Ces stratégies et postures correspondent à autant de tentatives de gestion des conflits culturels entre l'expression de la « culture d'origine » et la structuration socioculturelle du pays d'accueil. Ces attitudes de base sont :

1. l'assimilation conformante ou la recherche d'une dissolution dans la société d'Accueil ;

2. la différenciation conformante ou le retour aux "sources" de la culture d'Origine ;
3. l'assimilation individuante ou la distinction dans la société d'Accueil à travers l'enrichissement de celle-ci par des éléments de la culture d'Origine ;
4. la différenciation individuante ou l'interprétation de la matrice culturelle d'Origine à travers les termes des cultures du pays d'Accueil.

A chacune de ces catégories identitaires correspond une des modalités principales de *position sociale* décrits, entre autres, par Berry (1992) et Lapeyronnie (1993). Pour rappel, il s'agit de :

1. la marginalisation,
2. la ségrégation,
3. l'invisibilisation,
4. l'ethnicisation.

Les difficultés méthodologiques d'une telle typologie théorique viennent du fait que les comportements sont hybrides et peuvent participer de plusieurs types à la fois, même si des tendances claires peuvent être dégagées dans chaque cas (Manço, 1998, p. 24 et 60-61). Par ailleurs, les tendances identitaires sont sujettes à des modifications dans le temps et au gré des contextes.

On constate ainsi, d'après les travaux présentés dans le livre, que les stratégies identitaires individuantes et complexes semblent offrir de meilleures garanties d'intégration psychosociale à leurs promoteurs que les postures conformantes, de facture plus simple. Les recherches consultées contribuent donc à l'identification d'un faisceau de faits montrant les conditions d'émergence et l'efficacité des catégories identitaires. On remarque notamment que le déploiement de stratégies identitaires « complexes » - ou la manipulation des valeurs en fonction des projets - permet d'atteindre un état d'intégration sociale plus réussi.

2. Des constats empiriques

Cette section est consacrée à la *question de l'efficacité psychosociale et économique* des stratégies et des postures identitaires : *quelles conduites identitaires pour quelle intégration psychosociale parmi les jeunes issus de l'immigration ?*

L'évaluation de l'efficacité des stratégies identitaires est traitée dans la littérature disponible à l'aide de méthodes d'investigation essentiellement qualitatives, variées et appliquées à de petits échantillons de sujets. Certains travaux mettent également en oeuvre une analyse plus générale se basant sur des indicateurs globaux. Si la plupart des travaux cités concernent le contexte migratoire européen, certains ont été menés en Amérique. Ces investigations, dont les plus anciennes datent du début des années '80, couvrent des champs divers (maîtrise linguistique, insertion socioprofessionnelle, développement psycho-affectif, participation socioculturelle, ...) de sorte qu'il est difficile de les comparer.

On constate néanmoins que *l'individu migrant a de plus grandes chances de développer une intégration et une participation positives à la société d'accueil s'il peut prétendre à une reconnaissance publique de sa différence.*

2.1. L'identité comme facteur d'intégration

Ainsi, selon Sélim Abou (1981, p. 95), les immigrés et leurs enfants se sentent estimés et reconnus lorsqu'ils ont le sentiment de s'intégrer non pas dans une culture tout à fait étrangère mais dans une culture à l'édification de laquelle ils ont contribué dans une certaine mesure. Cette reconnaissance culturelle et historique dépend sans doute des contextes sociopolitiques dont on mesure l'importance pour la question de l'intégration. Mais des facteurs liés à l'individu et au groupe migrant semblent également d'une grande importance.

Des approches aussi diverses que des recherches cliniques en psychologie et des travaux psychosociologiques convergent vers un constat selon lequel *l'acceptation par l'individu en situation migratoire de la transformation de sa propre identité* et *le sentiment de maîtriser sa propre évolution identitaire ont un effet émancipateur : ils consolident la confiance et l'image positive de soi, ils permettent au sujet une décentration plus aisée sur autrui et ses réalités, ils facilitent ainsi l'intégration réciproque.*

Selon Marcia (1980), l'identité est d'autant plus robuste que l'individu est conscient de son unité et spécificité personnelles, de ses ressemblances et dissemblances avec d'autres, de ses limites et ressources face à ses propres projets. En revanche, elle est fragilisée si l'individu vit confusément sa différence à autrui et s'il est obligé, pour se définir, de se référer aux projets et choix des autres.

L'inscription dans la culture originelle semble favoriser la personne issue de l'immigration dans la gestion des tensions nées du contexte multiculturel inégalitaire. La « tradition » n'est donc pas nécessairement un facteur de non-insertion ; au contraire, sa maîtrise peut permettre de dépasser les contradictions vécues (Dubet, 1991 ; Phinney, 1990).

Pour les spécialistes en psychologie interculturelle, l'identification à la communauté primaire (dont l'expression la plus fondamentale est le couple mère-enfant) constitue une base pour le développement de la personnalité et de la sensibilité de l'être, sans pour autant nier l'influence sur ce développement d'autres facteurs (Vermès, 1991). Ainsi, les enfants nés d'immigrés et éduqués de façon cohérente avec les valeurs de leur famille connaissent, semble-t-il, une réussite scolaire supérieure aux autres (Bastide, 1982 ; Manigand, 1995 ; etc.). Les travaux en psychologie de la délinquance dus à Malewska-Peyre et ses collaborateurs (1982, 1985, 1988, etc.) montrent que les comportements déviants sont nettement moins courants parmi les jeunes qui ont pu garder une relation dense avec leur famille, qui ont une perception positive des valeurs de leur culture d'origine et qui en manifestent une connaissance étendue.

Il faut rapprocher ces observations des recherches sociolinguistes déjà anciennes (Mackey, 1976 ; Cummins, 1978 ; etc.) qui avaient montré l'importance d'une maîtrise approfondie de la langue maternelle pour aborder l'apprentissage d'autres langues. Ces travaux menés dans des contextes plurilinguistiques inégalitaires insistèrent également sur les effets positifs d'une rencontre « aménagée » des langues tant pour l'apprentissage lui-même que pour le développement harmonieux de la personnalité des apprenants (Blomart, 1983).

De manière complémentaire à ces constats, les travaux psychosociologiques de Phalet et al. (1995, 1996) insistent sur le rôle des valeurs collectives dans l'entretien d'une motivation à l'accomplissement personnelle parmi le public migrant: l'enracinement collectif permet ainsi de tendre vers une intégration créatrice, conflictuelle et innovante. Cette disposition constitue, selon les chercheurs, une des variables qui expliquent le mieux l'ajustement psychosocial dans des situations de transition acculturative.

Des recherches sociologiques à propos du processus de qualification et d'insertion socioprofessionnelle (Zeroulou, 1989; Aissi et al., 1990) montrent ainsi l'existence d'une relation entre l'intégration au pays d'accueil et l'affirmation d'une identité particulière parmi les immigrants: plus spécifiquement, chez les travailleurs qualifiés et chez les créateurs d'entreprises, l'élan de mobilité ascendante procède d'un projet familial et groupal longuement préparé et d'une attitude critique tant envers le pays d'accueil qu'envers la société d'origine. L'efficacité de ce projet de mobilité sociale provient de l'intensité de l'effort fourni en vue d'une articulation entre identité culturelle et insertion économique.

Enfin, les synthèses proposées, entre autres, par Lebon (1983), Koot et Rath (1987), Liebkind (1989) soulignent également que, contrairement à des affirmations rapides, le maintien de l'identité culturelle d'origine (« ethnicité ») parmi des groupes d'immigrants peut favoriser le processus de participation sociale dans la société d'accueil. Le développement de l'expression identitaire des groupes issus de l'immigration, dans une société d'installation non-discriminante, est une des conditions de cette évolution.

Ces constats amènent à tirer, avec Pierre Furter (1983, p. 136-137), quelques conclusions majeures. L'auteur considère la revendication identitaire des minorités culturelles comme n'étant pertinente que si elle tente de lier les survivances du passé aux expériences du futur. Les premières doivent mobiliser un potentiel de créativité au service des secondes. Certaines conditions politiques peuvent certes favoriser l'initiation de cette dynamique socioculturelle. Furter identifie trois « moments » dans la formulation des revendications et de la conscience identitaires parmi les populations minoritaires (cf. Manço, 1998, 2002) ;

- Premièrement, la mobilisation pour la sauvegarde d'un patrimoine considéré comme inerte revient à devenir *objet* de son histoire ; cette attitude ne peut déboucher qu'à une résistance frileuse et dogmatique, à un repli sur une *« culture-obligation »*. Touraine (1984) et Verbunt (1996) rappellent, à travers l'exemple des sectes, qu'il n'est pas possible de se construire en tant que sujet uniquement par l'appartenance. Poser l'identité seulement en termes de fidélité ou de trahison conduit à une attitude où l'idéal identitaire devient un « paradis perdu ». Bosma (1994) montre, à propos des engagements fondamentalistes, le déséquilibre engendré par ce type de choix philosophiques qui conditionnent l'investissement dans tous les autres champs de la vie. La perte du sentiment de différence par rapport aux autres, noyé par une appartenance « totale », équivaut à la perte pure et simple du sentiment d'identité ontologique (Mucchielli, 1994).

- Deuxièmement, la redécouverte et la revalorisation d'une culture « d'origine » revient à l'adapter à un contexte nouveau et actuel. Cette attitude peut donc permettre aux acteurs sociaux de (re)devenir *sujets* de leur histoire et de déboucher sur l'amorce d'un processus d'intégration.

- Troisièmement, l'équilibration entre les pressions culturelles dominantes et la volonté d'une affirmation particulière revient à dépasser le conflit identitaire par une expression synthétique nouvelle. Celle-ci détermine la participation innovante des acteurs : la culture devient ainsi *un objet de plaisir, de création et de satisfaction*. L'équilibration identitaire permet de construire un sentiment paradoxal « d'intégrité culturelle » tout en favorisant les relations qui conditionnent une intégration socio-économique : elle ouvre la voie à tant à la maîtrise de la différence qu'à la possibilité de devenir « différent de sa différence ».

Elargissant le débat à l'ensemble des groupes sociaux en danger d'exclusion, Dubet (1987, p. 432) propose de considérer le contraste entre, d'une part, une *logique de marginalisation* et d'impuissance, marquée par une identité figée et un avenir peu favorable perçu comme une destinée inéluctable et, d'autre part, une *logique dynamique de participation*, marquée par une identité nourrie de valeurs négociées et de projets.

Selon la logique de participation, les acteurs sociaux, individuels ou collectifs, apparaissent, à travers les effets modulants de leurs stratégies identitaires, comme « les auteurs de leurs cultures ». Ils se trouvent à l'origine de stratégies identitaires composées, actives, complexes, personnalisées et offensives, tâchant d'équilibrer les tendances pragmatiques-assimilationnistes et les tendances ontologiques-conservatrices, oeuvrant résolument à la création d'expressions culturelles autonomes, nées de la déconstruction critique et de l'articulation dynamique des cultures en présence (sur le même sujet, consulter De Villanova, 2005). La négociation et le dépassement des contradictions culturelles par la production de stratégies identitaires efficaces contribuent ainsi à l'ajustement psychosocial de l'individu (Touraine, 1984).

Ces groupes refusent de vivre leur identité originelle comme un "handicap" et tentent de la transformer en un "atout", dans une société d'accueil à l'évolution de laquelle ils participent pleinement.

On se rappelle ici de la dichotomie introduite par Moscovici (1979, p. 89), entre, d'une part, les minorités *anomiques*, passives, diffuses, orthodoxes et pro-normatives et, d'autre part, les minorités *nomiques*, actives, structurées, hétérodoxes et contre-normatives. La différenciation active (recherche d'une visibilité) est posée comme une condition d'existence et d'influence (innovation conflictuelle). Selon l'auteur, la perspective n'est pas nécessairement morose pour une minorité. Etre à l'écart - ou même détesté - n'est pas un obstacle à l'influence sociale (p. 223) à condition que la position minoritaire soit constante mais souple, consistante, confiante, équitable, autonome et énergique (p. 165 et suiv.).

2.2 Vers une modélisation du rapport

Un certain nombre de travaux contribuent à modéliser la dynamique de participation sociale et d'équilibration culturelle mise en oeuvre par divers groupes issus de l'immigration. Selon El Moubaraki (1989) qui décrit le processus d'intégration de la communauté marocaine du nord de la France, l'adaptation à la société d'accueil va de pair avec la conservation des spécificités socioculturelles. Cette adaptation dialectique se construit en harmonie tant avec les valeurs du pays d'origine qu'avec les exigences d'une participation à la société française (Weil, 2005). Elle aboutit à des positions "*hybrides entre mémoire et projet*" (El Moubaraki, 1989, p. 223 et suivantes).

Marquès-Balsa (1987), à l'issue de l'étude des processus d'identification à l'oeuvre, par exemple parmi les jeunes issus des communautés du sud de l'Europe installées à Bruxelles, propose le concept de *bicentration culturelle*, plutôt que celui d'hybridation. La bicentration culturelle des jeunes d'origine étrangère rend compte de la double orientation des formations socioculturelles produites par les communautés immigrées (Bourhis et al., 1994, p. 194-197). Selon Marquès-Balsa, qui s'inspire de travaux sur le bilinguisme, on peut parler d'une « focalisation amphibologique » si les deux termes de l'identité culturelle sont (re)connus à degré égal (par exemple : langues et codes de comportements maîtrisés de la même manière). Si cette double maîtrise est cependant limitée, la situation socioculturelle de la communauté envisagée risque d'être problématique. Mais des données d'enquête (Marquès-Balsa, 1987) montrent que c'est d'une « bicentration dissymétrique » dont il faut parler le plus souvent : le rapport à une des cultures est alors instrumental et pragmatique, elle n'est maîtrisée que superficiellement ; l'autre est davantage approfondie et fait l'objet d'un investissement affectif fort.

Lesthaeghe et Surkyn (1996, p. 39) proposent, quant à eux, la notion *d'hétéropraxis* pour signifier la construction par des communautés immigrées (turques et marocaines de Flandre) d'expressions culturelles syncrétiques. Les individus placés dans des contextes pluriculturels développent des relations souples avec leur environnement. L'alternative ne se situe pas, pour eux, entre le maintien total ou la rupture brusque avec la culture d'origine. Au contraire, *les liens communautaires donnent un sens à leurs actions d'exploration des opportunités du pays d'accueil* (Lesthaeghe et Surkyn, 1996). Les conduites syncrétiques, qui découlent de cette situation, sont comme le résultat d'une balance entre, d'une part, de nouvelles aspirations et, d'autre part, des règles de vie plus anciennes qui ont maintenu un certain degré de fonctionnalité. Le résultat obtenu par la conservation de certains comportements « traditionnels » dans le pays d'accueil est *l'hétérogénéité et la juxtaposition des pratiques socioculturelles.*

2.3. Synthèse des résultats

Selon les nombreuses recherches présentées ici, *la maîtrise du devenir identitaire et l'inscription fonctionnelle dans la culture d'origine* semblent favoriser les personnes issues de l'immigration dans la gestion des conflits nés du contexte migratoire et dans leurs efforts d'intégration : *c'est le principal constat des études empiriques qui tentent d'établir les liens entre les questions identitaires et la problématique de l'intégration psychosociale.*

Cependant, comme on le constate à l'examen de ces travaux, les recherches semblent avoir essentiellement approfondi un seul des termes du constat énoncé. Les investigations sur l'intégration des personnes issues de l'immigration - bien qu'ayant décrit la diversité des stratégies et des postures identitaires présentes dans cette population - ne semblent en effet avoir analysé que les effets de *la conservation ou de la transformation des valeurs* (Manço, 1998, p. 17).

Pourtant, si l'inscription dans la culture originelle semble effectivement favoriser l'adoption de stratégies plus aptes à gérer les tensions nées du contexte multiculturel, *la capacité à projeter* apparaît aussi comme indispensable pour le processus d'intégration. Certains (Berry, 1992; Lapeyronnie, 1993; etc.) soulèvent bien cette hypothèse mais rares sont ceux ayant pu l'approfondir.

Des réflexions sur la notion d'identité (saisie en dehors du champ migratoire) comme celles proposées par Marcia (1980) et Dubar (1991), par exemple, pourraient fournir le cadre théorique d'un approfondissement.

Le travail de Marcia a, en effet, le mérite de montrer l'importance pour des jeunes aux prises avec les aléas du passage à l'état adulte, de la production d'orientations autonomes et de questionnements. L'existence de décisions et de projets à propos de la définition de soi est une exploration d'alternatives aux expériences jugées comme non-pertinentes. Ces faits semblent offrir une indication précieuse en ce qui concerne le travail d'intégration psychologique que le moi effectue pour parvenir à un sentiment d'identité satisfaisant ou estimé comme « efficace ». La projection se révèle ainsi être discriminante par rapport au devenir des adolescents. L'auteur compare cette activité cognitive à l'intériorisation d'une structure de soi, selon des décisions prises de manière libre mais avec une prise sur la réalité sociale. Marcia (1980) constate que les jeunes des catégories identitaires à forte projectivité ont de meilleures performances en matière d'intégration socioscolaire et socioprofessionnelle.

Il s'agit à présent de proposer des hypothèses de travail et un cadre de recherche systématique permettant d'évaluer, auprès des jeunes immigrés ou issus de l'immigration, le rôle des conduites identitaires à forte projectivité dans les processus d'intégration, définis à la fois comme participation sociale et comme émancipation psychologique.

2.4. Une recherche sur la communauté turque de Belgique

Ainsi, dans une recherche personnelle (Manço, 1997, 1998), nous avons tenté d'analyser le processus d'intégration des jeunes d'origine turque en Belgique, de montrer la diversité des identités au sein de ce groupe et d'évaluer l'efficacité intégrative de différentes modalités identitaires. Trois démarches méthodologiques complémentaires ont permis d'atteindre ces objectifs. Une première a tenté de déterminer, de manière diachronique, le niveau d'intégration générale des jeunes. Une deuxième fut consacrée à l'étude de la structure identitaire des jeunes, au moyen d'une typologie des stratégies identitaires. Enfin, une troisième a permis de déployer une double démarche d'évaluation: d'une part, les types identitaires furent comparés en regard de critères d'insertion sociale et, d'autre part, les mêmes furent comparés en regard de critères de conflictualité intrapersonnelle.

2.4.1. Evolution diachronique

L'observation diachronique du degré d'intégration des jeunes issus de l'immigration turque en Belgique a permis de remarquer *« un approfondissement de l'insertion scolaire des hommes qui, dans le cas des plus jeunes, correspond généralement à une préférence pour la proximité de personnes autochtones (condisciples, voisins, fréquentations, ...). Cet effort ne trouve cependant pas son corollaire sur le marché du travail où l'on recense pourtant des travailleurs - relativement plus âgés - qui ont pu renforcer leur assise professionnelle. »* (Manço, 1998, p. 135-136). Dans le domaine socioculturel, il faut parler d'une diversification des valeurs et pratiques : on observe, d'une part, un accroissement de la pratique religieuse, liée au pays d'origine, et, d'autre part, une amélioration importante de la pratique de la langue du pays d'accueil. D'autres observations confirment des tendances telles que l'affirmation de projets d'installation définitive en Belgique, la baisse de la natalité au sein des jeunes ménages, ...

2.4.2. Typologie identitaire

La description de la structure identitaire des jeunes au moyen d'une typologie factorielle permet de mettre en évidence une organisation en quatre types identitaires principaux. Cet ensemble regroupe des postures et des stratégies de base ; il est procède de comportements de projection-personnalisation et de choix valoriels.

2.4.3. Evaluation de l'intégration

L'approche évaluative du degré d'intégration des types d'identité a été réalisée grâce à la mesure des différences de qualification scolaire, de stabilité professionnelle et de participation socioculturelle entre les types identitaires. « *Les données montrent que le facteur qui influe le plus le niveau d'intégration sociale est la projectivité, positivement corrélée avec la stabilité professionnelle, la réussite scolaire et la participation sociale. Ainsi, quelle que soit la teneur des valeurs particulières, ce sont les personnes à forte projectivité qui semblent bénéficier d'un degré plus important de qualification et de stabilité: quelles que soient les valeurs adoptées par les acteurs, c'est la manière dont elles sont instrumentalisées en vue d'une intégration qui semble donc susciter un développement positif.* » (Manço, 1998, p. 136).

2.4.4. Une vue d'ensemble

Ce résultat conforte une lecture *constructiviste* de la notion d'intégration ; il souligne ainsi l'importance de la personnalisation et d'une dialectique individu/communauté/société dans l'évaluation des trajectoires personnelles. De fait, l'émergence de chacun des types d'identité est intimement liée à un contexte d'opportunités, où chaque type présente un degré de fonctionnalité; l'ensemble de ces attitudes est présent chez tout un chacun, selon, certes, un dosage précis, potentiellement variable: les contenus identitaires des catégories projectives, par exemple, montrent l'importance d'une certaine conformation culturelle dans la production des conduites individuantes. On se souvient ici de l'exemple de Whyte (1996) qui montre qu'un des vecteurs de l'intégration est justement la synergie développée entre, d'une part, ceux qui privilégient une ascension individuelle et, d'autre part, ceux préférant s'inscrire dans une dynamique communautaire : au niveau d'une société, d'un groupe, d'une famille, l'existence de sous-groupes ou d'individus misant sur des attitudes identitaires différentes (et complémentaires ?) semble nécessaire à la construction d'un équilibre global. N'en est-il pas de même dans le cas de l'identité individuelle balancée entre aspirations divergentes ?

Les résultats de cette recherche (Manço, 1997, 1998) soulignent ainsi la situation particulièrement difficile des jeunes dont la socialisation a été perturbée par l'immigration à un âge précoce (expériences de rupture). « *Les personnes nées en Belgique ou ayant pu bénéficier d'une socialisation complète dans le pays d'origine semblent, en revanche, développer des attitudes et des projets en meilleure adéquation avec le contexte socio-économique du pays d'accueil.* » (Manço, 1998, p. 137).

Ce contexte influence le devenir des jeunes issus de l'immigration. Les divergences en matière de maîtrise linguistique et de stabilité socioprofessionnelle entre la population turque de Flandre et la population correspondante en Belgique francophone, par exemple, montrent les effets des structures d'opportunités sur la situation des jeunes d'origine étrangère. Le rôle dans l'intégration des jeunes d'un capital social, de ressources culturelles spécifiques, de l'attachement à la valeur « travail » (raison principale ayant conduit à l'immigration), de la mobilisation à des fins socioprofessionnelles de réseaux de solidarité et, enfin, de la faculté à gérer les tensions semble, par ailleurs, des plus importants.

On remarque ainsi une proximité entre la production de projets et la résolution d'une expérience conflictuelle, comme si les premiers étaient effectivement des « *outils* » appelés à restaurer la consonance psychologique : « *on soutient dès lors que les signes d'une auto-prise en charge et d'une gestion des conflits culturels pourraient permettre l'appréciation plus fine des dynamiques d'intégration psychosociale des personnes issues de minorités. Si, selon les types d'identité, les voies empruntées peuvent être assez distinctes, elles peuvent néanmoins conduire, avec la même fonctionnalité, à la réalisation de soi, à l'insertion socioprofessionnelle et à la participation culturelle et politique.* » (Manço, 1998, p. 138).

2.5. Discussion

Dans cette tentative d'évaluation des effets des stratégies identitaires sur l'intégration des jeunes issus de l'immigration en Europe, il est aussi important de rappeler les déterminants socio-économiques qui pèsent sur les immigrés que de décrire les stratégies par lesquelles les communautés minoritaires essaient de se positionner dans la société d'installation, malgré ces déterminismes.

Ainsi, dans le contexte actuel de raréfaction des emplois valorisants, la mobilisation de toute ressource communautaire et de toute opportunité offerte par la société d'accueil devient vitale. C'est pourquoi les choix et les stratégies identitaires des familles immigrées qui, en particulier, impliquent leurs enfants, se révèlent être une dynamique estimable mais souvent sous-exploitée.

Quelle est, en effet, la priorité pour ces jeunes ? Renouer avec l'histoire de leurs parents ou travailler à leur assimilation ? Les observations examinées tendent à montrer que ces possibilités ne sont ni exclusives, ni contradictoires : l'interrogation doit plutôt porter sur la construction d'une synthèse personnelle (« être soi-même avant tout »), dynamique, « inclusive » et sur son opérationnalisation dans les champs scolaire, professionnel et culturel, champs sur lesquels les jeunes issus de l'immigration sont amenés à se situer. *Il s'agit donc d'une multitude d'allers et de retours entre les pôles « différenciation » et « assimilation », en fonction de l'histoire du jeune, des particularités du domaine envisagé, du lieu où il vit et, surtout, en fonction de ses projets et visions d'avenir.*

Certains jeunes issus de l'immigration paraissent ainsi, d'une part, cultiver leur spécificité culturelle et personnelle et, d'autre part, chercher à s'insérer dans une unité plus globale. Ce groupe est, à ce titre, en train de tracer, par de multiples détours et tâtonnements, un modèle d'intégration, en fonction de possibilités et d'itinéraires spécifiques.

Cette observation semble cruciale face à des communautés immigrées culturellement structurées et en proie à la marginalisation économique. *Autant le développement positif de la personne semble grevé par des attitudes figées, autant ce développement ne peut se concevoir en dehors des réseaux de solidarité, du potentiel d'énergie, de l'historicité et du sentiment de fierté que procure l'appartenance communautaire: l'intégration n'est pas simplement un abandon de traits culturels d'origine mais l'articulation de ceux-ci aux exigences d'une insertion générale.*

3. Des perspectives

Au départ d'une intention - celle de contribuer à la définition des conditions qui permettent à la mixité culturelle de dégager son potentiel d'émancipation-, la présente publication tente de montrer que le déploiement par les jeunes d'origine étrangère de stratégies identitaires actives peut les doter d'arguments nécessaires à l'intégration: *celle-ci n'est pas tant déterminée par le contenu des identifications que par la manière dont ces valeurs sont personnalisées et mobilisées dans le cadre de projets d'insertion.*

Les stratégies identitaires font précisément référence aux facultés de mobilisation de valeurs en fonction de projets, jugés pertinents au regard de l'intégration. Cette dernière est définie comme équilibration psychologique et capacité de négociation de la participation sociopolitique.

Dans une perspective *normative*, poser la question de l'intégration débouche sur une définition unilatérale en référence à une institution extérieure aux groupes étudiés. En outre, la mesure du degré d'intégration se révèle ardue en raison du caractère équivoque de la plupart des indicateurs employés.

En revanche, l'introduction dans ce débat de l'intentionnalité des institutions et des acteurs sociaux permet de capter la *réciprocité* des échanges autour de la notion d'intégration. Il devient alors possible d'appréhender le caractère dialectique du processus : les stratégies identitaires des acteurs issus de l'immigration rencontrent les actions des institutions du pays d'accueil dont le degré de perméabilité aux éléments culturels exotiques influence la qualité et la rapidité du processus d'intégration.

L'acculturation est un concept central dans l'approche constructiviste de l'intégration. Elle permet de penser la dimension culturelle et idéologique de l'intégration sociale. L'acculturation est la conséquence de la « négociation permanente » qui permet au sujet individuel ou collectif, indigène ou migrant, de se positionner sociopsychologiquement, dans un rapport systémique avec son contexte de vie.

La dimension psychologique de l'intégration, *la personnalisation*, se focalise davantage sur le processus d'individuation à l'oeuvre à l'intérieur des groupes. L'intégration psychologique est l'émancipation des individus en tant que personnes autonomes et reconnues à la faveur d'un processus d'équilibre entre l'expression d'un projet original et la conformation à des règles générales. A ce titre, l'approche constructiviste montre que les individus tendent vers un état d'intégration psychologique de manière *isomorphe* à ce qui est présenté à propos de l'intégration sociale des groupes.

Ces développements théoriques permettent d'avancer un modèle selon lequel l'intégration psychosociale est pour partie l'aboutissement d'une certaine structuration identitaire parmi les jeunes issus de l'immigration. Les jeunes producteurs de stratégies identitaires actives peuvent ainsi dépasser les situations critiques et les remises en question, ils peuvent donc se démarquer, dans une certaine mesure, des conditionnements sociétaux pour réaliser leurs propres spécificités.

Ainsi, des psychologues comme Berry (1992) et des sociologues comme Lapeyronnie (1993), par exemple, aboutissent à des typologies générales d'actions collectives promues par des minorités issues de l'immigration, dans le cadre de leurs interactions avec les institutions du pays d'installation. Une réflexion sur le rôle, dans cette construction, des processus identitaires personnels amène Camilleri et Vinsonneau (1996) à définir les conduites identitaires se trouvant à l'origine des attitudes et comportements particuliers: *l'approche constructiviste permet aux chercheurs de produire une conception plus précise et réaliste de l'intégration; celle-ci dépend de l'articulation entre caractéristiques individuelles et contextes sociaux.*

Le faisceau de constats à propos des liens entre les stratégies identitaires et l'intégration psychosociale des jeunes issus de l'immigration en Europe permet ainsi de tendre, de proche en proche, vers des conclusions de portée générale.

3.1. Compétences psychosociales

On observe que, dans une société marquée par l'hétérogénéité de ses composantes et la rapidité de son évolution, l'estime de soi et le sentiment de confiance, la capacité à se situer par rapport à des ensembles de valeurs et la possibilité de définir des projets et un avenir sont des compétences psychosociales de base nécessaires à la structuration d'une « identité performante », à savoir une identité qui puisse valablement répondre des tendances *pragmatiques* et *ontologiques* de l'individu, telles que définies par Camilleri et al. (1990). *Ces compétences, forcément interculturelles, sont les habiletés fondamentales qui permettent aux personnes (notamment membres de communautés d'origine étrangère) de « faire face », plus ou moins efficacement, à des vicissitudes sociohistoriques, à la situation de domination politique, culturelle et économique engendrée par un contexte social multiculturel et inégalitaire.*

3.2. Compétences (inter)culturelles

On constate que, dans pareil contexte conflictuel, l'investissement affectif à l'égard de la famille et de la communauté d'origine rend possible l'appropriation de différentes facettes de cette expression culturelle par les jeunes d'origine étrangère et aide à échapper à une éventuelle image négative ou attitude de déni que la société d'accueil pourrait projeter sur le groupe issu de l'immigration. La maîtrise de la culture d'origine offre ainsi aux personnes d'origine étrangère - et, en particulier, aux jeunes -, l'opportunité de se fonder sur des repères solides. Ceux-ci permettent la composition de stratégies identitaires en continuité avec les valeurs familiales et compatibles avec les nécessités d'une adaptation au contexte social général. *La robustesse des repères culturels permet donc l'adoption de stratégies aptes à gérer les contradictions symboliques et les conflits de valeurs* (Manço, 2002).

3.3. Personnalisation et paradoxalité

L'efficacité de la gestion des contradictions culturelles, rendues visibles par la construction progressive d'une certaine congruence socioculturelle, semble liée à l'appropriation personnalisée des valeurs. Les projets personnels, outils principaux de cette intériorisation critique et spécifique, sont également le « lieu » où s'articulent des valeurs divergentes, où s'inventent des conduites identitaires « paradoxales ». *L'accès à la paradoxalité correspond, tant au niveau individuel que groupal, à la résolution positive des conflits normatifs.*

3.4. De l'intégration psychologique à l'intégration sociale

Le dépassement des dissonances culturelles est de nature à contribuer à la réciprocité de la transaction société d'accueil/personnes d'origine étrangère. Ces rapports sociaux permettent à l'acteur issu de l'immigration de s'ouvrir aux membres et aux institutions de la société d'installation. La négociation interculturelle ainsi engagée précipite la définition et la positivation de conduites identitaires de la part des acteurs en contact. *La gestion des conflits et des tensions multiculturelles, au moyen de stratégies identitaires actives, contribue donc à l'intégration du moi, ainsi qu'à l'ajustement social* (Manço, 1998).

Ces résultats semblent aboutir à une situation inattendue qui consiste à « nouer » les destins de la logique des minorités et celle de l'assimilation individuelle (Lapeyronnie, 1993). Ces réflexions suscitent plusieurs implications majeures pour qui veut promouvoir des actions en vue de faciliter la participation socio-économique et culturelle des jeunes issus des communautés immigrées. Il importe donc de développer une double discipline critique qui examine les termes de l'identité et les modes de fonctionnement des sociétés de référence. *D'un point de vue opératoire, c'est donc de manière pragmatique et fonctionnelle qu'il faut outiller les jeunes issus de l'immigration, pour leur permettre de trouver leur assise non pas « entre deux chaises » mais sur les deux à la fois…*

Bibliographie

ABOU S. (1981), *L'identité. Relations interethniques et problèmes d'acculturation*, Paris : Anthropos.

AISSI A. *et al.* (1990), « Le processus de qualification et d'insertion professionnelle dans la communauté maghrébine en France », *Migrations-Études*, n° 12, p. 1-8.

AKHAN O. (1992), « Femmes, familles et immigration turques : modification des pratiques de maternage », MANÇO A. et U. (éds), *Turcs de Belgique. Identités et trajectoires d'une minorité*, Bruxelles : Info-Türk, p. 115-156.

AMIRAUX V. (1995), « Turcs en Allemagne et Turcs d'Allemagne : histoire imprévue d'une coexistence », *Annales de l'Autre Islam*, n° 3, p. 61-82.

AMSELLE J.-L. (1996), *Vers un multiculturalisme français. L'Empire de la coutume*, Paris : Aubier.

ANCIAUX A. (1994), *L'évaluation de la socialité. Manuel d'anthropologie appliquée au travail social*, Bruxelles : De Boeck.

APPART A. (1995), « Approche du toxicomane immigré : défaire les amalgames, insignes de l'exclusion sociale, » *Nouvelle Tribune*, n° 8, p. 38-41.

AUGE M. (1994), *Le sens des autres. Actualité de l'anthropologie*, Paris : Fayard.

AUTANT C. (1995), « La tradition au service des transitions. Le mariage des jeunes femmes turques dans l'immigration », *Migrants-formation*, n° 101, p. 108-179.

AZZI A.E. (1994), « La dynamique des conflits intergroupes et modes de résolution des conflits », BOURHIS R. Y. et LEYENS J.P. (éds) (1994), *Stéréotypes, discriminations et relations intergroupes*, Liège : Mardaga, p. 293-320.

AZZI A.E. (1996), *Multiculturalisme et identités culturelles : coexistence d'identités uni-culturelles ou intégration d'identités pluri-culturelles*, Bruxelles : Chaire internationale en psychologie sociale, U.L.B. Document de travail.

BACHELARD G. (1980), *Le nouvel esprit scientifique*, Paris : P.U.F., première édition en 1934.

BAJOIT G. (1996), « Pour (re)donner du sens à la vie sociale », *Travailler le social*, n° 17, p. 9-35.

BAJOIT G. et FRANSSEN A. (1995), *Les jeunes dans la compétition culturelle*, Paris : P.U.F.

BARTHON C. (1996), « Intégration et ségrégation scolaire des enfants de migrants, l'exemple de l'académie de Versailles », communication faite au colloque *Réussite scolaire et universitaire, égalité des chances, le poids des origines*, Université de Paris 7 – Denis-Diderot, 6-7 mars.

BASTENIER A. (1992), « Immigration et différenciation ethnique en Europe », *La revue nouvelle*, n° 11, p. 34 et suiv.

BASTENIER A. (1992), « Les relations interculturelles sont des rapports sociaux et donc des conflits à issue incertaine ». Communication faite lors du colloque *La pluralité culturelle dans les systèmes éducatifs européens* organisé à Nancy.

BASTENIER A. et DASSETTO F. (éds) (1990), *Immigration et pluralismes nouveaux : une confrontation de sociétés*, Bruxelles : De Boeck-Université.

BASTENIER A. et DASSETTO F. (1984), *L'Islam transplanté*, Anvers : EPO.

BASTENIER A. et DASSETTO F. (1993), *Immigration et espace public. La controverse de l'intégration*, Paris : l'Harmattan-CIEMI.

BASTENIER A. (2000), *Immigration et espace public : la controverse de l'intégration*, Paris : L'Harmattan.

BASTENIER A. (2004), *Qu'est-ce qu'une société ethnique*, Paris : PUF.

BAUBÖCK R. (1994), *L'intégration des immigrés*, Strasbourg : Conseil de l'Europe.

BAUDELOT C. et ESTABLET R. (1972), *L'école capitaliste en France*, Paris : Maspéro.

BAUDIER A. et CELESTE B. (1990), *Le développement affectif et social du jeune enfant. Une introduction*, Paris : Nathan.

BEAUCHESNE H. (1989), « Rupture, crise et changement chez l'adolescent entre deux cultures », YAHYAOUI A. (éd.), *Identité, culture et situation de crise*, Paris : La Pensée Sauvage, p. 25-31.

BEAUD S. et NOIRIEL G. (1991), « Penser l'intégration des immigrés », TAGUIEFF P.A. (éd.), *Face au racisme*, t. II, Paris : La Découverte, p. 261 et suiv.

BENSALAH N. (1996), « Des immigrations familiales aux familles immigrées », STEICHEN R. et DE VILLERS G., *La famille et les familles. Quelle identité aujourd'hui ?*, Louvain-la-Neuve : Bruylant-Academia, p. 183-193.

BERQUE J. (1978), « Identités collectives et sujets de l'histoire », MICHAUD G. (éd.), *Identités collectives et relations interculturelles*, Paris : Complexe, p. 11 et suiv.

BERRY J.W. (1991), « Understanding and managing integration : some implications in Canada », *Psychology and developping societies*, n° 3, p. 17-49.

BERRY J.W. (1994), « De la psychologie interculturelle et ethnique : vers une perspective écologique », *Cahiers internationaux de psychologie sociale*, n° 24, p. 9 et suiv.

BERRY J.W. *et al.* (1987), « Comparative studies of acculturative stress », *International migration review*, vol. XXI, p. 491-511.

BERRY J.W. *et al.* (1992), *Cross-cultural psychology. Research and applications*, Cambridge : C.U.P.

BERRY J.W. et KRISHNAN A. (1992), « Acculturative stress and acculturation attitudes among indian immigrants to the U.S.A. », *Psychology and devlopping societies*, n° 4.

BICHARA K., MARTINIELLO M., REA A. et TIMMERMAN C. (2006), *Penser l'immigration et l'intégration autrement: une initiative belge inter-universitaire*, Bruxelles : Bruylants.

BLAISE P. et MARTENS A. (1992), « Des immigrés à intégrer. Choix politiques et modalités institutionnelles », *Courrier hebdomadaire du CRISP*, n° 1358-1359.

BLOMART J. (1983), « L'intégration des enfants de travailleurs immigrés dans la société d'accueil », *Psychologie de l'enfant*, n° 4, p. 126-147.

BLOS P. (1988), « L'insoumission au père ou l'effort de l'adolescent pour être masculin », *Adolescent*, n° 6, p. 19-30.

BÖCKER A. (1995), « Turcs des Pays-Bas. Entre continuité et changement : une sous-classe en formation ? », *Annales de l'Autre Islam*, n° 3, p. 91-109.

BONNETTI M. *et al.* (1991), *Développement social urbain. Stratégies-méthodes*, Paris : L'Harmattan, coll. « Objectif ville ».

BORN M. (1983), *L'adoption de comportements socialement déviants chez les jeunes*, Thèse de doctorat en psychologie, Liège : Institut de psychologie et des sciences de l'éducation, 3 vol.

BORN M. (1984), *Jeunes déviants ou délinquance juvénile*, Bruxelles-Liège : Mardaga.

BORN M. (1984), « Les structures de la perspective temporelle », *Psychologica Belgica*, vol. XXIV, n° 2, p. 105-116.

BORN M. *et al.* (1988), « Regards sur les immigrés », *Objectifs immigrés*, n° 1, p. 5-30.

BORN M. (2006), *Psychologie de la délinquance*, Bruxelles : De Boeck.

BOSKI P. (1994), « Vers une psychologie culturelle de l'identité nationale : approche théorique et empirique », *Cahiers internationaux de psychologie sociale*, n° 24.

BOSMA H. (1994), « Identity and identity process. What are we talking about ? », OOSTERWEGEL A. et WICKLING R. (éds), *The self in european and north american culture : developpement and process*, Amsterdam : Kluwer Academic Publications.

BOSMA H. (1994), « Le développement de l'identité à l'adolescence », *L'orientation scolaire et professionnelle*, vol. XXIII, n° 3, p. 291-311.

BOUAMAMAS S. (1996), « Une jeunesse en quête de sens », *Éducation santé*, n° 113, p. 12-13.

BOUBAKRI H. (1985), « Modes de gestion et réinvestissements chez les commerçants tunisiens à Paris », *Revue Européenne des Migrations Internationales*, vol. I, n° 4, p. 49-65.

BOUDON R. et LAZARFELD P. (éds) (1965), *Méthodes de la sociologie*, Paris, La Haye : Mouton.

BOURDIEU P. (1974), « L'avenir de classe et la causalité du probable », *Revue française de sociologie*, vol. XV, n° 1, p. 3-42.

BOURDIEU P. (1984), *Questions de sociologie*, Paris : Éd. de Minuit.

BOURDIEU P. et PASSERON J.-C. (1970), *La reproduction*, Paris : Éd. de Minuit.

BOURHIS R.Y. *et al.* (1994), « Discriminations et relations intergroupes », BOURHIS R.Y. et LEYENS J.P. (éds) (1994), *Stéréotypes, discriminations et relations intergroupes*, Liège : Mardaga, p. 161-200.

BOUTINET J.P. (1990), *Anthropologie du projet,* Paris : P.U.F.

BRACKELAIRE J.L. (1995), *La personne et la société. Principes et changement de l'identité et de la responsabilité,* Bruxelles : De Boeck.

CAMILLERI C. (1980), « Les immigrés maghrébins de la seconde génération : une contribution à l'étude de leur évolution et de leurs choix culturels », *Bulletin de Psychologie,* vol. XXXIII, n° 397.

CAMILLERI C. (1990), « Positionnement identitaire chez l'adolescent maghrébin en France », KRIDIS N. (éd.), *Adolescence et identité,* Marseille : Hommes et Perspectives.

CAMILLERI C. (1991), « Communautés, immigration, intégration », *Migrants-formation,* n° 86, p. 195 et suiv.

CAMILLERI C. (1991), « La construction identitaire : essai d'une vision d'ensemble », *Cahiers internationaux de psychologie sociale,* n° 9-10, p. 77-90.

CAMILLERI C. (1992), « Les effets spécifiques de la culture en milieux scolaires culturellement diversifiés », *Intercultures,* n° 18, p. 11-25.

CAMILLERI C. (1996), « Les stratégies identitaires des immigrés », *Sciences humaines,* n° 15 « Identité, identités : l'individu, le groupe, la société », p. 32-34.

CAMILLERI C. *et al.* (1990), *Stratégies identitaires,* Paris : P.U.F.

CAMILLERI C. et VINSONNEAU G. (1996), *Psychologie et cultures : concepts et méthodes,* Paris : A. Colin, collection « U ».

CAMMAERT M.-F. (1992), « Fighting for success. Berber girls in higher education », *Migration,* n° 15, p. 83-100.

CAMPIOLI G. (1977), « Enfants migrants et réussite scolaire : les exceptions », *Recherches Sociologiques,* VIII, n° 2, p. 245-273.

CASTLES S. et KOSACK G. (1973), *Immigrant worker and class structure in Western Europe,* Londres : Oxford University Press.

CHARLOT B. (1992), « Penser l'échec comme événement, penser l'immigration comme histoire », *Migrants-formations,* n° 81, p. 8-24.

CHARLOT B. *et al.* (1994), *École et savoir dans les banlieues… et ailleurs,* Paris : A. Colin.

CHERKAOUI M. (1979), *Les paradoxes de la réussite scolaire,* Paris : P.U.F.

CIBOIS P. (1983), *L'analyse factorielle,* Paris : P.U.F., coll. « Que sais-je ? » n° 2095.

CLAES M. (1986), *L'expérience adolescente,* Liège-Bruxelles : Mardaga.

CLANET C. (1990), *L'interculturel : introduction aux approches interculturelles en éducation et en sciences humaines,* Toulouse : P.U. Toulouse-le-Mirail.

CLOCKEUR R. *et al.* (1995), *Transferts, flux, réseaux de solidarité entre générations,* Bruxelles : S.S.T.C.

CLONINGER C. R. (1986), "A unified biosocial theory of presonality and its role in the development of anxiety states", *Psychiatric Developments* n°3, pp.167-226.

COHEN A.K. (1966), *Deviance and control,* New-Jersey : Englewood-Cliffs.

COMMISSARIAT ROYAL À LA POLITIQUE DES IMMIGRÉS (1989), *L'intégration : une politique de longue haleine*, Bruxelles : INBEL, premier tome.

CORNEILLE O. et LEYENS J.P. (1994), « Catégories, catégorisation sociale et essentialisme psychologique », BOURHIS R.Y. et LEYENS J.P. (éds) (1994), *Stéréotypes, discriminations et relations intergroupes,* Liège : Mardaga, p. 41-68.

COSTA-LASCOUX J. (1996), « Immigration : de l'exil à l'exclusion ? », PAUGAM S. (éd.), *L'exclusion : l'état des savoirs,* Paris : La Découverte, p. 158-171.

CUMMINS J. (1978), « Educational implications of mother tongue maintenance in minority language groups », *Canadian modern language review,* vol. XXXIV, n° 3.

D'HERTEFELT M. (1991), *Anthropologie culturelle : évolution, histoire, structure, fonction,* Liège : P.U.Lg.

DAGEVOS J. et VEENMAN J. (1992), *Succesvolle allochtonen over de maatschappelijke carrière van Turken, Marrokkanen, Surinamers en Mollukkers in hoge funkties,* Amsterdam : Meppel.

DASSETTO F. (1990), « Pour une théorie des cycles migratoires », BASTENIER A. et DASSETTO F. (éds), *Immigration et pluralismes nouveaux : une confrontation de sociétés,* Bruxelles : De Boeck-Université, p. 11-39.

DASSETTO F. (1996), *La construction de l'Islam européen : approche socio-anthropologique*, Paris : L'Harmattan.

DE COSTER M. (1990), *Introduction à la sociologie*, Bruxelles : Éd. universitaires.

DE GAULEJAC V. (1987), *La névrose de classe*, Paris : Hommes et groupes-éditeurs.

DE LEONARDIS M. et OUBRAYRIE N. (1995), « Estime de soi et position à l'égard des parents de l'enfance à l'adolescence », PRETEUR Y. et DE LEONARDIS M. (éds), *Éducation familiale, image de soi et compétences sociales*, Bruxelles : De Boeck-Université, p. 235-250.

DE MORGON J. (2004), *Complexité des cultures et de l'interculturel : contre les pensées uniques*, Paris : Economica.

DE QUEIROZ M. (1991), « Les familles et l'école », de SINGLY F. (éd.), *La famille, l'état des savoirs*, Paris : La Découverte, p. 201-210.

DE RUDDER V. *et al.* (1990), *Immigrés et Français. Stratégies d'insertion, représentations et attitudes*, Paris : CNRS.

DE TAPIA S. (éd.) (1995), « Turcs d'Europe et d'ailleurs », *Annales de l'Autre Islam*, n° 3, Dossier spécial.

DE TAPIA S. (1995), « L'émigration turque », *Annales de l'Autre Islam*, n° 3, p. 27-44.

DESCLOITRE R. (1967), *Le travailleur étranger, son adaptation au travail et à la vie urbaine*, Paris : P.U.F.

DESMET H. et POURTOIS J.-P. (1993), *Prédire et comprendre la trajectoire scolaire*, Paris : P.U.F.

DEVEREUX G. (1972) *Ethnopsychanalyse complémentariste*, Paris : Flammarion.

DE VILLANOVA R., LAPLANTINE F. et VERMES G. (2005), *Le métissage interculturel : création dans les relations inégalitaires*, Paris : L'Harmattan.

DEVOS G. (1980). « L'identité ethnique et le statut de minorité », TAP P. (éd.), *Identités collectives et changement social*, Toulouse : Privat.

DJAGHLAEL A. (1988), « Huit thèses sur l'intégration et la société multiculturelle », *Celsius*, n° 6, mars, p. 23 et suiv.

DOUVILLE O. (1982), *Processus d'acculturation chez les enfants et adolescents maghrébins de la seconde génération*. Thèse de 3e cycle, Université de Paris XIII.

DUBAR C. (1991), *La socialisation. Construction des identités professionnelles*, Paris : Armand Colin, collection « U ».

DUBAR C. (1994), « L'insertion comme articulation temporelle du biographique et du structurel », *Revue française de sociologie*, vol. XXXV, p. 283-291.

DUBAR C. (1996), « La socialisation : paradigmes, méthodes et implications théoriques », FRANCQ B. et MAROY C. (éds), *Formation et socialisation au travail*, Bruxelles : De Boeck-Larcier.

DUBET F. (1973), « Pour une définition des modes d'adaptation sociale des jeunes à travers la notion de projet », *Revue française de sociologie*, vol. XIV, n° 2, p. 221-241.

DUBET F. (1987), *La galère*, Paris : Seuil.

DUBET F. (1991), « Quelques caractéristiques sociologiques des jeunes issus de l'immigration », *Migrants-formation*, n° 86, p. 152 et suiv.

DUBET F. (2004), *Les inégalités multipliées*, Paris : L'Aube.

DUCOLI B. (1980), « La conservation de l'identité culturelle des migrants », *Revue de l'action sociale*, n° 3-4.

DUCOLI B. (1992), « Appartenir et prendre distance : de la communauté à la société », COLLECTIF, *Culture et Démocratie*, Bruxelles : Labor, p. 55-64.

DURU-BELLAT M. et HENRIOT-VAN ZANTEN A. (1992), *La sociologie de l'école*, Paris : A. Colin.

EL MOUBARAKI M. (1989), *Marocains du Nord entre mémoire et projet*, Paris : CIEMI-L'Harmattan.

ERIKSON E. (1972), *Adolescence et crise : la quête d'identité*, Paris : Flammarion.

FABRE T. (1991), « Les intermédiaires culturels. Vers une dialogique franco-algérienne », *Hommes et Migrations*, n° 1144, p. 27-34.

FELD S. (1992), « Convergences et divergences démo-sociales des populations immigrées. Évolution de la fécondité et de l'emploi des étrangers en Belgique », BLUM A. et RALLU A.

(éds), *European population. Vol. 2 : New dynamics, new analyses,* Paris : J. Libbey-INED, p. 277-292.

FELD S. *et al.* (1991), « Enquête auprès des jeunes issus de l'immigration sur l'insertion aux structures de formation et au marché du travail », FELD S. (éd.), *Le processus d'intégration économique et sociale de la population étrangère sur le marché du travail en Belgique (francophone),* S.P.P.S – Groupe de Recherches Économiques et Sociales sur la Population, Université de Liège. Documents de travail n° 3 à 7.

FELD S. et MANÇO A. (1994), « Transmission entre générations d'immigrés et intégration », PESTIAU P. (éd.), *Héritage et transmissions intergénérationnelles*, Bruxelles : De Boeck, p. 145-182.

FELD S. et MANÇO A. (1995), « Famille, communauté et organisations publiques : les réseaux de solidarité et d'intégration des jeunes originaires des pays méditerranéens », AIDELF, *Ménages, familles, parentèles et solidarités dans les populations méditerranéennes,* Paris : P.U.F., p. 575-588.

FELD S., BIREN P. et MANÇO A. (1993), « Indépendants d'origine étrangère. Présentation théorique et enquêtes », FELD S. (éd.), *Analyse de l'évolution récente des perspectives d'insertion de la main-d'œuvre étrangère dans un marché en mutation,* Liège : Groupe de Recherches Économiques et Sociales sur la Population, Université de Liège. (Document de travail n° 19).

FELD S., SCHOORL J. et TRIBALAT, M. (1996), « Aspects démographiques de la population arabe en Europe. Fécondité et nuptialité en Belgique, en France et aux Pays-Bas », U.I.E.S.P., *Conférence régionale arabe sur la population,* Le Caire : U.I.E.S.P.

FELD S. (2000), *L'intégration des jeunes d'origine étrangère dans une société en mutation : l'insertion scolaire, socioculturelle et professionnelle en Belgique francophone*, Paris : L'Harmattan.

FESTINGER L. (1965), « Évaluation et réduction de la dissonance dans des contextes sociaux », ARONSON E. et LEVY A. (éds), *Psychologie sociale : textes fondamentaux*, Paris : Dunod, p. 193-211.

FURTER P. (1983), *Les espaces de la formation. Essai de microcomparaison et de microplanification,* Lausanne : Presses polytechniques romandes.

GAILLY A. (1992), « Content and future time perspective of motivational goals of Belgian and Turkish adolescents ». Communication présentée au XIIIe Congrès de *l'International Association for Cross-Cultural Psychology* (I.A.C.C.P.), Liège.

GALAND O. (1988), « Représentation du devenir et reproduction sociale : le cas des lycéens d'Elbarge », *Sociologie du travail,* n° 3, p. 399-417.

GAUDIER J.P. et HERMANS P. (1991), *Des Belges marocains,* Bruxelles : De Boeck.

GAVRAY C. et BORN M. (1995), *Dynamique des inégalités*, Programme de recherches en sciences sociales, Bruxelles : S.S.T.C.

GELINAS A. et PICON J.M. (1995), « Le transfert en recherche sociale », *Nouvelles pratiques sociales,* n° 1.

GEMINEL P. (1988), « Les jeunes en stage 16-18 : une approche des attentes en termes de projet », *Revue française de sociologie,* vol. XXIX, p. 143-170.

GOENES DA SILVA J.C. (1989), *L'identité volée,* Bruxelles : Éditions de l'Université Libre de Bruxelles.

GOFFMAN E. (1975), *Stigmates : usages sociaux des handicaps,* Paris : Éd. de Minuit.

GOGUELIN P. et KRAU E. (1992), *Projet professionnel, projet de vie,* Paris : Éditions sociales françaises, collection « Les hommes et l'entreprise ».

GÖKALP A. (1994), « Mariage des parents : entre échange généralisé et mariage parallèle. Le cas de la Turquie », BONTE P. (éd.), *Épouser au plus proche : inceste, prohibitions et stratégies matrimoniales autour de la Méditerranée,* Paris : Éd. de l'EHESS.

GÖKALP A. (1995), « Les étranges lucarnes des étrangers », *Migrants-formations,* n° 101, p. 180-184.

GÖKALP A. (1996), « Conjoints et stratégies matrimoniales dans l'immigration », *Cahiers d'étude de la Méditerranée et du monde turco-iranien,* n° 21, p. 147-159.

GORDON M.M. (1964), *Assimilation in american life. The role of race, religion and national origins*, Oxford, New York : Oxford Uni. Press.

GOSSIAUX P.P. (1993), *L'homme et la nature. Genèses de l'anthropologie à l'âge classique*, Bruxelles : De Boeck.

GOSSIAUX P.P. *et al.* (1995), *L'homme en société*, Paris : P.U.F.

GRIMANELLI A. (1990), « De l'H.L.M. aux grandes écoles : itinéraire d'une enfant du siècle », *Migrants-Formations*, n° 76, p. 72-85.

GUILLAUME J.-F. (1993), *L'âge de tous les possibles ? Approche sociologique des modèles de construction de l'identité des jeunes*, Université de Liège : F.E.G.S.S., thèse de doctorat en sociologie.

GÜVENÇ B. (1995), *Türk kimligi. Kültür tarihinin kaynaklari* (L'identité turque. Les sources de l'histoire culturelle), Istanbul : Remzi Kitabevi.

HABERMAS J. (1987), *La théorie de l'agir communicationnel*, Paris : Fayard, 2 tomes.

HAUT CONSEIL À L'INTÉGRATION (1995), *Rapport*, Paris : Documentation française.

HERAN F. (1993), « L'unification linguistique en France », *Population et sociétés*, n° 285, p. 1-4.

HERMAN J. (1983), *Les langages de la sociologie*, Paris : P.U.F., coll. « Que sais-je ? » n° 2076.

HERSKOVITS M.H. (1952), *Les bases de l'anthropologie culturelle*, Paris : Payot.

HILY M.-A. (1994), « L'utilité d'une approche en termes d'identité dans l'étude des phénomènes migratoires », communication présentée au XIIIth World Congress of Sociology, juillet, Bielefeld.

HILY M.-A. et ORIOL M. (1991), « Communauté : discours savants et usages populaires », *Migrants-formation*, n° 86, p. 12 et suiv.

HIRSCHMAN C. (1995), « Studying immigrant adaptation from the 1990 population census : from generational comparaisons to the process of 'becoming american' », PORTES A. (éd.), *The new second generation*, New York : Russel Sage Found, p. 54-81.

HOFFMAN-NOWOTNY H.J. (1986), « Assimilation and integration of minorities and cultural pluralism », ROTHERMOND M. et SIMON C., *Education and integration of ethnic minorities*, Londres : I.C.E.S., pp. 197-208.

HONOR M. (1996), *Enseigner et apprendre dans une classe multiculturelle. Méthodes et pratiques pour réussir*, Lyon : Chronique sociale.

HONORE S. (1975), « De la psychologie scolaire à la sociologie scolaire », AVANZINI G. (éd.), *La pédagogie au XXe s.*, Toulouse : Privat, p. 119 et suiv.

HUGON M.-A. et SEIBEL C. (éds) (1988), *Recherches impliquées, Recherche-action : le cas de l'éducation*, Bruxelles : De Boeck-Université.

HYMAN H.H. (1957), « Class, status and power. A reader in social stratification », BENDIX R. et LISPET S. M. (éd.), *Social stratification*, Glencoe : The Free Press, p. 426-442.

ITALIANO P. (1991), *L'identité culturelle des jeunes de la Communauté française de Belgique*, Centre Liégeois d'Étude de l'Opinion, Université de Liège. Rapport de recherche.

JACQUEMAIN M. *et al.* (1994), « L'identité wallonne saisie par enquête. Une approche constructiviste de l'identité collective », *Res Publica*, vol. XXXVI, n° 3-4, p. 343-359.

JAMATI-ISAMBERT V. (1973), « Les handicaps socioculturels et leurs remèdes pédagogiques », *L'orientation scolaire et professionnelle*, n° 4, p. 303-318.

JOUTHE E. (1996), « Citoyenneté, identités et immigration », CENTRE R. LEVESQUE, *Pratique de la citoyenneté et identités*, actes de la XIIIe Conférence des peuples de langue française, Liège-Charleroi : C.R.L.

KAGITÇIBASI Ç. (1987), « Alienation of the outsider : the plight of migrants », *Migrations Internationales-International Migrations*, vol. XXV, n° 2, p. 195-209.

KASTERSZTEIN J. (1990), « Les stratégies identitaires des acteurs sociaux : approche dynamique des finalités », CAMILLERI C. *et al.* (éds), *Stratégies identitaires*, Paris : P.U.F.

KASTORYANO R. (1989), « L'État et les immigrés : France, Allemagne, Grande-Bretagne et États-Unis », *Rev. Eu. des Mig. Int.*, vol. V, n° 1, pp. 9-19.

KASTORYANO R. (1991), « Relations interethniques et formes d'intégration », TAGUIEFF P.A. (éd.), *Face au racisme*, t. II, Paris : La Découverte, p. 167 et suiv.

KASTORYANO R. (1995), « Être Turc en France revisité », *Annales de l'Autre Islam*, n° 3,

p. 83-92.

KAUFMANN J-C. (2004), *L'invention de soi. Une théorie de l'identité*, Paris : Colin.

KELLERHALS J. et MONTANDON C. (1990), *Les stratégies éducatives des familles*, Neufchâtel : Delachaux et Niestlé.

KESTELOOT C. (1987), « The residential location of immigrant workers in Belgian cities », GLEBE M. et DLOUGHLIN J. (éds), *Foreign minorities in continental european cities*, Wiesbaden : Steiner, p. 224-239.

KESTELOOT C. (1990), « Bon marché et facile à l'emploi : le rôle économique des quartiers immigrés », MORT-SUBITE (collectif), *Les fractionnements sociaux de l'espace belge*, Bruxelles : Contradictions, n° 58-59, p. 191-210.

KESTELOOT C. (1990), « Écologie sociale et répartition territoriale des étrangers », BASTENIER A. et DASSETTO F. (éds), *Immigration et pluralismes nouveaux : une confrontation de sociétés*, Bruxelles : De Boeck-Université, p. 158-178.

KHELIL M. (1981), *L'intégration des Maghrébins en France*, Paris : P.U.F.

KÖKSAL S. (1986), *Refah toplumunda « getto » ve Türkler* (Le « ghetto » et les Turcs dans une société d'opulence), Istanbul : Teknografik mat.

KOOT W. et RATH J. (1987), « Ethnicity and emancipation », *Migrations Internationales-International Migrations*, vol. XXV, n° 4, p. 427-440.

KRIDIS N. (éd.) (1990), *Adolescence et identité*, Marseille : Hommes et perspectives.

KÜRs(AT-AHLERS E. (1994), *Psychogenesis of migration*, Hannover : Universität Hannover.

KUTY O. (1991), « La problématique de la création des valeurs dans la sociologie contemporaine des professions. Le cas des professionnels de première ligne », *Sciences sociales et santé*, vol. IX, n° 2, p. 5-30.

KUTY O. (1998), *Négociation des valeurs. Introduction à la sociologie*, Bruxelles : De Boeck, coll. « Ouvertures sociologiques ».

LAASCHER S. (1994), « La famille immigrée et la construction sociale de la réalité », *Migrants-Formation*, n° 98, p. 21-37.

LABOV W. *et al.* (1971), *Study of the non-standard english of negro and puertoricain speekers in New York city*, New York : Columbia University Press.

LANDECKER W.S. (1951), « Types of integration and their measure », *American Journal of Sociology*, vol. 56, p. 332-340. Trad. fr. dans BOUDON et LAZARFELD (1965).

LANGE A.L. (1989), « Identification, perceived cultural distance and stereotypes in yougoslav and turkish youth in Stockholm », LIEBKIND E. (éd.), *New identities in Europe. Immigrant ancestry and the ethnic identity of youth*, Aldershot-Brookfield : E.S.F.-Grower pub., p. 169-218.

LAPEYRONNIE D. (1993), *L'individu et les minorités. La France et la Grande-Bretagne face à leurs immigrés*, Paris : P.U.F.

LAVIGNE M. (1987), *Les ethniques et la ville*, Longueil (Québec) : Le préambule.

LE MOIGNE J.-L. (1995), *Les épistémologies constructivistes*, Paris : P.U.F., coll. « Que sais-je ? » n° 2969.

LE THANH KHOI (1992), *Culture, créativité et développement*, Paris : L'Harmattan, coll. « Espaces interculturels ».

LEBON J. (1983), « Les effets possibles du maintien des liens culturels sur l'intégration des travailleurs migrants dans les pays d'accueil (Rapport de la Commission 'Migrants' du Conseil de l'Europe) », *Bulletin de la Fondation A. Renard*, n° 134, p. 33-52.

LEMAN J. (1979), « La deuxième génération des travailleurs : fragmentés et non destructurés », *Recherches Sociologiques*, vol. X, n° 2, p. 247-270.

LESCARRET O. et PHILIP-ASDISH C. (1995), « Représentations parentales, dynamique personnelle de l'enfant et intégration sociale », PRETEUR Y. et DE LEONARDIS M. (éds), *Éducation familiale, image de soi et compétences sociales*, Bruxelles : De Boeck-Université, p. 107-125.

LESTHAEGHE R. et SURKYN J. (1995), « Religious dimensions of social change among Turkish an Morrokan women in Belgium », *European Journal of Population*, n° 11, p. 1-29.

LESTHAEGHE R. et SURKYN J. (1996), « Pratiques et appartenances. Données descriptives. Résultats d'une enquête », DASSETTO F. (éd.), *Facettes de l'Islam belge*, Louvain-la-Neuve :

Bruylant-Academia, p. 36-46.
LEVI-STRAUSS C. (éd.) (1977), *L'identité,* Paris : Grasset.
LEVI-STRAUSS C. (1962), *La pensée sauvage,* Paris : Agora-Plon, rééd.
LIEBKIND E. (éd.) (1989), *New identities in Europe. Immigrant ancestry and the ethnic identity of youth,* Aldershot-Brookfield : E.S.F.-Grower pub.
LLAUMET M. (1984), *Les jeunes d'origine étrangère. De la marginalité à la participation,* Paris : C.I.E.M.I.-L'Harmattan.
LORENZI-CIOLDI F. et DOISE W. (1994), « Identité sociale et identité personnelle », BOURHIS R.Y. et LEYENS J.P. (éds) (1994), *Stéréotypes, discriminations et relations intergroupes,* Liège : Mardaga, p. 69-96.
LOUTZ N. (1992), « Représentations et rapports à la santé. Une approche comparative des personnes âgées belges et turques », MANÇO A. et U. (éds), *Turcs de Belgique. Identités et trajectoires d'une minorité,* Bruxelles : Info-Türk, p. 191-206.
LUTTE G. (1985), *Supprimer l'adolescence. Essai sur la condition des jeunes,* Bruxelles : Vie ouvrière.
MACARY P. et BEAUMATIN A. (1995), « Pratiques et représentations sociales des mères d'origine française et maghrébine », PRETEUR Y. et DE LEONARDIS M. (éds), *Éducation familiale, image de soi et compétences sociales,* Bruxelles : De Boeck-Université, p. 167-179.
MACKEY W.F. (1976), *Bilinguisme et contact des langues,* Paris : Klincksieck.
MAHLER M.S., PINE F. et BERGMAN A. (1980), *La naissance psychologique de l'être humain,* Paris : Payot.
MALEWSKA-PEYRE H. (éd.) (1982), *Crise d'identité et problèmes de déviance chez les jeunes immigrés. Recherche pluridisciplinaire,* Vaucresson : La Documentation française-CFRES.
MALEWSKA-PEYRE H. (1985), « Stratégies de construction de l'identité et insertion sociale de la seconde génération », *Actes des V^es^ journées internationales,* Vaucresson, p. 27 et suiv.
MALEWSKA-PEYRE H. et GANCHON C. (1988), *Le travail social et les enfants des migrants. Racines et identité,* Paris : L'Harmattan-C.I.E.M.I.
MALRIEU P. (1967), *La construction de l'imaginaire,* Bruxelles : Dessart.
MALRIEU P. (1973), « La socialisation », GRATIOT-ALPHANDERY H. et ZAZZO R. (éds), *Traité de psychologie de l'enfant, t. 5 :* « La formation de la personnalité », Paris : P.U.F.
MALRIEU P. (1980), « Genèse des conduites d'identité », TAP P. (éd.), *Identité individuelle et personnalisation,* Toulouse : Privat, p. 39 et suiv.
MANÇO A. (en collaboration avec A.-M. THIRION, M.-H. DACOS-BURGUES et B. DELANGE) (1992), *Pauvreté et scolarisation. L'exclusion socioscolaire au niveau de l'enseignement fondamental en Belgique francophone*, Bruxelles : Fondation Roi Baudouin.
MANÇO A. (1993), « Intégrisme et intégration : analyse d'une collaboration belgo-immigrée dans la région visétoise (Belgique) », *Cahiers Internationaux de Psychologie sociale*, n° 19, p. 49-66.
MANÇO A. (1995), « Concentration sociogéographique des jeunes d'origine étrangère en Belgique francophone », *Agenda Interculturel*, n° 130-131, p. 24-30.
MANÇO A. (1996), « Social developpement and developping public services. Defining a local policy of integration for ethnic minorities », *International Sociology*, n° 1, vol. 11, p. 79-90.
MANÇO A. (1997), *Stratégies identitaires et intégration psychosociale. Une approche constructiviste des valeurs et projets des jeunes issus de l'immigration. Cas des Turcs de Belgique*, Université de Liège. Thèse de doctorat en Psychologie.
MANÇO A. (1998), *Valeurs et projets des jeunes issus de l'immigration. Le cas des Turcs en Belgique*, Paris : L'Harmattan, coll. « Logiques sociales ».
MANÇO A. (2002), *Compétences interculturelles des jeunes issus de l'immigration. Perspectives théoriques et pratiques*, Paris : L'Harmattan, coll. « Compétences Interculturelles ».
MANÇO A., AMORANITIS S. et GATUGU J. (2004), *La vie associative des migrants : quelles (re-)connaissances ? Réponses européennes et canadiennes*, Paris : L'Harmattan.
MANÇO A. et AMORANITIS S. (2005), *Reconnaissance de l'Islam dans les communes d'Europe : Actions contre les discriminations religieuses*, Paris : L'Harmattan.
MANÇO A. et CRUTZEN D. (2003), *Compétences linguistiques et sociocognitives des enfants*

de migrants : Turcs et Marocains en Belgique, Paris : L'Harmattan.

MANÇO A. et U. (éds) (1992), *Turcs de Belgique. Identités et trajectoires d'une minorité*, Bruxelles : Info-Türk.

MANÇO A. et U. (1991), « Stratégies 'intégrées' et 'non intégrées' d'adaptation et attitudes des jeunes issus de l'immigration », *Bulletin de la Fondation A. Renard*, n° 194, p. 29-38.

MANÇO A. et U. (1993), « L'intégration : histoire d'une idéologie », A. COLLOT *et al.* (éds), *La pluralité culturelle dans les systèmes éducatifs européens*, Nancy : ARIE/CRDP, p. 197-201.

MANÇO A. et U. (1995), « Turcs de Belgique : le repli identitaire comme dynamique d'intégration ? », *Annales de l'Autre Islam*, n° 3, p. 111-124.

MANÇO U. (1996), « Organisations islamiques dans l'immigration turque en Europe et en Belgique », DASSETTO F. (éd.), *Facettes de l'Islam belge*, Louvain-la-Neuve : Bruylant-Academia, p. 143-158.

MANIGAND A. (1995), « Diversité des trajectoires scolaires d'enfants de migrants. Le cas des enfants turcs », *Migrants-formations*, n° 101, p. 130-152.

MARCIA J. (1980), « Identity in adolescence », ADELSON J. (éd.), *Handbook of adolescent psychology*, New York : Wiley, p. 159-187.

MARGER M.N. (1994), *Race and ethnic relations*, Belmont : Wadsworth Publishing Company.

MARQUES-BALSA C. (1979), « Situation scolaire des enfants des travailleurs étrangers », *Recherches sociologiques*, n° 2, p. 271-295.

MARQUES-BALSA C. (1987), *La structure des appartenances. La fixation des appartenances par le champ urbain*, thèse de doctorat en sociologie, Louvain-la-Neuve : U.C.L.

MARTENS A. (1988), « Immigration et civilisation », *Cahiers Marxistes*, n° 164.

MARTINIELLO M. (1988), « Élites, leadership et pouvoir dans les communautés d'origine immigrée », *Sybidi papers*, n° 1.

MARTINIELLO M. (1992), *Leadership et pouvoir dans les communautés d'origine immigrée*, Paris : CIEMI/L'Harmattan.

MARTINIELLO M. (1996), *L'ethnicité dans les sciences sociales contemporaines*, Paris : P.U.F., coll. « Que sais-je ? ».

MASSEY D.S. *et al.* (1993), « Theories of International Migration : Review and Appraisal » *Population and Development Review*, vol. 19, n° 3, p. 431-466.

MASSONAT J. (1990), « Identité personnelle : un champ de recherches en voie d'organisation », KRIDIS N. (éd.), *Adolescence et identité*, Marseille : Hommes et perspectives, p. 26 et suiv.

MARTUCELLI D. (1995), « Contradictions politiques du multiculturalisme », WIEWIORKA M. *et al.* (éds), *Une société fragmentée. Le multiculturalisme en débat*, Paris : La Découverte, p. 61-84.

MEGDICHE N. (1988), « Jeunes catholiques et jeunes musulmans », *Cahiers « jeunesse et société »*, n° 11, p. 79-88.

MEHRLÄNDER U. (1988), « Trends and Developments in Migration Studies in Western Europe », *International Migrations*, XXVI, 4.

MILGRAM S. (1974), *Soumission à l'autorité. Un point de vue expérimental*, Paris : Calmann-Lévy.

MILLET L. (1987) « Projet éducatif et trouble de la personnation », BRU M. et NOT L. (éds), *Où va la pédagogie du projet ?*, Toulouse : Éditions universitaires du Sud, p. 225-242.

MORELLI A. (éd.) (1992), *L'histoire de l'immigration en Belgique, de la pré-histoire à nos jours*, Anvers, Bruxelles : EPO.

MORELLI A. (1988), *Une histoire des immigrés en Belgique : pourquoi faire ?*, Liège : Fac. Ouverte, coll. « L'histoire d'aujourd'hui ».

MOSCOVICI S. (1973), *Introduction à la psychologie sociale*, Paris : Larousse.

MOSCOVICI S. (1979), *Psychologie des minorités actives*, Paris : P.U.F, coll. « Quadridge ».

MOSCOVICI S. (1995), « Modernité, sociétés vécues et sociétés conçues » DUBET F. et WIEVORKA M. (éds), *Penser le sujet. Autour d'Alain Touraine*, Paris : Fayard, p. 57-72.

MOUVET B. et MANÇO A. (1992), « Alpha-Cheratte : construire une interculture », *Recherche en Éducation. Théorie et pratique*, n° 8, p. 31-41.

MUCCHIELLI A. (1994), *L'identité*, Paris : P.U.F., coll. « Que sais-je ? » n° 2288.

MUSSEN P. (1980), « La formation de l'identité : découvertes psychologiques et problèmes de recherche », TAP P. (éd.), *Identité individuelle et personnalisation*, Toulouse : Privat.

NETO F. (1994), « De la psychologie interculturelle », *Cahiers internationaux de psychologie sociale*, n° 23, p. 7-13.

NIMAL P. *et al.* (1995), *Prédire et comprendre la trajectoire scolaire et sociale*, Bruxelles : S.S.T.C.

NOIRIEL G. (1989), « L'assimilation. Un concept en panne », *Revue internationale de l'action communautaire*, n° 4.

NUTTIN J. (1985), *La structure de la personnalité*, Paris : P.U.F.

OOSTERWEGEL A. et WICKLUNG R. (éds) (1994), *The self in european and north american culture : developpement and process*, Amsterdam : Kluwer Academic Publications.

OSTERRIETH P.A. (1978), *Faire des adultes*, Bruxelles-Liège : P. Mardaga, 14e édition.

OUALI N. et REA A. (1994), « La scolarité des élèves d'origine étrangère : différenciation scolaire et discrimination ethnique », *Critique régionale*, n° 21-22, p. 7-56.

PAGES J.-P. *et al.* (1992), « Stabilité des structures dans les enquêtes de suivi des opinions », ASSOCIATION POUR LA STATISTIQUE ET SES UTILISATEURS (A.S.U.), *La qualité des informations dans les enquêtes*, Paris : Dunod, p. 441-464.

PARK R.E. (1950), *Race and culture*, Glencoe : The Free Press.

PARSONS T. (1951), *The social system*, Glencoe : The Free Press.

PARSONS T. (1971), *The system of modern societies*, New York : Prentice Hall (trad. fr., *Le système des sociétés modernes*, Paris : Dunod, 1973).

PELLE-GUETTA I. et DOG%RUSÖZ U. (1995), « Intégration et maîtrise du français. Nouvelle lecture des données de l'enquête M.G.I.S. », *Annales de l'Autre Islam*, n° 3, p. 407-431.

PETEK-s(ALOM G. (1992), « Jeunes de l'immigration turque : stigmates de l'identité », *Migrations-société*, vol. 4, n° 20, p. 47-53.

PHALET K. et HAGENDOORN L. (1996), « Personal adjustement to acculturative transition. The Turkish experience », *Int. Jour. of Psychology*, XXXI, n° 2.

PHILIP-ASDISH C. (1995), « Reconnaissance sociale chez les enfants issus de couples franco-maghrébins », PRETEUR Y. et DE LEONARDIS M. (éds), *Éducation familiale, image de soi et compétences sociales*, Bruxelles : De Boeck-Université, p. 251-274.

PHINNEY J.S. (1990), « Ethnic identity in adolescents and adults : review of research », *Psychological Bulletin*, n° 108/3, p. 499-514.

PIAGET J. (1951), *Introduction à l'épistémologie génétique*, t.3 : « La pensée psychologique et la pensée sociologique », Paris : P.U.F.

PIAGET J. (1959), « La notion d'équilibration dans l'explication en psychologie », *Acta Psychologica*, n° 15.

PIAGET J. (1960), « Problèmes de la psychosociologie de l'enfant », GURVITCH G. (éd.), *Traité de sociologie*, Paris : P.U.F., t. II, p. 238 et suiv.

PIAGET J. (1964), *Six études de psychologie*, Paris : Denoël, coll. « Médiations ».

PIAGET J. (1965), *Études sociologiques*, Genève : Droz.

PIAGET J. (1967), *Logique et connaissance scientifique*, Paris : NRF.

PIAGET J. (1969), *Psychologie et pédagogie*, Paris : Denoël, coll. « Médiations ».

PIAGET J. (1977), *La construction du réel chez l'enfant*, Lausanne : Delachaux-Niestlé.

PIAGET J. (1980), *Les formes élémentaires de la dialectique*, Paris : P.U.F.

PIERON H. (1979), *Vocabulaire de la psychologie*, Paris : P.U.F.

PIETTE A. (1990), « L'école de Chicago et la ville cosmopolite d'aujourd'hui : lecture et relecture critiques », BASTENIER A. et DASSETTO F. (éds), *Immigration et pluralismes nouveaux : une confrontation de sociétés*, Bruxelles : De Boeck-Université, p. 67-83.

PORTES A. (1995), « Children of immigrants : segmented assimilation and its determinants », PORTES A. (éd.), *The economic integration of immigrants. Essay on networks, ethnicity and entrepreneurschip*, New York : Russel Sage Found, p. 248-280.

POURTOIS J.P. et al (1992), *Réussir contre toute attente*, Mons : CERIS-U. de Mons-Hainaut.

POURTOIS J.P. *et al.* (1992), « Dynamique de l'insertion scolaire en milieu pauvre », POURTOIS J.P. *et al. Réussir contre toute attente*, Mons : CERIS-U. de Mons-Hainaut, p. 207-261.

POURTOIS J.P. et DESMET H. (1993), *Que nous enseigne le terrain de la prévention ? (Étude de l'effet « terrain »)*, Mons : CERIS-U. de Mons-Hainaut.

POURTOIS J.P. et DESMET H. (1995), *Le modèle des douze besoins*, Mons : CERIS-U. de Mons-Hainaut. Document de travail.

POURTOIS J.P. et DESMET H. (2004), *L'éducation implicite*, Paris : PUF.

POUTIGNAT P. et STREIFF-FENART J. (1995), *Théories de l'ethnicité*, Paris : P.U.F.

PRETEUR Y. et DE LEONARDIS M. (éds) (1995), *Éducation familiale, image de soi et compétences sociales*, Bruxelles : De Boeck-Université.

RAVELET C. (éd.) (1995), *Études sur Roger Bastide. De l'acculturation à la psychiatrie sociale*, Paris : L'Harmattan.

REA A. (1992), « L'ethnicisation de la pauvreté ou la pauvreté de l'ethnicisation », *La Revue Nouvelle*, novembre, p. 48 et suiv.

REA A. (1993), « Politiques d'immigration et d'intégration en Belgique. Quelques repères et enjeux », *Agenda Interculturel*, n° 114, p. 5-9.

REA A. (1996), « Transmission et ruptures : les appartenances identitaires des Italiens selon les générations », ESPACE ARABESQUE (éd.), *La Méditerranée au masculin : hommes issus de l'immigration*, Bruxelles : Sabir, p. 114 et suiv.

REA A. (1997), *La société en miettes. Épreuves et enjeux de l'exclusion*, Bruxelles : Labor.

REGNIER I. (1986), *Approche du devenir social des jeunes issus de l'immigration algérienne*, Paris : L'Harmattan-C.I.E.M.I.

REYNAUD J.D. (1989), *Les règles du jeu. L'action collective et la régulation sociale*, Paris : A. Colin.

RIBERT E. (2006), *Liberté, égalité, carte d'identité. Les jeunes issus de l'immigration et l'appartenance nationale*, Paris : La découverte.

RIVIERE C. (1977), « L'intégration culturelle et sociale », COLLECTIF, *Le système social*, Paris : Encyclopoche, p. 53-75.

ROCHEX J.-Y. (1992), « Interrogations sur le projet et la question du sens », *Migrants-Formation*, n° 89, p. 102-118.

ROCHEX J.-Y. (1994), « Pourquoi certains élèves défavorisés réussissent-ils ? », *Sciences Humaines*, n° 44, p. 10-13.

RODRIGUEZ-KELLY M.P. et SCHEUWFFLER R. (1995), « Divided fates : immigrant children and the new assimilation », PORTES A. (éd.), *The new second generation*, New York : Russel Sage Found, p. 30-53.

RODRIGUEZ-TOME H. (1972), *Le moi et l'autre dans la conscience de l'adolescent*, Neufchâtel : Delachaux-Niestlé.

ROSANVALLON P. (1995), *La nouvelle question sociale. Repenser l'État-providence*, Paris : Seuil.

SABATIER C. et BERRY J. (1994), « Immigration et acculturation », BOURHIS R.Y. et LEYENS J.P. (éds) (1994), *Stéréotypes, discriminations et relations intergroupes*, Liège : Mardaga, p. 262-291.

SANTY M.-H. (1995), *L'identité des 'Maghrébelges'. Quand l'intégration passe par la reconnaissance de sa culture d'origine*, Louvain-la-Neuve : Académia-Sybidi papers, n° 15.

SAYAD A. (1992), *L'immigration ou les paradoxes de l'altérité*, Bruxelles : De Boeck.

SCHMITZ P.G. (1994), « Personnalité et acculturation », *Cahiers Internationaux de Psychologie Sociale*, n° 24, p. 33-53.

SCHNAPPER D. (1991a), *La France de l'intégration. Sociologie de la nation en 1990*, Paris : Gallimard.

SCHNAPPER D. (1991), « L'intégration : définition sociologique », *Migrants-formations*, n° 86, p. 32-59.

SCHWARTZENBERG R.G. (1977), *Sociologie politique*, Paris : Montchrétien.

SCOTTO J.-C. et ANTONI M. (1989), « L'événement migratoire en tant que fondateur d'un événement institutionnel. Réflexion sur la dimension créative de la crise », YAHYAOUI A. (éd.), *Identité, culture et situation de crise*, Paris : La Pensée Sauvage, p. 161-169.

SELLAK B. (1990), « La recherche précoce d'identité chez les jeunes immigrés maghrébins. Enfants et adolescents de la deuxième génération », KRIDIS N. (éd.), *Adolescence et identité*,

Marseille : Hommes et Perspectives, p. 212 et suiv.

SERTEL Y. (1987), *Nord-Sud : crise et immigration (le cas turc)*, Paris : Publisud.

SHERIF M. (1966), *In common predicament : social psychology of intergroup conflict an cooperation*, Boston : Houghton-Mifflin.

SIMON P. (2006), « Discriminations : les contradictions françaises », *Sciences Humaines : Les grands dossiers*, n°4, p. 84-87.

SMITH A.D. (1986), *The ethnic origin of nations*, Oxford : Blackwell.

SOARES B. (1988), *Le livre de l'intranquillité*, Paris : Bourgeois.

STEFFENS S. (1995), « La Belgique industrielle au XIXe s. ou la grande industrie comme symbole de modernité et de progrès », MORELLI A. (éd.) *Les grands mythes de l'histoire de Belgique, de Flandre et de Wallonie*, Bruxelles : E.V.O.-Histoire, p. 149 et suiv.

STREIFF-FENART J. (1985), « Le mariage, un moment de vérité de l'immigration », *Revue européenne des migrations internationales*, v. I, n° 2, p. 135 et s.

STREIFF-FENART J. (1985), « Les immigrés et le marché matrimonial », BAROU J. et HUU KHOA K. (éds), *Immigration entre loi et vie quotidienne*, Paris : L'Harmattan.

TABOADA-LEONETTI I. (1982), « Les jeunes filles : une problématique spécifique », MALEWSKA-PEYRE H. (éd.), *Crise d'identité et problèmes de déviance chez les jeunes immigrés. Recherche pluridisciplinaire*, Vaucresson : La Documentation française-CFRES.

TABOADA-LEONETTI I. (1991), « Stratégies identitaires et minorités », *Migrants-formations*, n° 86.

TAJFEL H. (1978), « La catégorisation sociale », MOSCOVICI S. (éd.), *Introduction à la psychologie sociale*, Paris : Larousse, t. I, p. 272-302.

TAJFEL H. (1981), *Human groups and social categories. Studies in social psychology*, Cambridge : C.U.P.

TAJFEL H. (1982), « Instrumentality, identity and social comparaisons », TAJFEL H. (éd.), *Social identity and intergroup relations*, Cambridge : U.P., p. 483-508.

TAP P. (éd.) (1980), *Identité individuelle et personnalisation* (t. 1), *Identités collectives et changement social* (t. 2), Toulouse : Privat.

TAP P. (1987) « Crise et projet à l'adolescence », BRU M. et NOT L. (éds), *Où va la pédagogie du projet ?*, Toulouse : Éditions universitaires du Sud, p. 169-207.

TAP P. (1995), « Préface : éducation familiale et personnalisation », PRETEUR Y. et DE LEONARDIS M. (éds), *Éducation familiale, image de soi et compétences sociales*, Bruxelles : De Boeck-Université, p. 11-26.

TAP P. *et al.* (1990), « Insertion et intégration sociales : des notions aux pratiques », *Annales de Vaucresson : Les Cahiers du CRIV*, n° 32, p. 69-80.

TAP P. *et al.* (1991), *La socialisation à l'enfance et à l'adolescence*, Paris : P.U.F.

TAP P. et OUBRAYRIE N. (1992), « Le projet et la réalisation de soi à l'adolescence », COLLECTIF, *Projets d'avenir et adolescence. Les enjeux personnels et sociaux*. Paris : ADAPT, p. 15-43.

TARGOSZ P. (1996), *Recherche sur l'insertion socioprofessionelle des jeunes (issus de l'immigration) de La Louvière*, Namur : U.C.L.-Ministère wallon de l'action sociale, du logement et de la santé. Rapport de recherche.

THIRION A.-M. (1980), *Tendances actuelles de la recherche-action. Examen critique*, Université de Liège : Thèse de doctorat en sciences de l'éducation.

TODD E. (1988), *La nouvelle France*, Paris : Seuil.

TODD E. (1994), *Le destin des immigrés*, Paris : Odile Jacob.

TOMKIEWICZ S. et PERCHERON A. (1983), « Famille et socialisation de l'enfant », COLLECTIF, *Actes du colloque « Recherche et familles »*, Paris.

TOSUN C. (1993), *Din ve kimlik* (Religion et identité), Ankara : T.D.V.Y.

TOURAINE A. (1978), *La voix et le regard*, Paris : Seuil.

TOURAINE A. (1984), *Le retour de l'acteur. Essai de sociologie*, Paris : Fayard.

TOURAINE A. (1992), *Critique de la modernité*, Paris : Fayard.

TOURAINE A. (1994), *Qu'est-ce que la démocratie ?*, Paris : Fayard.

TOURAINE A. (1995), « La formation du sujet », DUBET F. et WIEVORKA M. (éds), *Penser le sujet. Autour d'Alain Touraine*, Paris : Fayard, p. 21-45.

TOURAINE A. (1997), *Pourrons-nous vivre ensemble ? Égaux et différents*, Paris : Fayard.

TOURAINE A. (2006), *Un nouveau paradigme pour comprendre le monde d'aujourd'hui*, Paris : LGF.

TRIANDIS H.C. (1994), « Recherches récentes sur l'individualisme et le collectivisme », *Cahiers Internationaux de Psychologie Sociale*, n° 23, p. 14 et suiv.

TRIBALAT M. (1995), *Faire France. Une grande enquête sur les immigrés et leurs enfants*, Paris : La Découverte.

TRIBALAT M. (1996), *De l'immigration à l'assimilation. Enquête sur les populations d'origine étrangère en France*, Paris : La Découverte.

TRIBALAT M. et KALTENBACH J-H. (2002), *La république et l'Islam : entre crainte et aveuglement*, Paris : Gallimard.

TURNER J.C. (1982), « Towards a cognitive redefinition of the social group », TAJFEL H. (éd.), *Social identity and intergroup relations*, Cambridge : C.U.P., p. 15-40.

VACHON R. (1985), « Système politique, intégration et identité culturelle », *Revue Internationale de l'Action Communautaire*, n° 14/54, p. 177-186.

VAN AMERSFOORT J. (1991), *La répartition des minorités ethniques dans un État-providence : les leçons des Pays-Bas 1970-1990*. Notes.

VAN HAECHT A. (1991), *L'école à l'épreuve de la sociologie*, Bruxelles : De Boeck.

VASSILEFF J. (1992), *Histoire de vie et pédagogie du projet*, Lyon : Chronique Sociale, préface de Gaston Pineau, coll. « L'essentiel ».

VENSKE H.T., (1981), *Islam und Integration*, Hambourg.

VERBUNT G. (1996), « Identités et communautarismes, vrais débats et fausses questions », *Hommes et migrations*, n° 1195, p. 225 et suiv.

VERMES G. (1991), « L'appartenance communautaire au péril du psychologisme ambiant », *Migrants-formation*, n° 86, p. 6 et suiv.

VINSONNEAU G. (1996), *L'identité des jeunes en société inégalitaire. Le cas des Maghrébins en France. Perspectives cognitives et expérimentales*, Paris : L'Harmattan, coll. « Minorités & sociétés ».

VON ZUR MÜHLEN H. (1992), « Ausländerpolitik », *Die neue Gesellschaft*, XXIX, n° 6, p. 535 et suiv.

WALDINGER R. *et al.* (1990), *Ethnic entrepreneurs : immigrant business in industrial societies*, Newbury Park (Californie) : Sage.

WALLON H. (1954), « Les milieux, les groupes et la psychogenèse de l'enfant », repris dans le n° spécial de la revue *Enfances* en 1985 : « Henri Wallon, psychologie et éducation de l'enfance ».

WALLON H. (1970), *L'évolution psychologique de l'enfant*, Paris : Colin.

WEINREICH P. (1989), « Variations in ethnic identity : Identity Structure Analysis (ISA), LIEBKIND E. (éd.), *New identities in Europe. Immigrant ancestry and the ethnic identity of youth*, Aldershot-Brookfield : E.S.F.-Grower pub., p. 41-76.

WEIL P. (2005), *La république et sa diversité: Immigration, integration, discrimination*, Paris: Seuil.

WEIL P. (2005), *La France et ses étrangers : l'aventure d'une politique de l'intégration de 1938 à nos jours*, Paris : Gallimard.

WHYTE W.F. (1996), *Street corner society : structure sociale d'un quartier italo-américain*, Paris : La Découverte. Traduit de l'américain, original publié en 1943.

WIEVIORKA M. *et al.* (1995), *Une société fragmentée. Le multiculturalisme en débat*, Paris : La Découverte.

WIJEWICKREMA C. et LESTHAEGHE R. (1990), *Nuptialiteit en Reproductie bij de Moslim-Minderheden in Belgie*, Bruxelles : V.U.B. Document de travail n° 1.

WIRT F.M. (1974), *Cultural minorities and school policy in european democraties*, Chicago : The Chicago University Press.

WITHOL DE WENDEN C. (1990), « La naissance d'une 'beurgeoisie' », *Migrations-études*, vol. 2, n° 8, p. 9-16.

WITHOL DE WENDEN C. et CESARI J. (1990), « La gestion locale des problèmes religieux », A.D.R.I. (éd.), *L'intégration des minorités immigrées en Europe. Politiques locales et problèmes spécifiques*, t. 2, Paris : C.N.F.P.T., p. 103 et suiv.

YAHYAOUI A. (1990), « La dimension créative de l'échec scolaire », *Migrants-Formations*, n° 81, p. 134-146.

YZERBYT V. (1995), « Introduction à la psychologie sociale », GOSSIAUX P.-P. (éd.), *L'homme en société,* Paris : P.U.F., p. 277-379.

ZAHRAOUI A. (1994), *L'immigration. De l'homme seul à la famille,* Paris : C.I.E.M.I.-L'Harmattan.

ZALESKA M. (1982), « Identité culturelle des adolescents issus des familles de travailleurs immigrés », MALEWSKA-PEYRE H. (éd.), *Crise d'identité et problèmes de déviance chez les jeunes immigrés,* Vaucresson : Documentation française-CFRES.

ZAVALLONI M. (1973), « L'identité psychosociale, un concept à la recherche d'une science », MOSCOVICI S. (éd.), *Introduction à la psychologie sociale*, Paris : Larousse, p. 245-265.

ZAZZO R. (1980), « Les dialectiques originelles de l'identité », TAP P. (éd.), *Identités collectives et changement social,* Toulouse : Privat, p. 207-218.

ZAZZO R. (1985), « Préface à P. Tap », TAP P., *Masculin et féminin chez l'enfant,* Toulouse : Privat, p. IX-XII.

ZEROULOU Z. (1985), « Mobilisation familiale et réussite scolaire », *Revue européenne des migrations internationales*, vol. 1, n° 2, p. 107-117.

ZEROULOU Z. (1989), « L'insertion sociale et professionnelle des jeunes diplômés issus de l'immigration », *Migrations-Études*, n° 5, p. 1-10.

ZIMMER B.G. (1970), « Participation of immigrants in urban structure », JANSEN C. J. (éd.), *Readings in sociology of migrations,* Oxford, New York : Oxford Uni. Press.

4236 - avril 2009
Achevé d'imprimer par
1livre.com